SRI SATHYA SAI BABA

LLUVIAS DE VERANO EN BRINDAVAN

- 1973 -

EDICIONES SATHYA

Título original: Summers Showers in Brindavan - 1973

Ilustración de tapa: Fedhar

© Copyright y derechos de transcripción y reproducción de:
SRI SATHYA SAI BOOKS AND PUBLICATIONS TRUST
Prashanti Nilayam - 515 134
Ananthapur District (Andra Pradesh) - India

EDICIONES SATHYA

Publicado por Fundación Sri Sathya Sai Baba de Argentina

Editado y distribuido por: ERREPAR S.A.
Avda. San Juan 960 - (1147) Buenos Aires
República Argentina
Tel.: 27-4394 - 27-5142 - Fax: (541) 304-8951 - (541) 304-9541

294.527 SAI	Sai Baba, Sri Sathya Lluvias de verano - 1a. ed. - Buenos Aires: Errepar, 1994. v. 2, 240 p.; 20x14 cm. ISBN 950-739-337-4 I. Título - 1. Yoga

Queda hecho el depósito que marca la ley 11723

Impreso y hecho en Argentina
Printed in Argentina

Ninguna parte de esta publicación, incluido el diseño de la tapa, puede ser reproducida, almacenada o transmitida de manera alguna ni por ningún medio, ya sea eléctrico, químico, mecánico, óptico, de grabación o de fotocopia, sin permiso previo del editor.

Prasanthinilayam   16-12-73

My Dear! Have you got any spiritual hunger? Spiritual hunger is the ultimate meaning of every activity in life. The dissatisfaction and the restlessness that remain even after obtaining all the necessities of life show that everyone consciously or unconsciously, does suffer from spiritual hunger and it is not appeased until the spirit within is realised. Without this divine discontent there is no real progress. World-peace is possible when all the people of the world move up to the faith governing universal life and when there is a heart-to heart feeling of goodness, love and oneness among the inhabitants of the world.

With Blessings
Sri Sathya Sai Baba

¡Mi querido!:

¿Sientes hambre espiritual? El hambre espiritual representa el sentido último de cada actividad en la vida. La satisfacción y el desasosiego que se mantiene, incluso después de haber satisfecho todas las necesidades, muestran que cada uno, ya sea consciente o inconscientemente, sufre de hambre espiritual y ésta no se calma hasta que el espíritu interno de cada uno se realice. Sin este divino descontento no habría un progreso real. La paz mundial será posible cuando todas las personas del mundo despierten a los hechos que gobiernan la vida universal y cuando se establezca un sentir, de corazón a corazón, de bondad, de amor y de unidad entre todos los habitantes del mundo.

Con Bendiciones,

Sri Sathya Sai Baba
Prashanti Nilayam, 16/12/1973

CHARLA DE INTRODUCCION PARA LOS ESTUDIANTES

En este gran país nuestro está extinta la sagrada relación entre el maestro y el educando. La verdad y la disciplina que son esenciales para el correcto vivir, se han vuelto raras. La devoción y la confianza en uno mismo, que habrían de ser los primerísimos ideales en nuestra conducta, han desaparecido. Y es más, han florecido deseos carentes de responsabilidad. El dominio sobre uno mismo representa el rasgo principal de nuestras vidas. Deberíamos interesarnos por cultivar el respeto por la verdad. En nuestra cultura, el respeto por la madre es considerado más importante aún que la propia vida.

En un país así, lamentablemente, se han adoptado hoy en día la moral, las tradiciones y las actitudes que prevalecen en países extranjeros. Nos encontramos inmersos en apariencias superficiales. ¡Cómo hacerles ver! Los hijos de la India no se dan cuenta de la fuerza de sus propias tradiciones, al igual que el elefante no tiene idea de su fuerza. ¡Queridos estudiantes y maestros! Llevados por el deseo de mejorar la educación en esta sagrada tierra, estamos diseñando muchos métodos y vías para lograrlo, mas al hacerlo, somos incapaces de entender qué es lo que tiene un valor prioritario en todo lo que emprendemos. El hombre que sostiene el arado para trabajar la tierra, el empleado que trabaja en una tienda, el comerciante que atiende sus negocios y el escritor que escribe su poesía —en verdad, cada individuo dedicado a llevar a cabo cualquier tarea— son todos estudiantes en la universidad que es este vasto mundo. Sin embargo, el escritor escribe algo y lo cambia. El artesano esculpe algo y después lo altera. Y todos hacen lo mismo. Todas estas creaciones y alteraciones son el resultado de los propios esfuerzos de cada uno.

En el mundo creado no hay nada que no tenga un uso específico y, en este contexto, resulta extraordinario que el hombre haga que su propia vida sea inútil. Todas las religiones y todas las castas son creaciones del hombre. Como tales, estamos contribuyendo a las divisiones y diferencias en pueblos y ciudades. Los pueblos se dividen en dos partes: una le pertenece a los ricos y la otra a los pobres. Las ciudades se dividen en la ciudad vieja y la ciudad nueva. Estas son diferencias creadas por nosotros. Al establecerlas, nos olvidamos de que el objetivo primario de cada uno es la felicidad. La felicidad, la verdad y el sacrificio constituyen la riqueza guardada en las arcas del tesoro de Dios. Podrán ser felices sólo cuando entiendan la relación que ha de existir entre hombre y hombre. Si nos preguntamos a nosotros mismos cuál es el significado de la felicidad, recibimos la respuesta de que la ausencia de pesar constituye la felicidad. Por ende, hemos de pensar acerca del proceso de liberarnos del pesar. Entre una estrella y otra y entre un planeta y otro está la luz que brilla en el espacio. De igual manera, entre un período de pesar y otro debería haber, en lo que al hombre concierne, el brillo de la felicidad. Antes de que el hombre pueda gozar de esta felicidad, deberíamos llevar a cabo una indagación para darnos cuenta del sentido interno de algunas de las palabras que usamos.

En todo lo que el hombre hace con miras a amarse a sí mismo, no es posible que ignore el amar a otros. Sin cultivar el amor por otros, jamás podrán cultivar el amor por sí mismos. El pesar que puedan sentir, se lo ganan por herir a otros. De igual modo, toda victoria que se obtenga en una guerra lleva al resultado de otra guerra.

Así también, la felicidad que puedan darle a otros al final resultará en felicidad para ustedes mismos. El hombre ha de darse cuenta de que no puede obtener nada sin compartirlo con la humanidad que lo rodea; por ende, han de creer que la felicidad de la gente en torno de ustedes llevará, a su debido tiempo, a vuestra propia felicidad. La muerte se encuentra implícita en la vida, y el pesar en el placer. Al igual que la noche está implícita en el día. Nosotros consideramos al pesar y a la felicidad, a la noche y al día como entidades diferentes. No, esto no es así. Inquiriendo correctamente nos encontraremos conque, de hecho, son lo mismo. El hierro en su estado natural es negro y duro, pero cuando lo calientan se vuelve rojo y blando. Este cambio se ha producido como resultado del cambio que introdujéramos en el estado natural del hierro.

Con el objeto de realizar esta verdad en todo momento, hemos de participar en prácticas positivas, rodearnos de buena compañía y aceptar los buenos consejos de los mayores. Desde tiempos inmemoriales esta sagrada tierra ha mantenido sus buenas tradiciones, ha entregado muchas verdades espirituales y se ha destacado por la excepcional relación entre maestros y pupilos. Un Gurú (Maestro) como Vasishta y un discípulo como Sri Ramachandra; un Maestro como Sandeepa y discípulos como Krishna y Balrama; un Gurú como Datta Govinda y un discípulo como Adi Sankara, como Suka Maharshi y Parikshit, fueron los que crearon las sagradas tradiciones de nuestro país que se han mantenido como luminosos ejemplos hasta nuestros días y que no tienen parangón en ninguna otra parte del mundo. ¿En dónde podríamos encontrar a tales maestros y a tales pupilos en el mundo actual? ¿En dónde podría encontrarse una relación así ahora entre educadores y educandos? Solamente cuando aceptamos la necesidad y el valor de tal relación, de todo corazón y con una mente pura, es que podemos extraer lo mejor de las tradiciones nuestras en este campo. La juventud moderna debería darse cuenta de la verdad que reside en esta declaración y, con ese propósito, resulta esencial que entiendan correctamente la relación entre hombre y hombre, porque sólo entonces se hace posible entender la relación entre el hombre y Dios, entre la Creación y el Creador.

Ni siquiera importaría el que no se lleven a cabo mayores reformas en nuestro sistema educacional, pero es triste que en nombre de la educación, nuestra juventud esté adquiriendo hábitos tan excéntricos que sus padres no se atrevan a levantar la cabeza en público debido a la vergüenza. Sólo cuando el contenido de la educación que reciban se enlace estrechamente con los ideales del sacrificio, del dominio sobre sí mismos, de la verdad y del amor, la juventud recibirá el beneficio de ella. Los estudiantes jamás recibirán beneficio alguno de la educación si ésta carece de estos nobles principios. La educación no consiste en la acumulación de información y de hechos en base a una multitud de libros. La lectura les podrá enriquecer tan sólo en cuanto a la información que puedan recoger, pero jamás podrá entregar o promover buenas cualidades. Habrán de considerar a una buena educación en cuanto un proceso por medio del cual se mejore vuestro carácter y gracias al cual sean capaces de usar vuestra inteligencia y agudizar vuestra mente como para distinguir lo justo de lo erróneo. Los estudiantes habrán de empeñarse en alcanzar la fuerza que se conecte con la responsabilidad. También deberían reconocer la necesidad de hacerse conscientes de los defectos dentro de la sociedad y en el género humano en general. Los estudiantes habrán de tener tres cualidades esenciales: disciplina, devoción y deber. Sólo cuando las posean se harán útiles para la sociedad.

Pero los estudiantes las pasan por alto. Cada uno se comporta de tal manera que hace que otros sientan que lo único que persigue es conseguir diplomas más altos, como los de Master de Artes o Ciencias. Puede que lo disfracen diciendo que persiguen el así llamado conocimiento superior, sin preocuparse del conocimiento general. Si no se posee el normal sentido común, por mucho que alguien piense que es educado, en muchas ocasiones se le considerará al nivel de un iletrado; si no hay un sentido de la disciplina, si no se adquiere sino erudición en la educación inglesa y no se está educado en las cuestiones relativas al Alma o al Ser, el único resultado de tal educación será la esclavitud.

Hoy en día, no se tiene la conciencia necesaria como para respetar siquiera a los padres que han sido responsables por criarlo a uno, ni tampoco el conocimiento de cómo conducirse en presencia de los mayores. Muchos jóvenes no saben qué vestimenta usar ni en qué oportunidades. ¿Podría tildarse de educada esta gente que no posee este saber elemental? Si respetan a sus padres, a sus mayores, a sus profesores y mantienen lo sagrado de estas relaciones, serán respetados en el futuro. Si no respetan a sus mayores, otros simplemente les ignorarán.

La vida consiste en el intento del hombre de avanzar de un lugar llamado "YO" a uno llamado "NOSOTROS". Si alguien se volviera tan egoísta como para desear que otros le respeten y piensa que sólo sus intereses cuentan, mientras no le preocupa el bienestar de otros ni el respetarlos, todos estaríamos siguiendo lo que podría describirse como el tránsito por una sola vía. La vida no representa una sola vía de tránsito. Habrán de conducirse de manera de darle felicidad a otros y, recién entonces, pedirle a ellos que les den felicidad a ustedes.

¡Queridos estudiantes!: El hombre no puede vivir aislado como una gota de aceite que se deja caer sobre la superficie del agua. Debería darse cuenta de que el individuo juntamente con la sociedad son los que componen el mundo. La felicidad del individuo está íntimamente ligada a la felicidad de la sociedad. La prosperidad misma de la sociedad está estrechamente conectada con la felicidad del mundo. Si desean disfrutar una felicidad individual, habrán de aceptar que tanto el individuo, como la sociedad y el mundo han de ser felices todos. Se debe a los defectos de nuestro sistema educacional el que se haya llegado a un nivel en que nuestra juventud —tanto muchachos como muchachas— estén adoptando a veces maneras tan perniciosas e inaceptables. Esto seguirá siendo así en tanto el sistema educacional se confine por completo a los asuntos mundanos y en tanto ustedes no sigan sino aprendiendo sobre cosas que se refieran únicamente al mundo. Nuestros métodos educacionales deberían incluir aspectos espirituales, religiosos, éticos y morales. Sólo así se dará la posibilidad de que se corrija esta situación. Cada joven deberá realizar un esfuerzo para generar la confianza en sí mismo y así podrá gozar de felicidad y de alegría. Esto lo conducirá a la realización de sí mismo.

Todas las religiones, en esencia, predican que han de purificar sus mentes y conocerse a sí mismos. No deberíamos tratar de diferenciar una religión de la otra y una casta de la otra. El fin y la meta de todas las religiones y de todas las castas es uno y el mismo. Deberíamos tratar de realizar la unicidad de todas y la verdad esencial que hay en ellas.

Durante todo el mes que ha de seguir, habrá muchas personas mayores, llenas de considerable experiencia, que les hablarán sobre los grandes hombres y las grandes tradiciones de este país que le han agregado lustre a nuestra cultura. No desperdicien esta preciosa oportunidad. Guarden en sus corazones todo lo que escuchen. Todo ello representará otras tantas piedras preciosas a las que puede que tengan que recurrir en el futuro. Espero que después de este mes, saldrán de aquí como portadores de la antorcha de la cultura india y se dediquen a reivindicar la fe en ella. Aquellos de ustedes que han venido a participar en este curso son en verdad afortunados. No pierdan su tiempo, sino que presten oídos a lo que se les enseñará y pónganlo en práctica en vuestra vida futura.

LA SANTIDAD DE LA RELACION MAESTRO - DISCIPULO

El mundo que vemos no es sino algo transitorio. No es permanente. Este mundo también está lleno de cosas que no son tan buenas ni tan importantes. ¡Jóvenes estudiantes!: La cultura india se basa en un pensamiento no-dual y en una filosofía no-dual. Este rasgo especial de la filosofía india le es conocido a mucha gente. Hay diferencias entre las demás filosofías del mundo y el Advaita o filosofía no-dual que prevalece en este país. En la mayoría de las religiones de Occidente se le da importancia al cuerpo, a la mente y a la inteligencia. Entre ellas, la inteligencia se considera como la más alta facultad humana y como representante del Yo o Alma del hombre. Es éste el ángulo desde el cual la religión occidental mira hacia los diversos aspectos de la vida. El pensamiento indio, por su parte, considera como distintos al cuerpo, la mente y la inteligencia, y como adicionales la conciencia universal y la conciencia interna de cada uno. La cultura india le da importancia a coordinar el Alma en sí misma con la más alta noción de Ser Supremo, reconociendo la unidad de ambos en un análisis último. Este es el ángulo desde el cual la religión india ve los diferentes aspectos de la vida. Sin embargo, incluso en la India han surgido y florecido muchas religiones y, en consecuencia, han realizado intentos por coordinar estas cosas con el Yo o el Alma.

Todas las religiones que han surgido en este país han preconizado los preceptos de que uno ha de decir la verdad, no dejarse arrastrar por la intriga, que ha de respetar a su padre, a su madre y a su maestro. Ninguna religión de este país ha dicho nunca lo contrario. Todas las religiones le han pedido siempre a la gente mantenerse alejada de las intrigas. Nunca nos han enseñado a decir falsedades. Las distintas religiones muestran algunas diferencias y diversas ideas respecto al Dios incognoscible, pero en esencia, no han diferido en cuanto a las cosas que pueden ser entendidas y practicadas con algo de esfuerzo, como el hablar la verdad y hacer el bien.

Hoy en día, todo lo que haya sido enseñado en nombre de la religión y la verdad ha sido olvidado. Hay cosas que no han sido enseñadas por nuestras tradiciones ni se encuentran en nuestras Escrituras, y que ocupan la mente de la gente y a las que les están dando importancia desmedida. Resulta claro que no tenemos fe en estas religiones, porque estamos olvidando lo que ellas nos enseñan en esencia y le estamos rindiendo pleitesía a cosas que no tienen como base un pensamiento religioso. Sólo cuando tengamos plena fe en lo que ha sido señalado como mandamiento por varias religiones en cuanto a la conducta del hombre y lo hayamos llevado a la práctica, podremos ser descriptos justificadamente como seguidores de estas religiones. En cambio, si solamente hablamos sobre lo que se nos ha dicho en varias religiones o escrituras y no lo ponemos en práctica, habría que describirnos como personas carentes de fe en los mandamientos dados por ellas.

Son muchas las personas que son educadas, que son responsables de la educación o que se encuentran en posiciones de responsabilidad que plantean preguntas como qué significa la religión, qué es la cultura india, qué representa la ética y qué implica la moralidad. Al plantear estos interrogantes y ser ignorantes respecto a los preceptos básicos de nuestra religión, no hacen sino confundir las mentes de los jóvenes estudiantes. Sobre la base de lo que se preguntan resulta claro que su conocimiento deriva tan sólo de libros y que puede describírsele como un conocimiento libresco. No parecen haber tenido ninguna experiencia Divina en toda su vida. Este es el estado de nuestros tutores. Albergo la esperanza de que los estudiantes se conducirán de tal manera como para abrirles los ojos a quienes están a cargo de la educación. Todas mis esperanzas y aspiraciones descansan sobre la conducta de los jóvenes. Los jóvenes de hoy tienen una gran suerte y una oportunidad única para rectificar el futuro de este país. De este modo, al brindarles la oportunidad, durante estos cursos de verano, para revitalizar la Rectitud y la sagrada cultura de esta tierra, que tiene su origen en los Vedas y que ha sobrevivido desde tiempos muy remotos, les ayudaremos a restablecer la reputación de este país a su sitial original, ganando gloria para sí mismos y para vuestra tierra. Esta es mi determinación.

Se ha hecho referencia al mundo que vemos en torno de nosotros como un mundo ni verdadero ni falso. Si imaginamos que el mundo es verdadero, rápidamente desaparecerá, cambiará de forma y nos mostrará que es falso. En cambio, si pensamos que es falso, vemos cosas en torno nuestro que causan la sensación de que es real. Por ende, no es ni verdadero ni falso. El mundo se sitúa en algún punto entre la verdad y la falsedad. A veces les parece ser verdadero y otras, no. Es por esta razón que se le puede llamar verdadero y falso porque es visible e invisible a la vez. En este contexto, recordemos que lo que vemos durante el día no lo vemos en los sueños que tenemos al dormir, como también lo que vemos en nuestros sueños no lo vemos durante el día. ¿Qué es verdad y qué es falsedad? La propia mente se confunde. Somos incapaces de ver la diferencia entre verdad y falsedad. Nuestras ideas y deseos cambian continuamente, apareciendo y desapareciendo. Es por ello que estas ideas y deseos y también nuestro propio cuerpo son falsos. No son permanentes y, por ende, no son verdaderos.

En este mundo de hoy a menudo escuchamos noticias sobre algún tipo de disturbio que se produce en alguna parte del mundo o algún perjuicio que se le está causando a la gente en algún lugar. No hay noticias que les causen felicidad, que les animen y que les hablen de cosas más agradables y permanentes. El mundo mismo es como un drama de dos días de duración. Esta generación vuestra es como un drama que dura dos horas. Este cuerpo individual vuestro no es más que una burbuja de agua que no ha de durar más que unos minutos. ¿Cómo podríamos atribuirle algún valor a cualquiera de estas cosas? Vuestro cuerpo es un conglomerado de enfermedades. Vuestra misma vida es como un lecho lleno de pulgas. Este mundo está lleno de pesares. ¿En dónde encontraríamos alguna felicidad en este entorno? De modo que los deseos que se relacionan con el cuerpo y los que se refieren a los placeres del mundo y a los goces sensoriales no nos proporcionarán ni felicidad ni dicha. Las enfermedades, los problemas y otras diferentes cosas de este tipo que les perjudican, se revisten con las galas del engaño para verse, externamente, como placenteras. Ellas los arrastran hacia todo tipo de dificultades. Al igual que en la sucesión normal de eventos ustedes se cambian de vestimenta cuando es necesario, también la vestimenta de la felicidad y el placer se lleva sólo temporalmente y se cambiará por la de los problemas tan pronto todo termine.

Verdaderamente, si pueden encontrar en este mundo a un individuo que pase su vida en Paz y felicidad, ello será motivo de asombro. Puede que sea una persona muy rica y pudiente, que sea muy educada y respetada, que detente una posición de mucho poder y autoridad, y que externamente, les parezca que tiene algo de felicidad. Sin embargo, el hecho es que estará agobiada por infinidad de problemas en su fuero íntimo. Estos problemas le significarán tantas tensiones que se sentirá desdichada continuamente. Si realmente anhelan una ininterrumpida dicha y felicidad, la edad que tienen es muy apropiada para que se pongan a pensar en la esencia de la filosofía del no-dualismo o Advaita.

Hay mucha gente que no piensa ni en esta vida ni en la vida después de la muerte. Esta gente es muy numerosa. Incluso aunque piensen a veces en estas cosas, son muy pocos los que entienden lo que es sacrificar, renunciar aunque sea a cosas pequeñas en el cumplimiento de sus deberes y que piensen en hacer el bien para poder así mejorar sus vidas. Al observar a quienes gastan todo su tiempo y riquezas en lograr placeres para sí mismos y en decorar y embellecer sus cuerpos, nos volvemos a equivocar pensando que son muy inteligentes. A medida que pasa el tiempo y que los cuerpos envejecen, seguimos considerando que los que aplican su vida y dinero para satisfacer sus deseos sensoriales son dignos de ser emulados. Todos estos conceptos están equivocados. Aunque la muerte lo mire cara a cara en cada momento, vemos que un individuo puede estar celebrando su cumpleaños, ajeno al hecho de que puede encontrarse con ella en cualquier instante. ¿Cómo hemos de interpretar las mentes y actitudes de tales personas que no parecen preocuparse por lo que suceda al momento siguiente? El sapo que está siendo acechado por una culebra y que ha de morir en cualquier instante, tratará de engullir aún algunos gusanos, sin darse cuenta de que la muerte está por atraparlo. La culebra, por su parte, no sabe cuándo habrá de comérsela el pavo real y, desaprensivamente, se sentirá orgullosa de haberse comido al sapo. En este mismo contexto, tampoco el pavo real sabe lo que pasará con su vida en el próximo momento; puede que un cazador lo esté rastreando y el pavo no sabe qué hará con él, pero se siente orgulloso de haber cazado a la culebra. En este mundo, una persona engulle a otra y ésta, a su vez, está engullendo a otra. Cada persona piensa que está engullendo a otra y no se percata de que hay otra persona más, pronta a engullirla a ella.

Además, el hombre piensa que está engullendo al tiempo, en tanto que el tiempo está allí para engullir al hombre en uno u otro momento. Esto constituye una gran ignorancia por parte suya. Debido a que están tan embrollados con los aspectos del cuerpo, de la mente y de la inteligencia, ignoran que están subordinados al tiempo y que el tiempo les engullirá. Sin embargo, si llegan a desarrollar un aspecto que los haga sentir por encima de los aspectos del cuerpo, mente e inteligencia, les será posible adquirir control sobre la muerte y llegar a considerarla como parte integral de la evolución del elemento inmortal en ustedes. Hemos llegado a este mundo con nuestro cuerpo como parte de nosotros mismos. Pero mientras sigan siendo parte de este mundo, será deber de los jóvenes el inquirir y entender la verdad que subyace en todo esto. ¿Qué es este cuerpo y cuál es su relación con el mundo? Sai está determinado a sembrar en las mentes de los jóvenes, que son como los rayos del Sol naciente, las semillas del deseo por adquirir conocimiento espiritual. Vuestra edad es la edad apropiada en la que pueden esperar llegar a convertirse en los futuros pilares de este país. De nada sirve el predicarle estas cosas a personas mayores, cuyas mentes son como los últimos rayos del Sol poniente. Durante todo este mes, se les entregarán diferentes cosas referentes a las tradiciones y a la cultura indias. También se les hablará de lo que es bueno de las tradiciones y la cultura occidentales. De hecho, se les informará sobre todas las grandes religiones del mundo. Este es el propósito de haber dotado de varios componentes a esta escuela de verano.

Durante este mes habrá muchos inconvenientes que se les puedan presentar, puede que se sientan físicamente incómodos, pero, pese a estos inconvenientes y falta de comodidades, deberán considerarse afortunados de haber logrado la oportunidad para entender la gloria de la India y el valor de su cultura. Deberán sentirse orgullosos de ser ciudadanos de nuestro gran país. Esta verdad debe grabarse en vuestra mente y deben ser capaces de hacer que se implante firmemente en ustedes, sin que vacilen ni permitan que la mente se aleje de ella. "Mi país es la India. Mi religión es la religión de la India. Mis ideales y tradiciones han nacido en la India." Este tipo de pensamientos es el que deben desarrollar en la mente. Deben desarrollar el máximo respeto y apego por la cultura que ha florecido en este país desde tiempos inmemoriales. Nuestra cultura es antiquísima e inmortal. Habrán de dedicar sus vidas al futuro de este país. Vuestra vida podrá ser tranquila sólo cuando hayan logrado controlar las excitaciones del cuerpo y la mente. Ellas son nocivas. Si no son capaces de hacerlo mientras son jóvenes, no podrán hacerlo después.

Cuando son jóvenes, poseen la fuerza del cuerpo, la mente y el espíritu, y si no logran el control ahora, menos lo harán cuando sean mayores. La educación adquiere su sentido justo sólo si llegan a poder controlar sus sentidos, inscribir sus ideas en la senda correcta y mantener su mente limpia. Uno llega a ver relámpagos en el cielo sólo después de que se han juntado las nubes. Así como el relámpago sigue a las nubes, la sabiduría debe seguir a la educación. Aquel que busca esta sabiduría que viene después de la educación es un verdadero buscador de educación. Deben desechar la tonta idea de que la educación representa sólo lograr un diploma. Lleven en la mente, como objetivo de la educación, la prosperidad y el bien para sí mismos, vuestra sociedad y vuestro país. Realicen el esfuerzo de sacrificar sus vidas. No sigan el camino de vender vuestra educación en aras de ganarse las migajas de un salario. Desde el momento que despiertan hasta que se van a dormir, llevan a cabo muchas cosas e incluso luchan con denuedo con el propósito de ganar algo de dinero. Por una rupia, la gente miente y lleva a cabo muchas cosas cada día. En aras del dinero, inventan todo tipo de planes e intrigas e involucran a Dios mismo en vuestras insensatas acciones. Toda esta gente que corre tras el dinero pretende todo el tiempo estar repitiendo el Nombre del Señor, aunque de hecho esté intrigando y tratando de engañar al Señor mismo. Aunque quienes los escuchen no entiendan, ¿no es cierto que Dios entiende lo que realmente piensan detrás de toda esta apariencia? En último término recibirán lo que merecen. Vuestras intrigas pueden resultar exitosas con gente a la que quieran engañar, pero no es posible engañar a Dios. Dios reside en vuestros corazones.

Es posible que hayan oído el nombre de Chitragupta en la mitología india. Chitragupta es el nombre del secretario privado de Yama, el Señor de la muerte. Esto significa que Chitragupta lleva las anotaciones precisas del bien y el mal que hacen los individuos durante sus vidas. Puede que esto les divierta y que se pregunten si realmente hay un Yama, un Señor de la muerte y si en verdad tiene un secretario que se llame así. Todo esto les puede dar la sensación de que Yama está siendo descripto en términos oficinescos y que ello contribuya a debilitar en algo vuestra fe. En la cultura india, cada palabra usada tiene un sentido interno. Descuidamos la importancia de estas historias de nuestra mitología al interpretarlas superficialmente. Al tiempo mismo se le llama Yama. El nacimiento de un cuerpo, su crecimiento, los cambios que se producen en él y la muerte del cuerpo, son todos causados por el paso del tiempo. Si no existiera el paso del tiempo, no habría nacimiento ni habría muerte. Porque el tiempo es el responsable de todos estos cambios e incluso de la destrucción y la muerte del cuerpo humano, y es por ello que al tiempo mismo se le ha llamado el Señor de la muerte. Al tiempo también se le llama el vástago del Sol. Y de nuevo podemos albergar la duda respecto a que si el Dios del Sol tiene una familia, mujer e hijos. La noción del tiempo surgió en nosotros debido a los fenómenos de la salida y la puesta del Sol. Es por ello que se considera al tiempo como hijo del Sol. Este apelativo de Chitragupta se encuentra dentro del cuerpo mismo. La mente se esconde dentro del cuerpo y a esta mente escondida se la llama Chitragupta. Todos los pensamientos que surgen en la mente de uno quedan impresos en el corazón. Si alguien pregunta algo, puede que vacilen y den una respuesta que no sea justa, pero si le hacen una pregunta al propio corazón, no se podrán dar una respuesta falsa. Incluso un ladrón que haya entrado en la casa de alguien y cometido un robo, podrá decir que no lo ha hecho, al ser interrogado por la policía. Esto no es más que por las apariencias externas. Su corazón conoce muy bien la verdad de que efectivamente ha perpetrado este robo. Aquello que ha sido impreso en vuestro corazón se denomina "Ruta". La verdad sobre las ideas que se generan en ustedes, se llama "Ruta" cuando ha sido impresa en el corazón. La emisión por vuestra boca de la idea que se encuentra impresa en vuestro corazón, se llama la Verdad. El llevar a la práctica las palabras que han pronunciado con la boca, se llama Dharma o Rectitud. El significado de Dharma o la Conducta Recta será, por ende, evidente o correcto únicamente cuando haya una completa coordinación y una asociación inseparable entre la idea que haya surgido en vuestro corazón, la palabra que hayan pronunciado con vuestra boca y la acción que hayan emprendido con el cuerpo. De modo que cuando existe completa coordinación entre pensamiento, palabra y obra, uno puede llamarlo una Conducta Recta. En estos días no hemos comprendido adecuadamente esta sagrada palabra Dharma ni su sentido pleno. Le hemos estado dando varias interpretaciones según nos convenga. Es éste el lamentable predicamento que impera hoy en día.

¡Encarnaciones del Espíritu Divino!: La relación maestro-discípulo ha sido muy sagrada en nuestra forma de vida tradicional. En este contexto, tienen una importancia muy especial los versos que se conocen como Bhaja Govinda. Adi Sankara escribió unos treinta y tantos versos bajo este título y se los entregó al mundo a través de sí mismo y de sus discípulos. Debido a su importancia, deseo tomar cada día uno de estos versos durante este mes, y contarles cómo propagaron los discípulos de Sankara su contenido y su santidad por el mundo. La esencia de todos los Vedas (Escrituras Sagradas), de todos los Sastras (Códigos morales), y de todos los Puranas (descripción de los poderes y hechos de los dioses), está contenida de manera explícita en estos versos. Guárdenlos en sus corazones. Piensen en vuestra estadía aquí en austeridad, como una disciplinada práctica espiritual. Consideren este lugar como un Ashram (monasterio) y santifiquen sus vidas.

Esta es mi esperanza y les bendigo a todos.

LA ESCALERA QUE LE PERMITE A UNA PERSONA IGNORANTE LLEGAR A SER UN ALMA LIBERADA

¡Jóvenes estudiantes!: Hoy en día es seguro que el interrogante respecto a que si nuestro país, India, merece ser llamado Barath, la tierra que tiene apego al Señor, habrá de surgir en cada joven. Estamos vivenciando la cultura india de manera muy ridícula en la actualidad. Por ejemplo, el único significado que ha quedado respecto al mantra del Gayatri, es el ritual de sujetar firmemente la punta de la nariz. El renunciante lleva sobre sí una carga mayor quizá que la que soporta un jefe de familia. Cuando hablamos de pranayama (práctica espiritual mediante la cual se sostiene el prana o respiración), nos parece algo trivial. Se ha deteriorado hasta convertirse en un proceso carente de sentido. En este contexto, no es una sorpresa que nos asalte la duda respecto de si la India merece realmente ser llamada por su antiguo nombre y si queda algo de significativo para nosotros en la cultura india. Es cierto y natural que en cada país, después de algún tiempo, surja una situación de este tipo y se inicie alguna clase de deterioro. El deterioro se producirá en diferentes épocas, dependiendo de la naturaleza del país, del paso del tiempo y de los individuos que viven en él. Una vez comenzado el proceso, Dios aparecerá en forma humana, ya sea bajo la forma de un Paramahamsa (sabio realizado) o como un Avatar (Dios encarnado en forma humana) con el propósito de restablecer la Rectitud y de restaurar las tradiciones originales.

Hace muchos años, cuando la Rectitud y todo lo que depende del Dharma (Virtud) estaba en decadencia en este país, apareció Adi Sankara en escena y difundió el antiguo Dharma védico en la forma del Advaita o Filosofía no-dual. También estableció varias sedes de aprendizaje de renombre en toda la India.

Los primeros signos de la declinación del Dharma (deber del hombre) se hicieron notar tan remotamente como hace 5.000 años atrás. Fue entonces cuando el Señor Krishna encarnó en forma humana. Más adelante, en el año cuyo nombre era Nandana, en el mes llamado Vaisaki y el día llamado Panchami, un domingo, y en las tempranas horas de la mañana que nosotros llamamos Brahmamuhurta, llegó a nacer Sankaracharya en una aldea de Kerala llamada Kaladi. A la temprana edad de cinco años, Adi Sankara aprendió el mantra (fórmulas orales sagradas de gran poder) del Gayatri.

Después de haberlo aprendido y a través de su práctica, llegó a aprender todo el contenido de los Vedas a la edad de catorce años. Fue así que tomó la determinación de difundir el culto de la espiritualidad por todo el mundo. Sankara fue un individuo sobresaliente que, durante su vida, tradujo todas las Upanishads a un lenguaje comprensible, para beneficio de todos.

Preparó los textos y sus comentarios adquirieron el nombre de Sankara Bhashya. Todo su tiempo disponible y todas sus energías los dedicó al propósito de difundir la sagrada cultura de la India por todo el territorio. Con este objetivo, viajó por todo el país, radicándose por algún tiempo en Benares en medio de sus viajes. En ellos lo acompañaron siempre sus catorce discípulos principales. Su rutina diaria era la de caminar por las calles, junto con sus discípulos, predicando y enseñando su filosofía. Visitó varias casas de brahmines en Benares y les clarificó respecto a la autoridad de las Escrituras. En uno de estos recorridos llegó hasta la casa de un brahmin muy anciano. El dueño de casa estaba recitando algunas reglas gramaticales. Sankara entró a la casa y se puso a conversar con él. Le preguntó al anciano qué era lo que esperaba lograr con esta recitación de reglas gramaticales. El brahmin le respondió que tenía una numerosa familia y que, al hacerlo, tenía la esperanza de adquirir algún conocimiento sobre la materia y así poder ganar algo de dinero para mantener a su familia. Sankara, entonces, le dijo al brahmin todo lo que tenía que decirle y le indicó que el recitar las reglas gramaticales no le ayudaría. Cuando regresó a su propia casa, decidió poner estos consejos en forma de versos, al igual que lo sucedido aquel día. La sustancia de las estrofas que compuso Sankara y que comenzó a cantar junto con sus devotos, es la siguiente:

> *Oh, persona ignorante. Canta la Gloria del Señor Govinda, pronuncia el Nombre del Señor Govinda. Deberías repetir el Nombre del Señor. Ya no será posible para ti el hacerlo cuando la muerte te enfrente y te acerques a ella. El recitar reglas gramaticales no te salvará.*

Aunque la grandeza de Sankara era evidente en estas palabras, sucedió que sus discípulos también eran personas muy eruditas y querían agradar a su Gurú (Maestro espiritual) exhibiendo sus habilidades. Cada uno de ellos compuso entonces una estrofa, de modo que los catorce compusieron catorce de ellas. Cuando el último terminó con la suya, Adi Sankara se sintió tan complacido que le dio expresión a su satisfacción, componiendo lo que se conoce como la "serie de doce estrofas". Luego estuvo reflexionando y llegó a la conclusión de que la enseñanza y la prédica deberían ir acompañadas de algún tipo de bendición por parte del Maestro, para que la gente obtuviera un mayor beneficio. Para ello, compuso cuatro estrofas más. De esta manera, después de haber escrito un total de treinta y una, a las que se les dio el título de Moha Mudgara, fueron entregadas a la posteridad bajo la denominación de las series de Bhaja Govinda.

Lo más importante que se comunica en estos versos es el término "moodhamathi": alguien tan necio que es incapaz de entender o captar. En este contexto, habríamos de preguntarnos quién será el que no puede entender. Sankara mismo dio una linda respuesta a esta pregunta, la cual está encerrada en la sentencia de que "aquel que no cree en Dios, el que no acepta la existencia del Alma, es el necio a que se hace referencia". Este mismo apelativo lo utiliza Dharmaraja en el Mahabharatha, en la parte que se refiere a las preguntas que le hace Taksha. Hoy en día entendemos que un "moodhamathi" significa "la persona que es totalmente materialista".

Debemos indagar algo más en el significado de esta palabra. Hay muy pocas personas que realizan la verdad que hay en la declaración de: "Yo no soy el cuerpo. El cuerpo es algo temporal que ha de perecer. En cambio, yo soy imperecedero, soy el inmortal hijo de la Divinidad". Si consideramos esto desde el ángulo del aspecto mundano, hay varias facetas que pueden notarse. Uno ha de decirse a sí mismo: he nacido en este cuerpo, estoy creciendo en este cuerpo y tengo el derecho de disfrutar de los variados placeres de este mundo con él. Así uno puede desperdiciar su vida con estas ideas. Otro aspecto lo constituye el que, si puedo decidir respecto a lo que me agrada y lo que me desagrada, ¿cuándo entra Dios en el juego? ¿Por qué habría de tener alguna fe en Dios e invocar Sus bendiciones para mis agrados y desagrados? Y no es el caso que no existan otros aspectos que fueran opuestos a los anteriores. Algunas personas piensan que están pagando el arriendo por la casa que habitan, que pagan impuestos por las profesiones que ejercen, que pagan por el agua, la electricidad y prácticamente por todo lo que usan cotidianamente y cuestionan la necesidad de tener fe en Dios en cualquier contexto. Es cierto que esa gente está pagando impuestos por todas sus posesiones mundanas como la casa, el agua, la luz, etc. También deberían preguntarse qué impuestos le pagan a la Madre Tierra por proveerles de tantas facilidades y para satisfacer sus requerimientos diarios, posibilitándole así al hombre el vivir su vida diaria. También deberían preguntarse qué impuestos le pagan al Sol, a la Luna y al espacio que nos rodea por proveernos de la luz, el aire y la capacidad de trabajar que necesitamos. Todos estos poderes invisibles que nos mantienen vivos no reciben pago alguno a cambio.

Los científicos sólo pueden estudiar y describir las cualidades de los materiales existentes; pueden dividirlos en sus componentes, reconstituirlos en nuevos compuestos y darles nuevas formas por medio de procesos que pueden explicar. Ningún científico puede crear cosas que no existan. ¿Es capaz el hombre de producir toda el agua que necesita, mezclando sustancias elementales como el hidrógeno y el oxígeno? ¿Es capaz de producir lluvia natural cuando enfrenta la necesidad de llevarla consigo para mantener en funcionamiento sus procesos vitales? ¿Son capaces los científicos de crear el Sol y las estrellas que son las fuentes que entregan la luz y la energía necesarias para la existencia del hombre? En ocasiones, puede que los hombres de ciencia junten algunas sustancias elementales y creen artificialmente pequeñas cantidades de materiales nuevos, pero ¿son capaces de crear las sustancias que dan la vida como el oxígeno, el aire y el agua, para sustentar la vida creada en la Tierra? A nadie le es posible hacerlo. Ellas sólo pueden ser creadas por la voluntad de Dios y según su deseo. La persona que realice esta verdad de que toda la Creación obedece a la voluntad y la complacencia de Dios, se puede considerar como alguien que no es un "moodhamathi". En algunas ciudades hay escasez de agua potable y los hombres de ciencia están tratando de hacer que la salada agua del océano pueda servir para este efecto. Puede que tengan un éxito parcial en estos intentos, mas ¿cómo podrían conseguir el agua potable si no tuvieran a disposición el agua de los mares como fuente? Es así que, en todos los casos, la sustancia original o la fuente, si nos ponemos a indagar y a hacer un cuidadoso análisis, es un don de Dios y ningún científico la puede crear.

Sin que importe cuán alta sea su posición ni la capacidad que un hombre de ciencia pueda haber alcanzado en su profesión, no puede conectarse con cosas que se sitúen más allá de las cinco sustancias originales: la tierra, el agua, el fuego, el aire y el espacio. Dios está detrás del telón y más allá de estos cinco elementos. Dios exhibe sus poderes fuera del ámbito de estos cinco elementos. El hombre opera dentro del ámbito de ellos. En tanto se mantenga la íntima conexión del hombre con los cinco elementos, tal como lo sabemos por nuestra vida diaria, éste no podrá entender el verdadero significado del principio del Alma Universal. Hasta cierto punto, podemos hacer uso de los cinco elementos para facilitarnos las cosas y lograr comodidades en este mundo material, mas este proceso debería emplearse tan sólo con el propósito de entender el aspecto Divino o Alma Suprema. Por el contrario, el tratar de confinarnos dentro del dominio de los cinco elementos, con el propósito de entender las vías o el operar de Dios, en la creencia de que puede ser traído hasta el plano material en el que hemos elegido darle forma a nuestros deseos sensoriales, equivaldría a perder nuestro tiempo. Aquel que sea capaz de entender y de realizar la verdad de que estos cinco elementos son la creación de Dios y que han sido creados por su complacencia, será quien entienda las cosas en su cabal perspectiva. Quien no entienda ni acepte esta perspectiva en cuanto la Verdad última, viene a ser un "moodhamathi". Ello significa que en tanto no anhelen la Gracia de Dios y en tanto permitan que sus vidas y sus actividades se entremezclen con los cinco elementos que les rodean, se verán enfrentados a muchísimos desengaños y dificultades. Estarán desperdiciando sus vidas y no podrán escaparle a la verdad de que están viviendo la vida como "moodhamathis".

En la segunda parte de la estrofa, Sankara dice que, mientras la muerte se acerca y se aproxima vuestro fin, de nada les ayudará el recitar reglas gramaticales. Para el hombre, entre todos los temores que le asaltan, el miedo a la muerte resulta el más aterrorizante. En el momento de la muerte, no se da tan sólo la sensación de que un montón de escorpiones se arrastra por encima de ustedes, sino que, generalmente, es tan doloroso como si miles de escorpiones les estuviesen picando todo el tiempo. Sankara les dice que cuando se aproxima esa muerte a la que le tienen tanto terror, y están sufriendo grandes dolores, nada que no sea el pensar en Dios puede salvarles. Es esto lo que quiere significar al decir que, cuando se acerca la muerte, el recitar las reglas gramaticales o recordar vuestra erudición en varias materias, no les salvará.

La estrofa del Bhaja Govinda tiene varias interpretaciones de acuerdo a muchos doctos estudiosos y a la palabra Govindam se le han asignado varios significados. Pero el real significado de Govindam es que se refiere "a uno que cuida o atiende a las vacas". El significado interno es que se refiere a quien tiene el control sobre la naturaleza animal del hombre. Hay algo de la naturaleza animal que se mantiene residualmente en el hombre. Esta naturaleza animal residual ha de ser cambiada y transformada. Aquel capaz de transformarla, es Govinda. Para un animal, la naturaleza humana resulta inaccesible, pero para el hombre resulta accesible la Naturaleza Divina en cuanto meta. No obstante, como se mencionara antes, queda un residuo de naturaleza animal en él y debemos inquirir qué significa ello.

Cuando le mostramos pasto verde a un animal herbívoro, se siente atraído, se acerca y mueve la cola para expresar su placer. El mismo animal se alejará corriendo si toman una vara y le pegan. De manera similar, hoy en día el hombre se siente atraído y se les acercará si le muestran dinero, pero si están enojados y le gritan, huirá. ¿No es esto una demostración de la naturaleza animal en los seres humanos? Por otro lado, en cuanto seres humanos, no deberíamos sentir temor ni deberíamos infundirle temor a otros. No somos ganado para que nos asustemos, ni somos animales para infundir pavor. Sin embargo, cuando algunos hechos incorrectos llaman nuestra atención o cuando se dice algo que es falso, habrían de ser cualidades aceptables en el hombre el denunciarlos, separar la verdad de lo falso y castigar a la persona responsable por ellos. Y éstas no pueden ser cualidades de ningún animal. De modo que cuando pronunciamos la palabra Govinda (otro nombre que se le da a Krishna) debemos entender y discriminar entre el bien y el mal, castigar a la persona por lo malo que ha hecho y recompensarla por lo bueno. De modo que el aspecto de Govinda es el de llevar adelante el mejoramiento de la naturaleza humana, como para impulsarla a acercarse a lo Divino. Han de pensar cada día en Govinda, pronunciar Su nombre y hacer crecer la fe y la confianza en El. No es posible hacer lo contrario y ser feliz.

Otro significado de la palabra Govinda es el de un sonido pronunciado. Ya sea para las palabras que pronuncia el hombre, los sonidos que emite un animal o lo que se ha dicho en los Vedas, todo ello tiene una sola base. Puede que haya diferencias superficiales en la calidad, pero para todos ellos la base la representa el mismo sonido. Este significado alternativo, por ende, nos permite considerar a Govinda como la personificación del sonido o Sabda, como vaca o Gam, como tierra o Bhumin, como Vedas o Ved y como cielo o Swarga: "Aquel que representa todas estas cosas es Govinda".

La palabra Bhumin también nos entrega el sentido de que Govinda está detrás de todo el drama de este mundo que es representado en la Tierra. En la palabra Swarga, encontramos el sentido de que El es el Señor del lugar en el que podemos obtener todo tipo de felicidad y placer. Con referencia a los Vedas, también tenemos el sentido de que al hablar de Govinda, estamos hablando del aspecto del Señor Mismo. Es así que tenemos que reconocer que, ya sea en la apariencia densa, sutil o causal de este mundo, es Govinda el que resplandece. Fue en este contexto que Prahlada proclamara que no hay placer en este mundo. No hay placer en el nacer una y otra vez. No hay placer en el nacer sólo para morir y morir sólo para nacer de nuevo. ¿Por qué habríamos de nacer si no es más que para sufrir el repetido ciclo de nacimientos y muertes? Uno habría de nacer como para llegar a ser inmortal y no tener que nacer nunca más. Alguien que esté empeñado en encontrar la senda que lleve a tal verdad, es lo que se llama un sabio.

Si indagamos cuidadosamente en las palabras que usara Prahlada en aquella ocasión notaremos que señaló que ese tipo de inteligencia era la de un sabio y no la de un animal. Esto significa que Prahlada consideró que aquel que entiende y que anda tras la senda de la inmortalidad, es una persona sabia. Alguien que no lo entienda, será como un animal. Con ello le dio una respuesta muy satisfactoria a quienes dudan de la verdad de tal declaración. Ilustró su indicación, comparando el cuerpo a un arco, la mente a la cuerda que se tensa en él y la vida a una flecha. Esto significa que vuestro cuerpo está sometido a la cuerda que es vuestra mente. Cuando apoyan la flecha, que es vuestra vida, en la cuerda de vuestra mente y la tensan, se darán cuenta de que el arco o vuestro cuerpo se arquea. Cuanto más tiren de la cuerda de sus mentes, más rectamente irá la flecha. La cuerda habrá de tensarse con bastante fuerza y no deberá dejarse floja. Es en este contexto que se nos dice que el camino recto para alcanzar a Madhava (El Señor del Universo) lo constituye el control sobre nuestra mente. Cuando le damos demasiada importancia a nuestra mente y a nuestro cuerpo, esta mente que es inestable y este cuerpo que es como una burbuja de agua, hacen que toda nuestra vida se vuelva infructuosa.

Esta primera estrofa también establece los aspectos Annamaya*, Manomaya** y Pranamaya*** de nuestro cuerpo. Sin alimento el cuerpo no puede vivir. Si carecemos de un cuerpo,

---

* La envoltura exterior del hombre. Cubierta material en que habita.
** La mente del hombre. Envoltura del cuerpo compuesta de pensamientos, deseos, resoluciones, ansias, motivos, positivos o negativos, que conforman el complejo llamado mente.
*** Envoltura sutil del cuerpo o aliento vital.

no podemos imaginarnos realmente a la mente. Si no hay mente, no podemos reconocer la vida en el cuerpo. Estos aspectos del conocimiento y la dicha son dependientes de los aspectos del alimento, la mente y la vida. Es por ello que vamos en pos de estos tres aspectos. Es verdad que son transitorios, que no son permanentes y que carecen de valor. Pero, desde el momento en que los aspectos del conocimiento y de la dicha dependen de ellos, les concedemos una cierta importancia. Para ser capaces de experimentar los aspectos del conocimiento y de la dicha, habremos de proteger nuestro cuerpo, nuestra mente y nuestra vida. Hay un pequeño ejemplo para ilustrarlo. Si tenemos algunas joyas y gemas valiosas en nuestra casa que necesitan ser protegidas, las guardamos en una caja fuerte relativamente barata. Esta caja de hierro no tiene valor en comparación con las joyas, pero ponemos dentro de ella las cosas valiosas. Nuestro cuerpo vendría a ser como esta caja de hierro sin valor. En este cuerpo sin valor, Dios ha guardado, para protegerlas, cosas muy valiosas como el conocimiento y la dicha. Mas, a veces, de acuerdo a nuestra conveniencia, pensamos que Dios no ha hecho lo correcto al guardar cosas tan valiosas en un cuerpo de tan poco valor y tan impermanente. Dios es la Encarnación de la Inteligencia y la Sabiduría y lo mira todo de manera total y completa. En Su Creación no puede haber nada que no tenga un propósito específico. Todo lo crea con un propósito específico. Si guardáramos las joyas valiosas en una caja de oro, nadie esperaría echarle una mirada a las joyas que hay dentro; se llevarán la caja completa tan pronto la vean. Resulta natural el guardar todo lo que tenga valor en una caja sin valor que no llame la atención, para que esté protegido. De modo que, para que podamos alcanzar el ámbito del conocimiento, la dicha y la felicidad, se hace necesario que cuidemos del bienestar del revestimiento exterior, vale decir, del cuerpo, la mente y la vida.

Hay otro pequeño asunto al que debemos prestarle algo de atención. Cuando guardamos cosas de valor en una caja, tenemos que ponerle llave y llevar la llave con nosotros. Si les faltara la llave, no les será posible sacar de la caja el conocimiento y la dicha cuando los requieran realmente. A esta llave se refería Sankara como la llave de la devoción. Cuando usan esta llave y la giran hacia el lado del desapego, les será posible abrir la caja y utilizar el conocimiento y la dicha que se encuentran en ella. Mas si la llave de la devoción se girara en sentido contrario, hacia el apego, no les será posible abrir la caja ni usar en vuestro beneficio el conocimiento y la dicha. Es por ello que, en uno u otro sentido, es importante que conserven esta llave con ustedes y que la protejan. Podrán tener esta devoción cuando tengan fe en Dios. Vemos que hay mucha gente en el mundo actual que dice no tener fe en Dios. Pero de hecho, no es posible vivir ni un instante sin fe en Dios. No debemos tener la impresión de que Dios existe en algún sitio, que tiene una forma especial y que está revestido de poderes especiales y otras cosas por el estilo. Lo que contiene vuestro corazón en cuanto un pensamiento puro y una conciencia suprema, eso es Dios mismo. Aquello es Dios y no necesitan buscarlo en otro lugar. Esta sagrada parte del propio corazón le es necesaria a todos y a cada uno. No hay nadie que no tenga este sagrado corazón. Es justamente debido a que tan sagrado corazón se encuentra presente en cada uno, que podemos decir que Dios está en todos. Aquel que no tenga fe en sí mismo no tendrá fe en Dios tampoco. No hay nadie que no se quiera a sí mismo, que no crea en sí mismo y que carezca de la ambición de llegar cada vez más alto. Incluso el hombre que no tenga fe en Dios tiene fe en sí mismo y desea tener la fuerza como para cultivar esta confianza en sí mismo. Esto es algo muy natural, que surge permanentemente desde el fondo de cada corazón. Un pequeño ejemplo para esto. Había una vez un Maestro que le comunicaba su sabiduría a quienes venían por su presencia y bendición. Los que llegaban para obtener la dicha de su presencia, solían traer algunas flores y frutas según las tradiciones indias. Un buen día en que las ofrendas de frutas fueron muy numerosas, el Maestro llamó a un discípulo y le encargó cortar la fruta y arreglarla para que fuera distribuida como alimento consagrado. El discípulo lo hizo y le informó al Maestro que todo estaba listo para la distribución, preguntándole a quién habría que darle las primeras frutas. El Maestro le pidió que comenzara por la persona en la que tuviera mayor fe y confianza. Todos los que se habían reunido pensaron que el discípulo comenzaría por darle la fruta al Maestro, para continuar luego con los demás. Mas éste no lo hizo así: tomó él mismo la primera fruta. Cuando los sorprendidos espectadores pidieron una explicación, les contestó que lo había hecho así, porque sentía la mayor confianza y afecto por sí mismo. Ello demuestra que, efectivamente, tenía confianza en sí mismo y que verdaderamente se amaba.

Cuando vemos esta historia en cuanto a sus aspectos externos, nos podría parecer que el discípulo no tenía fe en el Maestro, pero debemos darnos cuenta de que actuó de este modo debido a la suprema confianza en sí mismo. De modo que, cuando alguien no toca los pies de Dios, no asiste a un templo ni participa en una peregrinación, no deberíamos sacar por conclusión que carece de fe en sí mismo. La confianza en uno mismo es algo que sólo se puede vivenciar y no se puede exhibir. Lo importante es que uno debe tener fe en uno mismo. Aun cuando los individuos puedan tener sus propias ideas y éstas pueden diferir unas de otras, el Principio Divino es uno solo y el mismo. Sankara enseñó esta unidad del Principio Divino. Fue con el propósito de promover la fe en Dios que Sankara tomó al "moodhamathi" como instrumento en el primer verso que compusiera. Si anhelamos subir hasta lo alto de un elevado edificio, hacemos uso de las escaleras con este propósito. Para esa escalera debe haber una base y una terminal en la parte alta, extremos ambos en los que se afirma. De modo que lo que hizo Sankara, fue tomar al ignorante en cuanto a la base y al que sigue la senda de la Rectitud como al altillo o destino. Entre la base y el destino empleó veintinueve versos que describen otros tantos aspectos de la vida en cuanto escalones. Cuando sigamos adelante y entendamos bien todos los versos posteriores, no cabe duda de que nuestra ignorancia será disipada y que obtendremos una visión clara de lo que Sankara nos quiere decir en estos treinta y un versos del Bhaja Govinda.

EVITEN EL CICLO DE NACIMIENTOS Y MUERTES

Uno puede señalar hacia alguna cosa y decir que no es Brahman (Dios), pero nadie puede decir que algo es Brahman. Todo lo que sea Invariable, Eternamente Verdadero y que sea Conocimiento y sea Infinito, es Brahman. No resulta posible explicar esto en términos de palabras. ¡Estudiantes de sagrada mente!: Generalmente el hombre desea obtener algo, pero de hecho, consigue algo muy diferente. Por medio de sus ambiciones y en su imaginar el hombre le da forma a muchas ideas que vienen a ser como los nidos de otros tantos pájaros. Estos deseos no se satisfacen generalmente en la forma en que desea que se cumplan. La vida es como una larga guirnalda. Esta guirnalda tiene dos extremos: uno es el nacimiento y el otro es la muerte. Entre ellos, la guirnalda consta de muchas flores. Vuestros sueños, pensamientos, ideas, pesares, alegrías y placeres representan las variadas flores que componen la guirnalda. Debemos reflexionar y considerar si hemos de ver la vida misma como la guirnalda o si hemos de ver las conexiones de nuestro cuerpo con la vida como la guirnalda. Si miramos a los dos extremos de ella resultará claro que éstos, el nacimiento y la muerte, son importantes tan sólo para el cuerpo y no para el Alma individual dentro de él. En ese contexto, todo lo que se dé, ya sea dolor o placer, pesar o felicidad, sueños o imaginación, atañen todos al cuerpo y no al Alma. Es el cuerpo el que sufre muchos cambios y transformaciones. El Alma no sufre ninguno, sino que se mantiene permanente, invariable, pura, desinteresada y firme. En verdad, nuestro cuerpo pasa por varias etapas, como la niñez, la adolescencia, la juventud y la vejez. Dependiendo de la etapa por la que esté pasando en cada momento en particular, el cuerpo decidirá por sí mismo cuál será el trabajo apropiado para esta etapa. En la etapa de la niñez, el individuo se dedica a jugar, a cantar, a leer y a varias otras de estas actividades placenteras y obtiene felicidad con ellas. En esta etapa no piensa ni se preocupa en absoluto de lo que ha de ser su futuro. De hecho, vive una fantasía tal que está libre de preocupaciones y sólo goza de su niñez.

De este período, mientras vive despreocupado del mundo y de sus dificultades, pasa a lo que podemos llamar su juventud. Tan pronto llega a esta etapa, su visión se obnubila y se vuelve ciego, en el sentido de que no ve las cosas en su correcta perspectiva. No se preocupa de mirar hacia la tierra o el cielo. Se olvida de lo que es moral o inmoral. No le presta atención al respeto o a la irrespetuosidad. Lo que le pasa, en realidad, es que se excita de tal modo que no le interesan sino su placer personal y sensorial. Esto hace que transforme su vida en algo un tanto inútil. Y mientras está aún confuso gozando de los placeres sensoriales, hace su entrada la edad madura. Tan pronto se halla en ella, comienza a sentirse atado con responsabilidades, puesto que tiene una familia y personas de las cuales preocuparse. Esto conlleva a que desarrolle apegos. Siente que hay algún poder que le ata y lucha constantemente para salir de esa esclavitud. En esta etapa y mientras lucha por zafarse de estas ligaduras, entra en el período que llamamos la vejez. Sus ojos estarán afligidos por males como las cataratas y ya no podrá ver nada con claridad. No camina ya con agilidad. Sus manos tiemblan y están inseguras. No oye bien y piensa en las cosas que han quedado atrás, en su adolescencia y juventud. Preferirá estar en este estado de remembranza y, ocasionalmente, pensará en lo que le espera en el futuro, temiéndolo. Aunque tuvo tiempo suficiente durante su niñez, su juventud y su edad madura para pensar en cosas mundanas, este anciano sentirá que no le quedó tiempo suficiente para pensar en Dios. Una persona así no tendrá paz mental, ni gozará de esa dicha que va a la par con la realización del Alma. Seguirá declinando constantemente, pensando únicamente en el pasado y preocupándose de lo que le deparará el futuro.

De este modo, el hombre nace, viaja a través de su juventud, se hace viejo, declina y muere. ¿Es que la gente debería pensar sólo sobre estas transformaciones y nada más? ¿No sería mejor que pensaran en algo más sagrado como la Realidad del Alma? Durante la niñez y la juventud, el hombre se mezcla con diferentes personas y pasa su tiempo jugando con ellas. A medida que va avanzando en edad, se dedica a satisfacer sus deseos, a correr tras de las mujeres y a buscar amor y afecto. Cuando se hace mayor, quiere ganar dinero y amasar riquezas para usarlas para su placer. Cuando alcanza una edad avanzada, no piensa en lo Divino, sino que pasa el tiempo de diferentes maneras y se siente incapaz de abandonar los apegos que ha ido desarrollando durante su vida. En esta forma, el hombre simplemente desperdicia su vida, se convierte en polvo y, al final, ha sido absolutamente inservible.

La gente joven, usualmente, no tiene fe en Dios y se siente abatida cuando se pregunta ¿habrá o no un Dios? Hasta el primer paso para tener fe en Dios le es posible darlo únicamente a aquellos que han hecho algunas buenas obras en sus pasadas encarnaciones. Esta referencia a nuestros nacimientos anteriores es algo que ni siquiera los hindúes son capaces de creer en la actualidad. Un pequeño ejemplo para esto. En cuanto una persona comienza su vida, se encontrará que tiene aptitudes para una cierta vocación. Algunos llegan a ser poetas, otros cantantes, en tanto que otros se convierten en artistas y otras cosas más. ¿Qué es lo que les da estas habilidades especiales a los individuos? ¿No es lo que traen consigo desde nacimientos anteriores? Puede que arguyan que el esfuerzo que desarrolla el individuo es el responsable de que se convierta ya sea en poeta o cantante. No es éste el caso. Tendrán que pensar acerca de cómo, sin ningún entrenamiento especial, estos individuos exhiben a veces estos talentos especiales. Entre los hindúes está la creencia de que uno cosecha el fruto de sus acciones, se cree que se vuelve a nacer y también que uno arrastra consigo el bien o el mal que hayamos hecho en encarnaciones anteriores.

En los tiempos actuales las personas se preguntan respecto a su conexión con Dios. Se preguntan por qué habrían de rezarle a Dios y por qué habrían de creer en El. De acuerdo a ellas, pueden hacer todo lo que quieran sólo con ayuda de la ciencia y la tecnología modernas. En este contexto, cuestionan la necesidad de pensar en Dios. Los jóvenes de hoy discuten y afirman que creer en un Dios que no pueden ver, representa un signo de debilidad. Mientras consideran como una debilidad el creer en un Dios que no pueden ver con los ojos físicos, no consideran una debilidad el creer en una infinidad de cosas más que tampoco podemos ver. Los hombres de ciencia de hoy son capaces de inferir la presencia del aire por medio de distintas ayudas, pero ¿tienen la capacidad de ver el aire? Cuando volamos por el cielo y oímos hablar o hablamos del cielo, ¿somos capaces también de verlo? Cuando la gente habla de su mente y se queja de que la mente vacila o que no tiene paz, ¿son capaces de ver sus mentes? Cuando alguien dice que tiene el corazón muy tranquilo o que lo tiene apesadumbrado, ¿es que uno puede verse el propio corazón? Cuando dicen que les duele la cabeza, ¿indica esto algo más que el hecho de que haya una cabeza y una forma de dolor del que esta cabeza sufre? Del mismo modo no tienen forma y no se pueden ver cosas como la felicidad, el pesar, la dicha, la mente, etc., y si creen en estas cosas que no tienen una forma física y que no pueden ver directamente, ¿qué es lo que los hace dudar en algo como Dios al que tampoco ven? Por ende, cuando hablan de no creer en alguien o en algo que no ven, han de reconocer que no representa una debilidad el que consideren el pesar, la mente, el placer, etc., como reales, aunque no los puedan ver.

El mundo está hecho de cinco sustancias elementales. Estos elementos carecen de forma. Por ejemplo, el aire no tiene forma. Toma la forma de lo que lo contiene. De manera similar, el fuego tampoco tiene forma y posee sólo un poder específico. Puede calentar y puede quemar. De modo que estos elementos no tienen sino cualidades o atributos que solamente pueden describir. Carecen de formas específicas que puedan ver. Aquel aspecto especial que se sitúa por encima y más allá de estas cinco sustancias elementales, es la Divinidad. Debido a que miramos hacia esta creación con la ayuda del cuerpo que cambia continuamente, de la mente que oscila continuamente y de la visión que falla continuamente, nos llenamos de todo tipo de dudas. Hay una cierta justificación en nuestro empeño por tratar de entender primero los aspectos del cuerpo humano y en seguir desde allí para entender los aspectos de lo Divino. Es en este contexto que los discípulos de Sankara proclamaron que los variados atributos del cuerpo humano, de la conducta del hombre, de sus pensamientos y deseos materiales no tenían un valor permanente y que su estudio no constituía un estudio de la verdad. De ahí se adelantaron para declarar que lo que importaba estudiar es el Principio del Alma, puesto que es permanente y muestra el camino hacia la realización de Dios. Además, dedicaron su tiempo y esfuerzo a compilar el Bhaja Govinda en beneficio de la gente.

A una de las estrofas un discípulo le dio el siguiente significado:

> Mientras uno está en la niñez, tiene el deseo de jugar y de cantar. Cuando llega a la juventud, comienza a pensar en el amor y las mujeres. A medida que se va haciendo mayor, su mente debilitada se llena de preocupaciones y dudas. ¿En qué momento debe volverse a las cosas espirituales y plantear preguntas relacionadas con Dios o el Principio Universal?

Esta es la forma en que uno pasa por su vida. Durante el día, estando despierto, el hombre se involucra con su mente, su cuerpo, su inteligencia y otros órganos, se relaciona con su ambiente y disfruta la situación. De noche, cuando sueña, su cuerpo no participa en ninguna de las actividades del sueño, sus ojos están cerrados y no ve nada con ellos. Pese a esto, siente que está atravesando por diferentes situaciones. Mientras se mueve por diferentes lugares y toma parte en diferentes eventos en su sueño, no es capaz de descubrir qué parte de su cuerpo participa verdaderamente en todo aquello. Parece no haber conexión entre el cuerpo que funciona durante el estado de vigilia y el que lo hace durante el sueño. ¿Quién o cuál de ambos es el cuerpo real? Por otra parte, cuando duerme profundamente, no tiene experiencias de ningún tipo, mas cuando despierta, sostiene que ha tenido un sueño profundo y refrescante. ¿Es capaz de testimoniar e identificar quién fue el que tuvo este sueño profundo y refrescante? ¿Puede identificar siquiera cuál parte del cuerpo gozó de este sueño profundo? Si alguien, olvidando por completo su entorno, despierta y dice: "he gozado de un buen sueño", deberíamos preguntar: ¿Quién es el yo que ha gozado de un buen sueño? De modo que tanto en el estado de vigilia como en el del dormir y el soñar, hay un "yo mismo" que ha estado presente. Este "yo mismo" es algo diferente del cuerpo y ha estado presente como testigo durante todos los estados. Resulta erróneo pensar que el "yo" es lo mismo que el cuerpo. El cuerpo y este "yo" son muy diferentes.

Narada encontró una vez a Sanatkumara y le pidió la iluminación. Sanatkumara le preguntó a Narada sobre el especial poder que había adquirido gracias a su saber. A esto, Narada replicó que sabía todo lo contenido en los cuatro Vedas y los seis Sastras. Sanatkumara se sonrió frente a la respuesta e indicó que le satisfacía el que hubiera aprendido todo ello, pero que le gustaría preguntar si Narada había aprendido algo sobre el "yo" y si había llegado a comprenderse a sí mismo. Luego le dijo a Narada que en tanto uno no se entienda a sí mismo, el conocimiento de todos los Vedas, Sastras, del Gita y las Upanishads resulta bastante inútil. Vuestro conocimiento se hará útil únicamente cuando sean capaces de realizar la naturaleza del "yo". Lo que es importante es la visión del Uno sin Par. Deberán llegar a ser capaces de realizar y entender el aspecto no-dual que impregna todo el Universo. En el mundo de hoy, las personas imaginan, sin realizar esfuerzo alguno por entender sus propios "yo", que están logrando muchas cosas grandiosas con ayuda de la ciencia moderna y, a lo largo de este proceso, van hundiendo los pies en muchas situaciones difíciles. Al señalar que pueden internarse en el cielo, ver las estrellas, ir hasta la Luna y descender allí, no hacen sino construir castillos en el aire. Puede que hayan tenido un éxito parcial haciendo tales cosas, mas si en el proceso no llegan a entender al "yo" y no logran alcanzar la serenidad mental, se muestran en verdad muy necios. De acuerdo con las palabras del gran poeta Vemana, no tiene ninguna importancia el que lleguen hasta el mundo de Indra o la tierra de la Luna. Habrían de tratar de llegar hasta Nandi y ver lo Divino y entender al "yo". De ordinario, la palabra Nandi significa "el toro". Mas Vemana la usó como sinónimo de Buddhi o inteligencia. Quiere decir que si nos distanciamos de nuestra inteligencia y nos vamos a la Luna, la felicidad que obtengamos no será la adecuada. La felicidad adecuada está dentro de nuestra propia mente y de nuestros propios pensamientos. Si no hacemos un uso apropiado de nuestra inteligencia, sin que desarrollemos desapego respecto de nuestro cuerpo y sin tener fe en lo Divino, no vamos a lograr los frutos de nuestras acciones. Si no cuidan de purificar sus mentes y se aferran a los placeres sensoriales, jamás podrán alcanzar el fruto de sus acciones, aunque le recen de continuo a Dios pidiendo Sus bendiciones.

Quien vive en este mundo, debería convertirse ante todo en un ser humano y entender cuál es la naturaleza de su cuerpo. El que se dedica a alabar los actos erróneos de otros, es un necio. El camino que lleva al conocimiento de uno mismo es la senda para la Liberación. Al tomar conciencia del carácter transitorio del cuerpo humano, uno de los discípulos de Sankara describió después las etapas de la niñez, la adolescencia, la juventud y la vejez de una manera tal que llegaría a despertar en ustedes una cierta repulsión y desapego. No tiene importancia el tiempo que uno viva, por muy largo que sea; cada uno habrá de abandonar su cuerpo en algún momento. Resulta en verdad necesario que mientras vivamos en este cuerpo, aprovechemos el tiempo disponible para entender a Dios. Es necesario encontrar los medios para llegar a fundirnos finalmente en El. No sabemos cuándo hemos de abandonar este cuerpo. Este está hecho de materia y tiene que morir. Nuestros antepasados sostenían que el límite para una vida humana lo constituyen los cien años, pero no podemos creer en ello. No sabemos si la muerte sobrevendrá en la juventud o en la vejez, en la edad adulta o en la adolescencia, no sabemos si se producirá en el agua, en el aire o en la tierra, en un poblado o en la selva. Sólo hay una cosa verdadera y es que la muerte es cierta. Si uno es un hombre sabio, se empeñará por entenderse a sí mismo mientras está vivo. Todo lo que puedan hacer en la vida, todos los logros que puedan alcanzar, no equivaldrán sino a haber perdido el tiempo y a no emplear la vida de manera útil y llena de sentido, si no saben quiénes son y no han realizado la naturaleza de vuestro verdadero ser. Pasan el tiempo leyendo periódicos de diferentes partes del mundo y esperan ansiosos tener noticias de algunos individuos de diferentes partes del mundo. Pero no se muestran ansiosos por descubrir qué noticias provienen del interior de vuestros propios corazones. Esta es la más importante de las noticias. Este mundo es como un periódico. Pueden leer un diario desde el comienzo hasta el fin sólo una vez, ya que nadie lee el mismo diario una y otra vez día tras día. De manera similar, hemos llegado a este mundo y hemos visto una vez su diario. No deberíamos tratar de echarle una nueva ojeada al mismo diario otra vez. Un diario de hoy será papel usado mañana. Y así también, si sometemos nuestra vida al reiterado ciclo de nacimiento y muerte, la estaremos convirtiendo en papel de desecho. De modo que no deberíamos conformarnos con ver este mundo una y otra vez. Deberíamos tomar la determinación y empeñarnos en ver lo Divino, que representa el diario que vale la pena.

Sankara hizo mucho para que los pensamientos de la gente tomaran este rumbo hacia Dios. Ustedes, jóvenes, deben limpiar sus mentes, desarrollar ideas puras y aprovechar esta oportunidad para ver la dulzura que se encuentra en entender la Dicha Divina. Deben dedicar sus vidas a practicar y a propagar la antiquísima cultura india. Cuando salgan después de este mes de escuela de verano, deberían ser capaces de restablecer las gloriosas tradiciones de nuestro país y convertirse en mensajeros de paz para los demás. El que hayan venido a participar en esta escuela de verano no implica una satisfacción para nosotros. Sólo nos sentiremos felices cuando ustedes sean capaces de practicar lo que hayan aprendido durante este mes. Es vuestra responsabilidad el mantener la reputación de este país. Les bendigo para que sean capaces de cumplir con ella.

BUSQUEN LA COMPAÑIA
DE LA GENTE BUENA

El desapego surge como consecuencia de mantener buenas compañías. La consecuencia de adquirir el desapego es que se eliminan todas las relaciones ilusorias. La consecuencia de ello es la estabilidad de la mente. La Liberación del Alma individual será la consecuencia de la estabilidad de la mente.

¡Sagrados estudiantes!: Hay dos cosas que son importantes para la vida del hombre. Una es la confianza en uno mismo y la otra es limpiar la propia mente. El hombre no puede vivir por sí mismo, aislado. Todo el mundo depende de la estructura social y de la forma en que los hombres están entrelazados en una sociedad. Ha sido la buena suerte de nuestro país el que haya tenido una sociedad bien entramada sobre la base de principios sagrados. La cualidad de la tolerancia que muestra nuestra sociedad no se encuentra en ninguna otra parte. Por las venas de la juventud india corre sangre y no agua. Han realizado un esfuerzo impulsado por la determinación para revivir nuestra sagrada cultura y para demostrarle al resto del mundo la vitalidad que ella encierra. La juventud de la India debería estar preparada para entregar hasta la vida en aras de la Verdad. Este país ha sido de tal calibre que siempre ha recorrido la senda de la Verdad, ha encendido la lámpara de la Verdad y ha difundido la luz de la Verdad. Los indios de hoy en día, aparentemente, se han sometido a la situación dominante en el país, a los tiempos que están viviendo y al medio en que se desenvuelven. Han olvidado la grandeza de su propia cultura y se ven ridiculizados por otros. Los sagrados mandamientos de nuestras Escrituras como el de respeta a tu madre como a Dios, respeta a tu padre como a Dios, respeta a tu maestro como a Dios y respeta a tu huésped como a Dios, ya no encierran ningún mensaje significativo para nosotros dentro de la configuración social actual. Se han producido tales cambios indeseables en nuestro país, actualmente, que estas reuniones se han programado justamente con el objeto de reencontrar nuestra cultura original y ancestral. Se ha invitado a personas experimentadas para que les den a conocer cuál es la grandeza de nuestra cultura, para que así vuestros corazones puedan cambiar. Es nuestro propósito el hacerles vivenciar todas las experiencias que les lleven a apreciar la verdadera cultura de esta tierra.

Sankara asumió la posición de Maestro para todo el mundo y propagó muchos ideales entre la gente. Entre ellos, el concepto del no-dualismo o Filosofía del Advaita, es uno de los importantes. Junto con sus discípulos viajó por todo el país enseñando estas cosas, enfatizando la importancia del aspecto del Alma y explicando a la gente la naturaleza del Alma Suprema o Dios. Subrayó la importancia de mantener el satsang o el pasar el tiempo en buena compañía. Enseñó que esto representaba un paso importante, por no decir el primero. Cuando indagamos en el significado de la palabra satsang, llegaríamos a interpretarla traduciéndola como la "amistad con la gente buena". Tendríamos que preguntar, entonces, qué significa la palabra "buena". Pese a que al contestar esta pregunta, Sankara dio muchos ejemplos, uno se acuerda, en este contexto, de la hábil elucidación que entregara el poeta Vemana. Al definir a un buen hombre, Vemana dijo que el individuo que sufre cuando está hambriento, que alberga la maldad, que arde de rabia y que se deja llevar por propagar la intriga, puede tildarse de ser un mal hombre. Todos los demás son buenos. Vemana veía con desprecio que el hombre gastara sus energías en aliviar su hambre. Llama la atención sobre el hecho de que tanto animales como aves no gastan tanto esfuerzo ni tiempo en buscar alimento para calmar su hambre. Si esto es así, ¿por qué el hombre, que es superior a los animales y a las aves, ocupa tanto de su tiempo y esfuerzo en conseguir alimento? ¿Quién provee el alimento para las aves en la selva? ¿Quién alimenta a los animales en el bosque cuando están hambrientos? ¿Quién le da el agua a los árboles que crecen en el bosque?: Dios, quien encuentra alimento para el sapo atrapado entre las piedras y habrá ciertamente de proveer de alimento al hombre que está tan cerca de El. En estas circunstancias, no es justo que el hombre apetezca tanto alimento. Por otra parte, el hombre habría de ir tras la realización de la Verdad y de desarrollar su fe en Dios. Cuando nuestros congéneres se encuentren en dificultades, deberíamos ir en su ayuda de la mejor forma en que podamos hacerlo. Habrán de sentir que no hay diferencia alguna entre un hombre y otro. Deberán establecer la unidad del género humano y entender la relación que existe entre un ser humano y otro. Deberán darse cuenta de que es el Espíritu o Alma lo que enlaza a toda la gama de seres humanos. Sólo esto les permitirá alcanzar el ideal de "la hermandad del hombre y la Paternidad de Dios".

Hoy en día hacemos uso de palabras como "hermanos" de manera vacía de todo sentido, como simples vocablos. No las cargamos de ningún valor que implique ya sea la relación corporal o la relación mental que significa la hermandad. Será sólo cuando nos podamos elevar por sobre estas relaciones temporales del cuerpo y de la mente, llegando hasta el aspecto de la Divinidad, que podamos comprender el verdadero significado de la hermandad. Sólo entonces podremos darnos cuenta de que el mismo Principio Divino es el que existe en todos nosotros. Habremos de realizar un esfuerzo para llegar a esta verdad. Justamente, para reconocer tal verdad es que resulta esencial este tipo de buena compañía. Pueden preguntarse cuál será el beneficio que saquemos de ella. Tanto los rasgos buenos como los rasgos malos del hombre asumen su configuración final cuando se mezcla con otros miembros de la sociedad. En este contexto podemos tomar el ejemplo del polvo que se deposita sobre la superficie de la Tierra. Pese a que el polvo no tiene alas, de modo que no puede volar por sí mismo, puede volar sobre la Tierra si logra la buena compañía del viento. Ese mismo polvo se quedará en la superficie y no podrá elevarse, si se asocia con el agua. El hierro que es duro, negro y opaco, se vuelve maleable, rojo y brillante si traba amistad con el fuego. Ese mismo hierro se cubre de un montón de herrumbre y pierde toda su fuerza cuando hace amistad con la suciedad y la humedad. Todas estas modificaciones se producen debido a la asociación con otros en el medio. Generalmente, no es posible que algo cambie o se transforme por sí mismo, sin ayuda de asociaciones externas. Incluso el bebé aprende a caminar, a hablar, a correr, a leer y a escribir sólo con la ayuda del amor y el afecto de la madre. Careciendo de ellos, el bebé crecería como un animal y no aprendería a hablar ni a hacer ninguna de las cosas que otros humanos hacen y son instruidos para hacer. Los animales que nacen en la selva y que viven y se mueven en ella muestran algunos rasgos que les son privativos. Si los mismos animales reciben entrenamiento en un circo, se les puede hacer llevar a cabo cosas que no hacen los otros animales. Incluso hay pájaros que pueden llegar a pronunciar bien algunas palabras y de manera clara si los sometemos a un buen entrenamiento y les mantenemos en la compañía adecuada. Es así que el tipo de vida sagrada que desean llevar y las aspiraciones que albergan en la mente respecto a esa clase de vida, pueden verse realizados si mantienen la compañía de la buena gente. Deben trabar amistad con gente buena y seguir el ejemplo que ella da en vuestra rutina diaria. Esta es la edad apropiada para que ustedes lleven este tipo de vida y se acerquen a la compañía de los mayores. Durante este período de sus vidas podrán desarrollar buenas ideas y buena conducta, y habrán de tomar la firme determinación de hacerlo. En este importante punto de sus vidas, deberían dedicarse al servicio de vuestro país y al servicio de vuestros padres. Si, por el contrario, se pasan el tiempo en malas compañías y deambulando por las calles como perros vagos, no estarán sino desperdiciando la vida. El tiempo que se desperdicia es vida que se desperdicia. Si llegan a entender la fuerza y el poder de la buena compañía y a usarlos de la mejor manera posible, podrán tener todas las oportunidades para llegar a hacer grandes cosas. Toda la gente buena tiene la particularidad de que sus pensamientos son atractivos. Sus acciones son delicadas y sus ideas son buenas. La buena gente se puede reconocer por su pensar, sus palabras y sus obras delicadas. Aquí viene un pequeño ejemplo. Si un pedazo de carbón negro se mantiene en la cercanía del fuego, también comenzará a arder. En esta analogía, el carbón negro es vuestra ignorancia. El fuego llameante es la buena compañía. Al juntarse ambos, aquella porción de vuestra ignorancia que esté expuesta a los efectos de la buena compañía será disipada. Mas si emplean la práctica espiritual como un abanico para activar el área de contacto, toda la región de la ignorancia se encenderá. Por vuestra parte, también habrán de desarrollar la práctica del amor, para hacerse queridos por la buena gente, porque no basta con que estén sólo cerca de ella. Lo necesario es estar cerca de ese tipo de gente y serle grato a ella. La naturaleza de la mala gente es la de solazarse y disfrutar de las dificultades y problemas que le salen al paso a la buena gente. Cuando ven a la buena gente realizando sus buenas obras y adquiriendo alguna fama por sus buenas acciones, la gente mala se pone celosa y trata de menoscabar a la gente buena difundiendo chismes. Este tipo de gente se esfuerza por ver sólo las malas cualidades en los demás, poniendo mil ojos en ello. El juntarse con este tipo de personas nos arrastrará por los mismos malos caminos y es por ello que Sankara enseñaba que uno debía mantenerse a buena distancia de ellas. Podría argüirse que si uno se mantiene a distancia y no ejerce ninguna influencia sobre este tipo de personas, es posible que terminen por perjudicar a la sociedad y al país. Puede que se sugiera que uno debiera acercarse a ellas, en estas circunstancias, para aconsejarlas positivamente y hacer que cambien de comportamiento. Lo que debiéramos hacer es evaluar la situación y determinar hasta qué punto hay que mantenerse alejados y bajo qué circunstancias. Si existiera una fe firme en nuestra propia capacidad y hombría de bien y la confianza en que tenemos la fuerza de sustentar el bien en nosotros, entonces tendría sentido el que nos acerquemos a tales personas y tratemos de hacerlas cambiar hacia nuestro enfoque. En caso contrario, si no hay fuerza en nuestras convicciones y cualidades, no tendría sentido alguno el tratar de cambiar a otros, porque se corre el peligro de perder la débil fuerza que tengamos. Sólo cuando seamos capaces de incrementar el bien en nosotros, tanto en calidad como en cantidad, se nos abrirá la posibilidad de cambiar hasta cierto punto a personas con cualidades negativas. Aquí va un pequeño ejemplo. Si toman una taza con agua y tratan de venderla por media rupia, nadie la va a comprar. Si mezclan esta taza de agua con diez tazas de leche, prontamente la gente les pagará el valor de once tazas de leche. Esta taza de agua habrá adquirido el otro valor únicamente porque se encuentra en compañía de la leche, la que es buena tanto cualitativa como cuantitativamente. Si, por el contrario, se mezclara una taza de leche con una taza de agua, el agua no ganará en valor, porque no hay cantidad en esa compañía. En este caso, hasta la taza de leche que se ha reunido con el agua, perderá su valor. De modo que cuando han mezclado una taza de leche con una de agua, en que ambas están en igual proporción, la leche habrá perdido su valor. Les será fácil entender, entonces, lo que pasaría si se mezclan diez tazas de agua con una de leche. Todo lo bueno que haya tenido esa leche se habrá perdido por completo. De manera similar, si dentro de nuestro corazón y fuera de nuestro cuerpo creamos un medio que sea bueno en ideas y bueno en acciones, no disminuirán nunca la fe y la fuerza en nuestro corazón, ni vacilarán ni se alterarán tampoco de ninguna manera. Ramakrishna Paramahamsa entregó un maravilloso ejemplo a este respecto. Una varita de incienso que se prenda tendrá fuego en ella. Si alguien enciende un cigarrillo, éste también tendrá fuego en él. Si se incendia un bosque, habrá fuego en él. Si una cocina está funcionando, tendrá fuego. Todos ellos son fuegos de fuerzas diferentes. Si toman un puñado de astillas y las acercan a la vara de incienso o al cigarrillo, puede que no se enciendan y no solamente esto, sino que puede que hagan que se apaguen la vara de incienso o el cigarrillo. Por otro lado, incluso llevando un montón de matas de plátanos verdes y frescos hasta el incendio del bosque, no sólo no podrán apagar el incendio, sino que se encenderán para formar parte de él. La razón para ello es que el incendio forestal es rico en calidad y en cantidad. Y, por ende, es capaz de quemar todo lo que entre en contacto con él. El fuego en la vara de incienso y en el cigarrillo carece tanto de calidad como de cantidad y es por eso que puede ser extinguido. De modo que si son débiles las buenas cualidades en ustedes, serán extinguidas por la presión de la mala compañía. Si son fuertes, extinguirán todo lo malo que se ponga en contacto con ellas.

Hay otro ejemplo para lo mismo. Llenamos un pote de greda hasta el borde con agua. Lo ponemos muy cuidadosamente en un sitio en que ni una hormiga puede llegar a él. Al día siguiente, notaremos que el nivel del agua habrá bajado en varios centímetros. La razón para ello es que la temperatura ambiente calienta hasta cierto punto el recipiente y una pequeña cantidad de líquido se escapa de él. Si el mismo pote se llena hasta el borde y se mantiene en un lugar en que esté rodeado de agua, nos encontraremos con que el nivel no sufre reducción. Al igual que en esta analogía, mientras permanezcan durante un mes en este curso de verano estarán llenando sus corazones hasta el borde con la esencia del conocimiento espiritual. Cuando vuelvan a sus lugares de origen, existe la posibilidad de que, debido a que el ambiente exterior no es el mismo que existe aquí, el nivel del saber espiritual en el recipiente de sus corazones vaya bajando cada vez más, al evaporarse lentamente.

De modo que habrán de llevar a cabo satsang (buscar la compañía de los buenos) cuando vuelvan y habrán de observar que el medio ambiente externo sea tan bueno como lo que sienten internamente. De esa manera no podrá disminuir lo bueno que hay en sus corazones. Puede suceder a veces que se encuentren acompañados por gente diferente y que algunas personas entre ellas sean malas. Puede que incluso los insulten y los traten de manera descomedida. En tales casos, deberán hacer el intento por comunicar la buena esencia espiritual que está en vuestros corazones, también a tales individuos. Cuando se emplea un hacha afilada para cortar un árbol de sándalo, éste no se siente herido por el hacha ni se enoja con ella. El árbol de sándalo es de tal calidad que le presta su fragancia al hacha. Incluso cuando se troza su madera entrega su fragancia. Hasta cuando se frota la madera con una piedra, entrega su fragancia. Esta es la cualidad de la gente buena.

Aquí viene la historia de un orfebre que estaba derritiendo oro una vez, trabajando en lo suyo. Durante el proceso, se dirigía de la siguiente manera al oro: —¡Oro! Eres algo muy valioso y la gente te respeta, mas ahora estás en mis manos. Tendré la gran oportunidad de calentarte, de derretirte, de golpearte y de hacer muchas cosas que te van a doler. Ahora esto es mi privilegio y mi gusto. Como respuesta, el oro le dice que todos los esfuerzos que realice por herirlo no tendrán por resultado sino el purificarlo más aún, el aumentar su valor al quitarle impurezas y hacer que brille mejor y sea más atractivo. Además, en el proceso, el calor, el humo, el dolor por el esfuerzo de martillar resultan molestos sólo para el orfebre. De este modo, todas las dificultades le caen encima al orfebre, y el mejoramiento sobre el oro. Consideren que a la gente buena, a los santos, a hombres de gran carácter y a los que tienen una mente estable, no tiene importancia alguna que les insulten, les hieran o les alaben. Ni el insulto, ni la lesión y ni siquiera la alabanza les alcanza jamás. Todo ello rebota y vuelve hacia las personas de las que surge. Ustedes, jóvenes, están ahora en la edad apropiada para tomar contacto con hombres de gran carácter y con hombres buenos, y de elegir la senda que quieran recorrer. Espero que todos los que están reunidos aquí vayan a buscar esta compañía y que elijan la senda correcta. Deberían adquirir las cualidades de la verdad, el amor y la paciencia, como también la del sacrificio. Si ahora, en el comienzo de sus vidas, vuelven sus mentes hacia lo bueno y hacia Dios, estarán iniciando sus vidas de una manera propicia para que las malas cualidades no les sigan, como tampoco el egoísmo ni la envidia, ni otras cualidades indeseables. Veamos un pequeño ejemplo: en las horas de la mañana, el Sol se levanta. Si en esos momentos se paran de cara a él, notarán que tienen una larga sombra tras de ustedes. Por otro lado, si no se ponen de cara sino de espaldas al Sol y miran hacia sus sombras, notarán que estas mismas, bastante largas por cierto, les están guiando y parecerá como si esta alargada sombra les estuviera mostrando el camino. En este ejemplo, ustedes son el Principio de la Vida y la sombra es Maya (la Ilusión que confunde lo transitorio con lo eterno). Si tienen el deseo de vencer a Maya y dejarla tras de ustedes, por mucho que apresuren el andar, jamás se librarán de ella en tanto esté frente a ustedes. En cambio, si vuelven la mirada hacia el Sol, pueden imponerse a Maya que, como la sombra, se extiende tras de ustedes. Del mismo modo, vuestra mente, vuestros pensamientos, vuestros órganos y vuestro cuerpo constituyen el Maya o la sombra. Si quieren apartarse de ellos, habrán de volver la visión hacia el interior, hacia vuestra Alma. Al hacerlo serán capaces de sacudirse a Maya de encima. Es por ello que debieran hacer el esfuerzo de sumarse al satsang y obtener así los beneficios que produce el reunirse en buena compañía. La buena compañía les conduce al desapego y con el desapego podrán lograr la autorrealización.

Sankara entregó muchos versos y cada uno ha de ser considerado como una luminosa lámpara de conocimiento. Vuestra tarea es la de poner en práctica su contenido y rectificar vuestras vidas. Hoy han aprendido los versos que se refieren a la amistad con la gente buena y los beneficios que nos confiere. Hemos visto el sentido interno y su importancia en este verso. Además de esto, hemos de ponerlo en práctica. Será entonces que podrán realizar la verdadera naturaleza del Alma Suprema y desarrollar la fe en vuestras habilidades y en ustedes mismos. Espero que se atendrán también en el futuro a esa verdadera naturaleza del Alma y que se mantendrán alejados de toda mala compañía. Kabir se refirió también a las buenas y malas compañías y dijo que ambas habían de ser respetadas. Ante esto, los discípulos se extrañaron de que tanto buenas como malas compañías hubiesen de respetarse. A ello, Kabir respondió que hay problemas en el mundo debido a la gente mala y también los hay debido a la gente buena, de modo que para que no haya problemas por ninguno de ambos lados, él procedía a respetarlas por igual. Entonces, los discípulos le preguntaron cómo podía resultar algún mal proveniente de la gente buena. Kabir sonrió y señaló que la asociación con la gente mala causa gran desasosiego y, por otra parte, la separación de la gente buena también lo causa, de modo que él oraba por ambos tipos de personas. No debería darse la separación de la gente buena y no debería producirse la asociación con gente mala. Siempre han de estar rezando porque estas dos cosas se les presenten en su camino. Esta es la bendición que les doy y espero que siempre sean capaces de encontrar sólo la buena compañía.

LA VIDA HUMANA ES SAGRADA: NO LA DESPERDICIEN

Tanto en ustedes como en mí está, en verdad, Vishnu.
Vuestro enojo carente de paciencia, de nada sirve. Pueden ser felices,
siempre que mantengan, en todo momento, la ecuanimidad
y la serenidad mental. Tan sólo esto es una experiencia que vale la pena
vivenciar y así podrán realizar la identidad con Vishnu.

¡Encarnaciones de lo Divino!: Hoy les he entregado uno de los versos importantes del Bhaja Govinda de Sankara y deseo explicarles su significado interior, para clarificar algunas ideas conflictivas que puedan albergar en sus mentes. Cuando somos capaces de percibir y de entender la importancia de la declaración de que el Dios en ustedes y en mí es el mismo, que la unidad es el Alma Suprema y que el Alma se identifica con el Creador, se eliminará la ignorancia en vosotros. Esta es la verdad única y esta verdad es independiente de las diferentes formas y denominaciones con que uno se cruza en este mundo. Prescindiendo de formas y de nombres, hay una realidad única en todo lo que vemos y ella es Brahman (el Creador, el Absoluto Universal). Después de esto, Sankara declara que si carecen de paciencia, vuestro enojo es fútil. El enojo, incluso, les resulta perjudicial. Este enojo que surge de la falta de paciencia, como lo explica Sankara, también ayuda a que aumente vuestra infelicidad. La capacidad para controlar este tipo de enojo se desarrollará sólo cuando puedan lograr la ecuanimidad en sus mentes. Para adquirir esta ecuanimidad mental, habrán de inquirir un poco.

En el tercer verso de la estrofa se dice también que lograrán esta habilidad si pueden llegar a ver la unidad de toda la Creación en torno de ustedes.

Lo mismo ha sido dicho por Prahlada (nombre de un niño devoto célebre por su fe en la Divinidad) en el momento en que preguntó quién es el que le da fuerza a todas las personas, tanto débiles como fuertes, humanas o sobrehumanas y, en verdad, a todos en este mundo. Aquel que le da fuerza a todos habrá de ser el más fuerte de todos. Prahlada le enseñó esta lección a su padre. Hoy en día, habría que entender y experimentar la unidad del Alma que pasa por cada forma y cada ser viviente en el mundo. Para transmitir este mensaje fue que Sankara le enseñó al mundo la Filosofía Advaita (del no-dualismo). Es absolutamente necesario para cada uno el llegar a darse cuenta de esta única verdad suprema que está detrás de toda la Creación. Sólo entonces podrán ser capaces de desarrollar este equilibrio mental y alcanzar al Divino espíritu de igualdad de todo. No necesitamos poner en duda en absoluto la posibilidad de encontrar esta unicidad en un mundo tan diverso como el nuestro. Debido a que nuestras ilusiones se encuentran estrechamente enlazadas con nuestros deseos, nos inclinamos a aceptar como real la diversidad. Y, por ende, pasamos por alto la unidad. Aquí va un pequeño ejemplo al respecto. En un cine vemos distintos tipos de imágenes, pero de hecho, todas ellas están puestas en una sola cinta. Las diferencias no las causa la luz eléctrica, sino que se originan únicamente en la imaginación de lo que ven. La luz eléctrica es una sola y la película también, mas debido a la combinación de circunstancias de que la película se mueva frente a la luz, nosotros vemos las variadas imágenes. De manera similar, las imágenes variadas que surgen de los órganos sensoriales son puestas sobre la película de nuestra mente. A esta película le pasa revista la inteligencia, la que podría compararse con la luz eléctrica. Es por eso que vemos tantas cosas diferentes en el mundo. Debido a que nuestros órganos sensoriales siguen a la mente y que se hace uso también de la luz de la inteligencia, encontramos que el mundo se nos presenta en tantas formas diferentes. Si estos órganos llegaran a ser capaces de dirigirse hacia el corazón en lugar de hacerlo hacia la mente y la inteligencia, seremos capaces de ver la verdadera naturaleza de nuestro ser y del mundo. Lo que está contenido en vuestra propia mente asume múltiples formas distintas y les hace sentir que el individuo tiene muchos nombres diferentes. Es vuestra propia ilusión la que les hace ver la diversidad del mundo.

Cuando llevemos a cabo el esfuerzo de darnos cuenta y entender la situación real y la naturaleza del Alma, los diversos nombres y formas que vean en el mundo ya no les preocuparán. Serán capaces, entonces, de fijar la atención en el aspecto Divino que es uno solo y no múltiple. Por ejemplo, si piensan en un individuo que actúe en cuatro películas o en cuatro actos de una obra de teatro, asumiendo cuatro papeles diferentes y quisieran responder a la pregunta de si esta persona es en realidad un individuo o cuatro, habrán de inquirir al respecto. De manera similar, un individuo, vale decir la conciencia interior, ya sea en el estado de vigilia, en el de dormir, soñar o en su estado de perfecta ecuanimidad, siente que tiene diferentes formas y nombres y que experimenta distintas situaciones, al igual que en el ejemplo anterior. En consecuencia, siente y piensa que es cuatro personas diferentes. Lo que sucede en nuestra vida diaria es ligeramente distinto, empero, puesto que no tenemos nombres diferentes para los diversos roles que desempeñamos en los diferentes estados. En efecto, le damos importancia a la forma y al nombre que tenemos en uno de ellos: el estado de vigilia, e ignoramos lo que pasa en los otros. Además, para poder darnos cuenta de que lo que existe en estos cuatro estados es una misma y única conciencia interior, tendremos que pasar por algunos ejercicios del tipo que se prescribe como Yoga. Por medio del Yoga también adquirimos equilibrio mental. Gracias a las buenas obras en nuestras encarnaciones previas, adquirimos el aspecto de Vishnu. Para poder lograr estas dos cualidades, la del equilibrio mental y la del aspecto de Vishnu, es necesario que observemos los mandamientos establecidos en los Vedas (textos sagrados). También habremos de seguir las sendas prescriptas por los Sastras (escrituras hindúes) y las que nos señalen los mayores. Debido a habernos entrenado en ver tan sólo el mundo externo, hemos perdido nuestra capacidad para desarrollar la visión interior. El árbol que nos otorga lo que queramos ha sido descripto como el Kalpa Vriksha (árbol del cielo que concede todos los deseos). En esta descripción el árbol se ha cambiado en

Kalpa. Un árbol es algo que perece. Kalpa es algo que es permanente. Resulta sorprendente que asociemos un árbol que es algo perecible con Kalpa que es permanente e imperecedero.

El océano que es la fuente de cosas tan valiosas como los diamantes y las perlas y que les enseña aspectos que se acercan mucho a Dios, es descripto a menudo en términos de algo tan común como el agua salada. La Luna que irradia frescura y confort al hombre, se va debilitando poco a poco durante ciertos períodos. Es así que gente que le ha entregado cosas valiosas a la humanidad, se ve descripta por nombres que no son por completo justos ni apropiados. Los nombres que usamos no son ni siquiera naturales. El Alma permanente reside en este cuerpo impermanente que no es ni limpio ni atractivo. Sin embargo, los órganos que dependen del cuerpo, la mente que depende de los órganos, la inteligencia que mantiene una asociación con la mente, todos ellos parecen seguir al cuerpo, nacimiento tras nacimiento. Por esa razón, algunas cualidades que vienen con los órganos, la mente y el cuerpo, parecen permanecer en nosotros como residuos en cada nuevo nacimiento.

El cuervo come hojas amargas y le agrada hacerlo. El cuclillo come tiernas flores de mango y goza de la dulzura que tienen. La gente ordinaria goza, en su necedad, con cosas triviales. Obtendrán placer del mundo ilusorio. Gente que ha desarrollado el equilibrio mental, por otra parte, estará disfrutando de cosas permanentes como la cercanía de Dios. La experiencia que vive el hombre en su estado de vigilia y la que vive en su estado de sueño son por completo diferentes. Si tratamos de encontrar la causa para nuestro soñar, recibimos la respuesta de que el dormir es la causa del soñar. Si no dormimos, no hay ocasión para que soñemos. Para la gente que duerme en la ilusión habrá todo tipo de sueños que responden a la naturaleza de la ilusión. Para la gente que tenga una mente estable no habrá este dormir ilusorio y, por ende, no tendrá sueños ilusorios. Estarán gozando la dicha de la realización y el reconocimiento de la unidad. Bueno o malo, felicidad o pesar y otras cosas como éstas que parecen ser diferentes o mutuamente opuestas, son en realidad una sola cosa y son como dos reflejos del mismo objeto.

Nuestros vedantines han dicho que no hay sino una sola cosa y ello es Dios y que no hay un segundo para ese Brahman único. Podemos preguntarnos cómo es que experimentamos la diversidad y pasamos por alto la unidad, en circunstancias que no hay sino una cosa, es decir, Brahman, el Creador. Si planteo la pregunta: "¿Quién entre ustedes es Krishna?", alguien responderá diciendo: "¡Yo soy Krishna!". Si pregunto: "¿Quién entre ustedes es Rama?", alguien más responderá: "¡Yo soy Rama!" En esta conversación ven que Krishna y Rama son nombres apropiados para individuos diferentes con formas diferentes, mas en las respuestas, todos dicen "Yo". Este "Yo" es común a todos ellos. Este "Yo" se encuentra en todas partes. De modo que si uno es capaz de entender que el "Yo" está presente en todas partes, le será fácil captar el significado real del elemento común. Este sagrado sonido "Yo" no es apropiado sino para el Alma. Y, puesto que la misma Alma está presente en cada uno, a cada uno le resulta posible adquirir el equilibrio mental.

Estas diferencias no se encuentran intrínsecamente presentes en varias cosas. Son sólo nuestros agrados o desagrados frente a estas cosas lo que las hace lucir diferentes. Si hay varios atributos que son inherentes a las cosas mismas, entonces todos deberían mostrar que, ya sea que les guste esa cosa en particular o que les disguste, los agrados y los desagrados están en ustedes, no en los objetos. Nadie tiene la capacidad como para decidir lo que está bien y lo que está mal. Hoy en día, mientras decide lo que está bien o está mal, la gente imagina que se encuentra en una posición de autoridad y que tiene el derecho de determinar lo que es o lo que no es, bueno o malo.

Esto no muestra más que ignorancia. Una cosa en particular puede gustarle a algunos y disgustarle a otros. Si la cualidad estuviera en el objeto mismo, cómo podría entonces gustarle a unos y disgustarle a otros una misma cosa. Los agrados y los desagrados provienen de la interioridad de los individuos y de los pensamientos que albergan en sus mentes. Aquí hay un pequeño ejemplo para esto. Tomamos agua que es fresca, dulce y sabrosa. Similarmente, comemos frutas que son dulces, atractivas y sabrosas. Esta agua y estas frutas las consideramos buenas y por lo tanto las bebemos o comemos. Sin embargo, corriendo algunos minutos, esta agua se convierte en orina y las frutas en materias fecales, cosas que se consideran ambas como malas y que son expulsadas. ¿Cómo vamos a decidir lo que es bueno o lo que es malo? Lo que creíamos bueno se vuelve malo en unos cuantos minutos. Este bueno o malo es resultado de nuestra propia creación. Sin embargo, al ver a varias cosas en la Naturaleza, vemos que como resultado de cambios que se producen a veces, toman diferentes nombres y formas. El oro, por ejemplo, cuando se extrae de la tierra, en su condición natural, no tiene mucho valor. Cuando refinamos este mineral natural por diversos métodos y lo purificamos, el oro adquiere un valor considerable. Si sostenemos el punto de vista de que la verdadera forma está en todo lo que sea natural, tendremos que explicar por qué el oro adquiere un mayor valor después de ser tratado y purificado. Las cosas u objetos a los que se les atribuyen cualidades indeseables en su estado natural, las perderán, y adquirirán otras buenas después de ser purificados y tratados. Del mismo modo, podemos considerar el comer, el dormir y el moverse como atributos naturales de un individuo. Este individuo que ha nacido con algunas cualidades buenas y otras malas, no debería pensar que no tiene oportunidad de purificarse en el proceso de la vida. Tomemos por ejemplo un costoso reloj pulsera que lleven. Deberían preguntarse sobre qué es lo que en este reloj merece el precio que han pagado por él. ¿Serán los tornillos, las tuercas, los rubíes o será el metal de base o alguna otra cosa, por la que están pagando el precio? Si echan el reloj al fuego, el resultado neto será que obtendrán algo de metal y de cenizas metálicas que no valdrán sino algunas paisas. Mas un técnico especializado que entienda la tecnología de fabricación de un reloj, ha hecho uso de calidad de experto para convertir pequeños trozos de metal en un costoso reloj capaz de marcar el tiempo con precisión. Esto representa el proceso de purificación, a través del cual produjo un valioso reloj a partir de algo de metal sin valor. Es este proceso por medio del cual uno es capaz de purificar el metal y convertirlo en un reloj; es por esto por lo que hemos pagado. Del mismo modo, cuando un individuo nace como una persona ignorante, existe un proceso por medio del cual puede purificarse. Este proceso consiste en ver a gente buena, a escuchar a gente buena, hablar con gente buena y seguir los consejos de la gente buena. Este proceso puede llevarlos de ser personas ignorantes a ser personas instruidas y con erudición que les permitan obtener la realización.

Después de haber comprado este costoso reloj, lo usarán con cuidado y lo preservarán para que les preste un buen servicio. Así también, cuando hayan adquirido la valiosa cualidad de ser un ser humano sabio con un desarrollado equilibrio mental, también deberán saber cómo preservar estas grandes cualidades y hacer uso de ellas. El que hayan nacido ahora como seres humanos se debe a que han acumulado muchas obras buenas en muchas vidas pasadas, lo cual les ha beneficiado ahora. Debido a que no tienen conciencia de estos grandes tesoros acumulados, gracias a los cuales han recibido la recompensa de su vida actual, no le han asignado a ésta su valor real. Si percibieran el grado de la positividad de sus nacimientos previos que les ha traído hasta la escena de vuestra vida actual, nunca la desperdiciarían.

Hay otro ejemplo de interés para esto. Un individuo llevó un reloj descompuesto al relojero. El relojero le indicó que el reloj era muy viejo y que costaría mucho dinero repararlo. Calculó que la reparación costaría al menos el doble de su precio original. El dueño contestó que quería que se arreglara el reloj aun así. El relojero pensó que sin duda el reloj era afortunado, puesto que su dueño insistía en que se reparara. Procedió a reemplazar las partes gastadas por otras nuevas, arregló el reloj y se lo devolvió a su dueño. Cuando le pidió que le pagara el trabajo, el dueño le dio dos bofetadas al relojero. Las personas presentes lo sujetaron y lo entregaron a la policía y cuando la policía le pidió que explicara por qué había golpeado al relojero, contestó que éste le había pedido cancelar el doble del precio que había pagado originalmente por él; pero, puesto que no lo había comprado, sino que lo había obtenido dándole una bofetada a una persona, le había dado ahora dos al relojero. Si el hombre hubiera sabido del valor o la importancia de su reloj, no lo habría entregado para ser reparado.

De manera similar, hoy en día no conocemos el valor de nuestro propio cuerpo humano. Lo estamos devaluando y desperdiciando sin ningún fin determinado. El pensar que hemos obtenido este cuerpo humano más por accidente que con un propósito y creer que lo hemos de alimentar con todo tipo de placeres como el comer y el beber y otras cosas por el estilo y luego dejar que se arruine y que muera, es un gran error. No es correcto el vivir nuestra vida de manera tan irreflexiva. Entre todos los animales que nacen en este mundo, el lograr un nacimiento humano es algo muy difícil. Habiendo llegado al sagrado nacimiento como ser humano, estaremos desperdiciando nuestras vidas si nos conducimos como los animales y las aves, y no justificaríamos el don que Dios nos ha concedido. Uno ha de reconocer la verdad última de que el Espíritu Divino existe en todos. Solamente entonces estarán justificando el nacimiento humano y estarán desechando la ignorancia de vuestras mentes.

Es posible que alguien haga referencia y describa algo que no es Brahman, pero nadie podrá decir que ello es Brahman. Aquello que sea Eterna Verdad, que sea inalterable, que sea Conocimiento Puro y que no pueda ser descripto por medio de palabras, eso es Brahman. Dios es la única Verdad y ello resplandece en la forma del Alma en todas las diferentes formas de seres vivientes. Solamente cuando reconozcamos esta Verdad seremos capaces de alcanzar el nivel de Vishnu. Para permitirnos entender y alcanzar este nivel de Vishnu fue que Sankara entregó el maravilloso conjunto de los versos del Bhaja Govinda al pueblo.

VUELVAN SU MENTE
HACIA EL INTERIOR, HACIA EL ALMA

El prestarle oídos a un discurso espiritual, el recapitular y reflexionar sobre dicho discurso, el rodearse de buena compañía y otras acciones semejantes representan diferentes maneras de servir al cuerpo y constituyen lo que puede llamarse las prácticas externas. Frente a ellas hay sólo dos que podrían llamarse las prácticas internas: una es el pranayama y la otra es el pratyahara. Sankara entrega una valiosa estrofa en la serie del Bhaja Govinda con respecto a estas dos últimas prácticas.

El pranayama es la práctica por medio de la cual sostienen el prana o respiración. Su importancia puede entenderse cuando reconocemos que existen cinco aires vitales: el prana, el apana, el vyana, el udana y el samana. El proceso por medio del cual son controlados es lo que se llama pranayama y ello nos da una cierta medida de visión interior. Este pranayama se divide en tres tipos que son llamados rechaka, puraka y kumbhaka. Los dos primeros se refieren a los métodos por los cuales uno puede controlar a varios aires vitales e internalizarlos. La capacidad de mantenerlos dentro de uno es lo que se llama kumbhaka.

La segunda práctica o pratyahara, consiste en controlar la mente a través de los órganos. Tanto los órganos como la mente desean mirar siempre hacia los objetos externos y ocuparse de ellos. La mente va desarrollando deseos sensoriales al mirar hacia estos objetos externos y, como resultado de estos deseos, la mente se va haciendo impura. El proceso del pratyahara consiste, entonces, en volver la mente hacia el interior, alejándola de los objetos externos. Hoy en día hay muchos aspirantes que, al no saber qué hacer, se acercan a buscar la guía de Maestros ignorantes, y no hacen sino practicar el pranayama o el pratyahara y nada más. Esto no es correcto. Ambas prácticas han de ir juntas. De hecho, recíprocamente son reflejo la una de la otra. No obtendrán ningún beneficio si practican únicamente el pranayama o el pratyahara, por separado. Ambos deben llevarse a cabo conjuntamente y cada uno de ellos depende del otro. No es sino cuando llegan a controlar la mente que pueden llegar a controlar al prana o los aires vitales. No es sino cuando llegan a controlar los aires vitales que pueden llegar a controlar la mente. No es posible llevar a cabo una de estas prácticas, sin llevar a cabo la otra. Siguiendo ambas prácticas en forma conjunta, podrán volver la mente hacia el interior y controlar vuestro prana. En esta forma pueden controlar al cuerpo que tiene la vida en él y pueden experimentar un estado mental que se denomina Bienaventuranza o equilibrio perfecto.

En estos mismos versos señala que la indagación que se oriente a descubrir qué es permanente y qué no lo es, resulta esencial. Cuando lleven a cabo esta indagación, llegarán a la conclusión de que el Alma es permanente y verdadera, en tanto que el cuerpo humano no es permanente y es falso. Si siguen más allá e inquieren en la naturaleza del Alma, se encontrarán con que se hace referencia a ella con muchos nombres sagrados, tales como Verdad, Prosperidad y Felicidad, por ejemplo. No es posible alcanzar Prosperidad sin adherir a la Verdad, ya que Prosperidad y Verdad van juntas. Similarmente, no es posible lograr la Felicidad ni la dicha sin Prosperidad. La Felicidad y la Prosperidad van juntas. La Verdad es como una luz resplandeciente. Con su ayuda es que podemos ver la naturaleza en nuestro entorno. La habilidad para hacer uso de la resplandeciente Luz de la Verdad para ver y entender a la naturaleza alrededor nuestro, representa la dicha y la felicidad expresadas por estas palabras. Es así que la mezcla o unión de Verdad, Prosperidad y Felicidad representa el Alma. Después de que sean capaces de entender los especiales aspectos de estas tres cosas, ya no les quedará nada por descubrir, al igual que cuando se termina de preparar la comida, no hay necesidad ya del fogón y la leña.

La tercera línea de esta estrofa se refiere al estado de samadhi (equilibrio o ecuanimidad). Se explica cómo llegamos a este estado. Esto se logra haciendo uso tanto del pranayama como del pratyahara. Ello les habilitará para renunciar a todos sus deseos y para volver vuestra mente hacia el Espíritu Divino. Cuando llegan a esto, se dan cuenta de que todo el cuerpo toma un giro muy diferente. Los diferentes tipos de energía quedan todos bajo vuestro control. Este equilibrio no ha de entenderse tontamente como una especie de mente en blanco o mente en la oscuridad. El estado mental a que se llega con el japa (repetición del Nombre de Dios), ha sido descripto como estado de sereno equilibrio. En este contexto, la palabra japa no significa sostener la sarta de cuentas del rosario en la mano e ir pasándolas simplemente entre los dedos. Japa significa la repetición continua del Nombre del Señor. La repetición puede o no ser dicha en voz alta, debe, al menos, repetirse mentalmente. Esta repetición del Nombre del Señor dentro de la mente de uno es lo que se llama japa. Si pronunciaran al revés la palabra japa, se transforma en bhaja. Ya sea que pronuncien el Nombre del Señor en sus mentes, o sea japa, o que lo enuncien en voz alta, o sea bhaja, ambas prácticas se pueden denominar como japa.

¡Jóvenes estudiantes!: El estado de Bienaventuranza se interpreta ahora de muchas maneras. Si alguien cae inconsciente, si alguien pronuncia el Nombre del Señor en un estado semiinconsciente, si alguien se comporta de manera confusa e inconsistente, etc., esto nos da pie para pensar que se encuentra en estado de Bienaventuranza. Mas el estar inconsciente, en un estado subconsciente o en uno supraconsciente, no implica estar en estado de Bienaventuranza. Han de entender que sólo cuando uno se encuentra en su condición natural y normal y logra la dicha de la ecuanimidad, se puede hablar del estado de Bienaventuranza real. Todo lo demás puede llamarse de cualquier modo y por diferentes nombres, como histeria, ataque, debilidad, ebriedad, etc. Ningún estado de éstos puede asimilarse al estado de Bienaventuranza. Mas, lamentablemente, los hindúes de hoy ya no son capaces de reconocer ni de distinguir al verdadero equilibrio de estas varias alteraciones. Es por ello que no son capaces de explicarle a otros el sagrado significado del estado de Bienaventuranza.

Palabras como pranayama, pratyahara, japa y tapa (austeridad) han de ser interpretadas todas con precisión. En ese contexto uno ha de entender lo que significa esta sagrada nivelación de la conciencia. Las palabras conllevan un significado en cuanto se refieren a variadas cosas.

De hecho, el significado que se le adjudica a la palabra proviene de la palabra misma. De esta manera, el estado de Bienaventuranza o Samadhi debe indicar por sí misma su verdadero significado. "Sama" significa igual y "dhi" significa buddhi o mente. Cuando han desarrollado una mentalidad siempre igual, un equilibrio mental, estarán en el verdadero estado de Samadhi. Es muy posible que puedan desarrollar este estado incluso en la vida común, siempre que lleguen a entender su relación con el pranayama y el pratyahara. Cuando la mente se torne hacia el interior, mirará únicamente hacia el Alma y no hacia el entorno exterior. Es así que cuando la mente está vuelta hacia el interior, dejarán de percibir las diferencias entre placer y dolor, entre pesar y felicidad o entre el frío y el calor. De hecho, la mente no tomará nota en absoluto de diferencias o disparidades. Lo que realizarán será la unidad de todo. Cuando un individuo se encuentra en el estado de Samadhi, no tiene nada que ver con el mundo, aunque siga moviéndose en él. Aunque parezca formar parte de la sociedad, no es afectado por ella. La mente de una persona así se encontrará siempre sumida en lo que podría llamarse la unidad con el Alma. Para ilustrar esta condición se pueden citar numerosos ejemplos.

Un gusano que vive en el barro no será afectado en absoluto por el barro. Las mujeres que se pintan las pestañas de negro, no dejan que la crema negra toque el globo del ojo. Los ojos quedan absolutamente libres de crema, aunque las pestañas estén cubiertas por ella. Comemos muchas cosas con grasa. Puede que esta grasa se adhiera a la mano, pero nunca quedará sobre la lengua, la que queda libre de grasa. Veamos el caso del loto. El loto vive en el agua y depende de ésta para su existencia, mas ella no lo afecta. Al igual que el loto, la lengua, el gusano y el globo del ojo en los ejemplos dados, la persona que está en Samadhi no es tocada por el mundo que la rodea.

Para que puedan entender este estado del Samadhi, la última línea de la estrofa dice que han de desarrollar lo que se conoce como gran concentración. No muestren apuro. No pierdan la paciencia. No tengan una mente vacilante, si desean llegar al estado de Samadhi. Habrán de ser capaces de concentrarse. Si plantan ahora un pequeño retoño, ¿cómo podrían conseguir de inmediato los frutos?... La planta tiene que convertirse en un árbol y recién entonces los podrán obtener. Tomen por caso las semillas que se plantan. No pueden pensar en la cosecha cuando recién la simiente está plantada. Habrá que darle el tiempo necesario. Hoy en día, todos los aspirantes quieren obtener los frutos tan pronto como plantan la semilla. No aceptan esperar un tiempo. En el cuarto verso, Sankara quería decirnos que no debemos sentir premura y que hemos de mantenernos serenos y calmos. Si le enseñan al corazón a permanecer así, podrán alcanzar el estado de Samadhi.

Muchos buscadores de la Verdad y personas que estudian este aspecto de Brahman, llegan muchas veces a tener dudas. Se preguntan cómo puede ser que Dios y el mundo creado, que son dos cosas separadas, puedan ser tratadas como una sola. Esta es la pregunta que a menudo plantean, porque dudan de la identidad de Brahman con la naturaleza. Aquí viene un pequeño ejemplo. Es cierto que, aparentemente, Dios y el mundo se ven como separados. Tomemos el caso de la semilla. Cuando la ponen en la tierra, sale de ella una planta. La planta crece y llega a ser un gran árbol y en él brotan hojas, ramas, flores y frutos. Ven todas estas diferentes manifestaciones saliendo de una sola semilla. No es sino la apariencia ilusoria de la Naturaleza lo que nos hace creer que son cosas diversas. Mas si miran estas ramas, hojas, flores, frutos y a la semilla desde una óptica espiritual, verán que todas estas cosas son manifestaciones diversas de la misma semilla. Todas han surgido porque la mente las imagina así. De igual manera, sucede que la Naturaleza que ha nacido de Brahman y que ustedes ven a su alrededor, no puede ser sino una manifestación de Brahman y nada más. Si se la ve como algo diferente a Dios, ello no es más que una ilusión. Para poder reconocerlo, uno ha de tener claridad mental y la habilidad de percibir la Verdad.

Para poderse hacer una idea respecto de la claridad mental, consideraremos lo que sucedió cuando Dronacharya (sabio brahmin preceptor de los príncipes Pandavas) llamó uno por uno a los Pandavas y les pidió disparar hacia un pájaro al que había atado y tenía de blanco. Cada vez que uno de los Pandavas estaba por apuntar, Dronacharya les iba planteando algunas preguntas. A Bheema se le preguntó primero qué era lo que veía. Contestó que veía al pájaro, la cuerda que servía para atarlo y el cielo tras él. Fue así como fueron llamados todos los Pandavas y todos, salvo Arjuna, contestaban que podían ver muchas cosas. Arjuna, sin embargo, respondió que no veía nada fuera del pájaro. Esta era la concentración con la que se acercaba a su objeto. Si sienten el deseo de aprender alguna cosa en particular, deberán desarrollar una intensa concentración centrada sólo en esa cosa. Es lamentable que hoy en día, cuando deseamos aprender una cosa, nos concentramos en alguna otra. Esta es la razón por la cual no somos capaces de llegar a nuestro destino y aprender lo que debiéramos aprender. En cuanto al segundo aspecto, es decir, la habilidad de percibir las buenas cualidades, hay un buen ejemplo en el Mahabharatha. Krishna llama a Duryodhana con la intención de someterlo a prueba. Esto sucedió antes de la guerra. Krishna le indicó que quería hacer algo importante y que buscaba para ello a un buen hombre con buenos atributos. Le pidió a Duryodhana que buscara a un hombre así. Duryodhana buscó por todo el mundo por algunos días y volvió diciendo que no había ninguna persona que tuviera realmente buenos atributos, y si había alguien con buenas cualidades, el mejor era él mismo y el que más se acercaba al ideal. Entonces Krishna despidió a Duryodhana y le pidió a Dharmaraja que viniera. Le pidió a Dharmaraja que buscara a un hombre que fuera muy malo y cuyas cualidades mostraran que no podía haber uno peor. Dharmaraja buscó en todo el mundo y volvió diciéndole a Krishna que no había podido encontrar a nadie con cualidades negativas y que si había alguien que las tuviera, era él mismo. Indicó que era el que más se acercaba a la descripción que había dado Krishna. Para que Duryodhana dijera que era el mejor de los hombres y para que Dharmaraja dijera que era el peor, la responsabilidad no está en el mundo. La responsabilidad recae en las cualidades que poseen y la forma en que se consideran a sí mismos y a los demás. Es por ello que le concedemos tanta importancia a la capacidad de percibir el bien y distinguirlo del mal. Nadie puede determinar realmente lo que es bueno o lo que es malo. La única alternativa que le queda a uno es la de tener fe en Dios y la de mejorar sus propias cualidades.

EL SERVICIO PRESTADO AL HOMBRE ES SERVICIO PRESTADO AL SEÑOR

Uno no puede cruzar el océano de este ciclo de nacimiento
y muerte sólo visitando numerosos lugares sagrados,
ni puede hacerlo tampoco llevando a cabo la repetición
del Nombre de Dios y estudiando los textos sagrados.
Es necesario cruzarlo llevando a cabo el Servicio.

¡Sagrados estudiantes!: El seguir la senda espiritual es un deseo de todos, pero, sorprendentemente, tanto el pueblo como los gobernantes están adoptando métodos nuevos y carentes de sentido. Esto causa sorpresa y llama a risa. Incapaces de entender la cultura india en su verdadera perspectiva, las personas simplemente se visten con buenas ropas que les dan una apariencia atractiva, usan palabras que son engañosas y están perdiendo la confianza en sí mismas. Nuestra civilización actual ha tomado tal cariz que hemos comenzado a tomar ideas en préstamo desde el exterior y a adoptar ideales extranjeros. Ello perturba nuestra mente. La civilización moderna ha tomado un giro que brinda una distorsionada e incorrecta interpretación de la cultura india.

Los individuos se muestran ansiosos por lograr posiciones de autoridad. No consideran para nada la necesidad de cumplir con ninguna de sus responsabilidades. En los casos de quienes entiendan sus deberes y responsabilidades, se concluye de manera automática que, a su debido tiempo, alcanzarán posición y autoridad. Mas quien no entiende su deber, jamás podrá llegar a posición alguna. Para que uno pueda convertirse en un individuo equilibrado, el prestar Servicio representa una cualidad esencial. Este ideal del Servicio posee la buena propiedad de eliminar el ego del hombre. El Servicio promueve el amor y el afecto. Actúa desviando al hombre de los apegos mundanos para colocarlo en la senda de lo Divino. Esta idea del Servicio también le explica el significado de la Divinidad. Puede otorgarle a toda la humanidad un placer y una dicha muy grandes. De hecho, el Servicio representa el primer paso en el sendero espiritual. Hoy en día, debido a que no se practica de manera adecuada este sagrado Servicio, las personas de este país están haciéndose dependientes de otros. En el caso de alguien dispuesto a servir, el país puede llegar a quedar bajo su control pero jamás quedará bajo el control de alguien que no quiera servir, sino sólo dirigir. Si llega a ser líder alguien que entienda el espíritu del Servicio, podrá gozar de su liderazgo y mantenerlo a través del Servicio. Sin llegar a entender lo que significa el Servicio y sin comenzar por ser un servidor, uno no puede convertirse en un líder. De manera similar, sin ser capaz de destruir uno no puede convertirse en un creador.

El hombre nace en la sociedad, vive en la sociedad, se hace próspero sirviendo a la sociedad. En estas circunstancias, si el hombre se distancia de la sociedad, estará distante de todo. El niño llora clamando por la leche materna, mas luego y por este motivo, tendrá que servir, respetar y seguir a la madre. Debe adorar a la madre. Esto le ayudará a desarrollarse y a progresar. Del mismo modo en que para cada individuo está la madre y la madre es importante, deberíamos mirar al país como la madre de todos los ciudadanos. Ella vendría a ser la divina madre y hemos de servirla. A través del Servicio deberíamos ser capaces de cumplir con el propósito de nuestra vida. En este sagrado país nuestro, la idea del Servicio ha sido transmitida hasta nosotros por los Rishis (hombres santos) y los Gurús (maestros espirituales). Ellos nos habían prescripto que debíamos darle sentido a nuestras vidas a través del Servicio. En todos los Gurukulas (lugar donde maestros y discípulos crecen juntos en amor y sabiduría) se enseñaba moral y ética.

La enseñanza de lo bueno y la prédica de los grandes ideales formaba parte de su rutina diaria. Se le enseñaba al hombre a abrigar ideales sagrados y a llevar una buena vida. En los Gurukulas se enseñaba la moral y la vida moral, mas en los Rishikulas (lugar de reunión de los hombres santos o Rishis), se demostraban y se ponían en práctica todos los ideales que promovieran la prosperidad del mundo. Actualmente, sin embargo, no existen ya ni los Gurukulas ni los Rishikulas. Las dos primeras sílabas de las palabras Gurukula y Rishikula, o sea "gu" y "ri", configuran la palabra "Gurú" o Maestro. Estos dos tipos de ashrams (monasterios o ermitas), fueron los que nos brindan el concepto de un real Gurú. La palabra Rishi nos entrega el significado de las personas que llevaban una vida sin deseos. Sólo sentían apego por el Alma y, de ese modo, promovían un espíritu de sacrificio y de igualdad. Llevaban una vida que los hacía ser ejemplos de un ideal para los demás. Fue por ellos que sus ashrams se llamaban Rishikulas, pero estos sagrados lugares ya han desaparecido. Con ellos también desapareció la sílaba "Ri" y quedó tan sólo el resto, "shikul". Este "shikul" se ha convertido en la escuela de los tiempos modernos. No se encuentra allí la sílaba "Ri", ya que la escuela de hoy ha desarrollado apegos a muchos deseos egoístas. De alguna manera deberíamos restablecer estas sílabas para anteponerlas a la palabra escuela. Deberían considerar esto como vuestro deber y retornar para devolverle las ideas nobles a nuestras escuelas.

Cuando pensamos en el Servicio, parece que lo asociamos con un tipo de trabajo humilde o inferior, como el que usualmente lleva a cabo un sirviente. Este tipo de asociación de ideas en que el Servicio se considera como algo bajo, no es correcto. En el contexto del Servicio debemos darnos cuenta de que Dios mismo le presta muchos servicios al mundo, en múltiples maneras. Nos es familiar el concepto de Avatar cuando Dios toma nacimiento en una forma humana para restablecer el Dharma (la Rectitud); o para volver la justicia a su sitial, prestándole así Servicio al mundo. El Señor Omnipresente, en la forma de Krishna le sirvió a Arjuna como auriga. Y no solamente esto, sino que todos los días cuando sus labores como auriga terminaban, llevaba a los caballos cansados hasta el río y los bañaba. De modo que estaba preparado también para trabajar como sencillo mozo de pesebre. Vyasa observaba al Señor en esos tiempos y sentía que incluso muchos personajes no tenían la suerte que alcanzaban esos caballos en las divinas manos.

Cuando se estaba llevando a cabo el Rajasuya Yaga, Krishna se acercó a Dharmaraja (el mayor de los hermanos Pandava), y le pidió que le asignara alguna labor. Dharmaraja observó que no había ninguna tarea que fuera apropiada para El, mas si Krishna mismo indicaba alguna que fuera adecuada, ciertamente se le asignaría. Krishna se paró junto a Dharmaraja y le palmoteó la espalda, diciendo que El poseía calificaciones especiales y que le gustaría desempeñar alguna tarea adecuada a ellas. Dharmaraja no entendió lo que quería decir, de modo que le pidió que le indicara cuáles eran estas calificaciones como para poderle encargar una labor. Krishna dijo entonces que estaba calificado para retirar las hojas en las que la gente había comido, ya que, después de usadas, quedaban sucias y si no eran retiradas podían crear desagrado en las mentes de las personas. Fue así como Krishna se hizo cargo de este trabajo para poder darle la sensación de bienestar a los presentes.

Es así que si hay algún perjuicio que se le haya causado a alguien, deberíamos tratar de ayudarle prestándole algún servicio. No prestamos servicio tan sólo trabajando y manteniendo aseado nuestro entorno. También podemos prestar servicio a través de nuestras palabras. Con una buena palabra pueden tranquilizar los corazones de las personas y con las buenas obras pueden calmar sus mentes. De modo que al usar buenas palabras y al llevar a cabo un buen trabajo, colaboran en darle comodidad y bienestar a otros y esto es buen servicio.

Aquellos que hoy en día se consideran a sí mismos como líderes no prestan un buen servicio y, consecuentemente, el mundo alrededor nuestro se está haciendo muy confuso. En este contexto, cabe mencionar una historia que se refiere al Krishnavatara. Krishna se acercó un día a Yasoda (madre adoptiva de Krishna), y le dijo que todos sus amigos boyeros le habían invitado a acompañarlos a cuidar las vacas y que iba a ir con ellos. La madre le explicó que ir a la selva significaría que tendría que caminar por sendas con espinas, que podía encontrarse con serpientes y que tendría que transitar por medio de arbustos. Le dijo que sus tiernos pies no estaban acostumbrados a estas durezas y que habría de usar calzado. Pero sus zapatos no estarían listos sino hasta el día siguiente, de modo que sólo entonces podría acompañar a sus amigos. De inmediato, Krishna le preguntó a su madre sobre cómo le llamaba. Ella le contestó que su nombre era Gopal y que le llamaba por él. (La palabra Gopal significa "el que cuida vacas".) Krishna señaló que se le había dado ese nombre porque él podía cuidar a las vacas y ser la cabeza del rebaño. Puesto que las vacas lo seguían, dijo que él tendría que hacer aquello que ellas también hicieran. Las vacas no tienen calzado para proteger sus patas, de modo que él no debería proteger tampoco sus pies. Agregando que para cuando le siguieran personas, él no haría sino lo que éstas también pudieran hacer. Indicó que si llevara calzado, las vacas también pedirían llevarlo, puesto que su líder lo hacía. Se rehusó a usar calzado y permitir que no fueran calzados aquellos a los que tenía que proteger. Esta fue la forma en que discutió con su madre. Esto significa, simplemente, que cuando Dios toma una forma humana, los hombres harán un esfuerzo por absorber sus cualidades y por comportarse como El. En esos días en que Dios apareciera como un Avatar en la forma de Krishna, las Gopis, las Gopikas y las vacas le seguían. Hoy en día, si viene un Avatar y toma algunas decisiones, seremos capaces de reconocerle como la Divinidad, únicamente si llevamos a la práctica tales decisiones.

Si plantamos algunas plantas en nuestras casas, nos apresuramos a levantar una cerca para protegerlas. Si alguien pasa por allí y nos ve trabajar, sentimos temor de que vaya a pensar que trabajamos como sirvientes. Esta no es la forma en que debemos llevar nuestras vidas. Debemos conformarlas de acuerdo con nuestras decisiones, sin considerar lo que otros puedan pensar de nosotros. Nunca deberíamos preocuparnos por lo que los demás piensen de nosotros. Debemos ser muy cuidadosos en todo lo que hagamos y únicamente nosotros deberíamos decidir lo que está bien o mal. La decisión debería basarse en nuestro propio pensamiento. El respeto o la falta de él que muestren otros carecerá totalmente de sentido. Las cosas son muy simples. Aquí viene un pequeño ejemplo para ilustrarlo. Había dos individuos en una aldea. Uno de ellos hacía todos sus viajes a caballo, en tanto que el segundo caminaba, llevando siempre un almohadón en la mano. Un buen día, ambos salieron hacia la misma aldea y al mismo tiempo. En esa ocasión, el hombre que llevaba siempre una almohada consigo partió primero. Detrás de él partió el que iba montado en su caballo. En el camino había una pequeña aldea por la que ambos debían pasar. Los aldeanos miraron al que llevaba el almohadón y pensaron que acarreaba un atado de papeles, imaginando que era el peón que le llevaba los papeles a su amo que venía a caballo tras él. Al hombre montado lo creyeron un funcionario, ya que en esa época en que no había automóviles, todos los funcionarios iban a caballo. Tan pronto llegaron a su destino, el hombre del almohadón se fue directamente a una hostería, hizo muchos alardes y se acomodó para descansar sobre su almohadón. El otro se puso a buscar un lugar en donde dejar atado su caballo. Los aldeanos que les miraban, pensaron que el hombre del almohadón era el funcionario y el que buscaba dónde atar al caballo era el peón. Esta es la forma en que se configuran el respeto y la irreverencia en el mundo. La persona a quien en una aldea se creía que era un funcionario, fue considerada el peón en la otra; y la persona a quien en la primera aldea se creía que era un peón, fue mirada como el funcionario en la otra. Esto no responde más que a la imaginación de los espectadores y a las emanaciones de las mentes de la gente. En este proceso, ni el respeto ni su carencia son merecidos por los personajes debido a algún valor intrínseco. En un sueño, un rey puede sentir que es un mendigo y un mendigo puede soñar que es rey. Tan pronto como ambos despierten, vuelven a ver sus formas naturales. Ninguno de los dos ha cambiado, y el respeto o irrespetuosidad que imponían en sus sueños carecen en absoluto de valor y no son sino como nubes pasajeras.

¡Estudiantes, encarnaciones del Espíritu Divino!: Han de estar preparados para prestar Servicio desinteresado. Nunca han de pensar siquiera en que otros les sirvan. A la edad que tienen poseen la fuerza de cuerpo, mente y espíritu, por ende, deberían prestarle Servicio a otros de inmediato. Deberían servir a los ancianos, a los hambrientos y a los débiles. Habrán de considerar este Servicio como Servicio prestado a Dios. Si, por el contrario, esperan que alguien les sirva, vuestra vida se deslizará por la senda oscura. Muchos de nosotros estamos acostumbrados a que haya sirvientes que hagan algunos trabajos. Sentimos nuestra posición de autoridad y pensamos que tenemos el derecho a ser servidos, mas ello habrá de resultar en una situación en que nos veamos obligados a devolverle a otros la deuda contraída por el Servicio. Todo lo que vean, todo lo que hagan y todo lo que digan siempre retornará a ustedes mismos como un eco o como un reflejo. Debemos entrenarnos de modo que podamos llevar a cabo nuestro propio trabajo y, después de eso, debemos estar preparados para servir a nuestros padres. Luego, debemos lanzarnos hacia la sociedad y estar preparados para servirla. Este Servicio habrá de surgir del fondo de cada uno, de manera libre y voluntaria. No hemos de prepararnos para realizar trabajos con el fin de exhibirlos a los demás. Debemos hacer el trabajo sólo en aras del Amor. Deberemos estar preparados para trabajar como consecuencia de nuestra certeza de la unidad de todo el género humano. Si hubiera un individuo sufriendo en un hospital, sin nadie que se ocupe de él y sin ningún amigo, si cualquiera de ustedes puede ir allá y conversar con él de manera amable, podrá llegar a establecer un estrecho lazo de afecto entre ambos. Ello lo convertirá en un amigo más íntimo para esa persona que sus propios parientes. Le pedirá la dirección y escribirá. Este es el tipo de relación de corazón a corazón que puede llegar a establecer un Servicio desinteresado. Esto es algo que surge espontáneamente del corazón. Nadie puede crear este tipo de apegos por otros métodos.

Un individuo que hoy día puede que sea el Primer Ministro, será recibido en una estación de ferrocarril con cientos de guirnaldas y cientos de automóviles lo estarán esperando. Muchas personas se mostrarán ansiosas porque se suba en el coche de alguna de ellas o de acompañarle. Mas en el momento en que la posición de autoridad llegue a su fin, hasta el conductor del taxi le exigirá que pague por el trayecto. El significado que esto encierra es que si, tontamente, tratan de lograr algún status o entablar relaciones en base a vuestra posición de autoridad, ni el status ni las relaciones serán muy duraderas. Si, por el contrario, establecen la relación por la vía del Alma, lograrán una que sea permanente y verdadera. Esta relación también tomará la forma de la verdadera devoción. Ello es algo verdaderamente sagrado y proviene desde el fondo del corazón, prescindiendo de que los demás lo valoren o no. En este tipo de Servicio han de darle al otro desde el fondo del corazón, sin preocuparse si los mayores dentro del hogar tratan de detenerles de prestar ese Servicio. Hoy en día, lamentablemente, en nuestro país se habla de muchas formas de servicio social. Mas es un servicio que a menudo merecería llamarse mejor "trabajo exhibicionista" que "trabajo social". Hay muchos líderes que desean llevar a cabo un trabajo social. Toman escobas y barren las calles, llaman a un fotógrafo y se hacen fotografiar con la escoba en la mano y se preocupan luego de que la imagen aparezca en el periódico. Nadie debería buscar ese tipo de publicidad. Uno nunca debería desarrollar este tipo de ego. Todo Servicio ha de provenir de vuestro corazón. Muchas veces, los que gastan diez rupias en alimentar a los pobres, gastan veinte en un fotógrafo y en publicidad. Sería tanto mejor que gastaran también las otras veinte en alimentar a más pobres. Hay mucha gente que es miembro del Rotary Club o del Lions Club o de otras de estas organizaciones y hablan de prestar servicios. Mas no se entiende bien si se dedican al Servicio o a gastar dinero. Casi todos son personas pudientes y sería justo que una vez al mes se unieran para alimentar a los menesterosos. Más, si se reúnen para un almuerzo semanal y en cada oportunidad gastan más de veinte rupias per capita; si contamos cinco rupias para el cordero, cinco para los agregados y diez para el vino, no es justo que hablen de esto como servicio social. Qué bueno sería si gastaran esas veinte rupias para alimentar a los pobres. En el futuro, puede que ustedes lleguen a ser miembros de estos clubs y es importante que recuerden estos hechos y sepan distinguir lo que significa un

Servicio real. Así pueden contribuir a evitar estos errores. La gente que sufre, la gente que está inmersa en la pesadumbre y la gente impotente habría de estar entre vuestros amigos reales. A estas personas habrán de ayudar. Esto es lo que habrán de aceptar como vuestro deber primordial. Hay problemas en hacer amistad con personas ricas. Cierto es que deben cultivar la amistad de todos, pero si tienen un amigo muy rico pueden sentirse tentados a pedirle un préstamo y esto puede terminar con la amistad, porque temerán que les pida que le paguen cada vez que lo vean. Deben ser amistosos con todo el mundo, pero deberán ser cuidadosos para elegir a un verdadero amigo. Vuestros verdaderos amigos serán aquellos que estén dispuestos a aceptar vuestro Servicio. El Servicio les puede brindar un futuro grato.

Al prestar Servicio no busquen desarrollar el ego, sino cultivar vuestras capacidades. Sean humildes y piensen que Dios les ha brindado una oportunidad para servir. Todo lo que hagan por los demás deben considerarlo como un Servicio que se están prestando a sí mismos. Hoy viene un amigo a visitarles y le ofrecen un café. Este gesto se le grabará en el corazón. Cuando lo visiten a él, les recibirá cordialmente y les servirá un café. Es así que el Servicio que presten hoy les será devuelto en el futuro. En otro contexto, si un amigo vuestro que esté solo debe internarse en el hospital y ustedes le ayudan, él les devolverá la mano cuando lo necesiten. Deben considerar todo el bien que hagan como una reserva para vuestro futuro. Todo lo que puedan hacer, ya sea bueno o malo, si lo hacen sintiendo que lo hacen para sí mismos, siempre será bueno, ya que no se harían un mal a ustedes mismos. Durante este curso de verano tenemos el programa de hacer servicio social todos los domingos. Han de tener presente que el servicio social, en dondequiera que estén, es algo importante. Deben santificar sus cuerpos y sus mentes llevando a cabo este tipo de Servicio. Espero que desarrollen estos sagrados y desinteresados ideales y les bendigo para que lo hagan.

CONQUISTEN SUS SENTIDOS Y NO HABRA YA PESARES

¿Quién es tu mujer? ¿Quién es tu hijo? ¿Qué cosa misteriosa es esta familia? ¿A quién le perteneces? ¿De dónde has venido? ¡Querido hermano! Has de saber que todo el conocimiento está contenido en las respuestas a estos interrogantes.

¡Estudiantes!: Durante toda la semana pasada han estado escuchando los versos del Bhaja Govinda que transmitieran Sankara y sus discípulos. Ellos contienen una descripción de la esencia de todos nuestros Sastras (códigos morales), y de todos los tipos de acciones correctas que son adecuadas para el mundo. Además de esto, se les ha dicho que todas las sendas de este mundo conducen hacia un solo objetivo y éste es el de llegar hasta Dios y convertirse en uno con El. Cuando el Sol brilla en el cielo, pero está cubierto por oscuros nubarrones, la gente de la Tierra no puede verlo. Esto, no obstante, no significa que el Sol no esté allí. Si sopla el viento, las nubes se disipan y el Sol brilla de nuevo. Así también, el resplandeciente Sol de nuestra Alma se encuentra generalmente cubierto por las nubes de nuestra ignorancia. Si el hombre se esfuerza por disipar la ignorancia buscando adquirir conocimiento, quedará en evidencia ante él el Alma autorresplandeciente. El hombre está olvidando en este mundo lo que es permanente y lo que tiene valor. Corre tras las cosas mundanas, al considerarlas reales. No ve al Espíritu Divino debido a las nubes de la ignorancia. Necesita de los vientos del Conocimiento y de la Sabiduría para que remuevan las nubes del autoengaño y le permitan ver el fulgor del Alma.

Todas las relaciones físicas son temporales. En un río que fluye es muy común ver ramas de árboles que se juntan y vuelven a separarse después de haber recorrido unidas una cierta distancia. La confluencia y reunión de estas ramas viene a ser como la unión de dos personas como marido y mujer. Se unen, caminan y viven juntas y se separan después de haber luchado en esta corriente de la vida. En este contexto, Sankara intenta que desechen la ilusión del apego, del vínculo.

El próximo interrogante se refiere a quién es vuestro hijo. Este hijo que tengan habrá venido como tal, como resultado de lo que ustedes o él hayan hecho, ya sea durante vuestro nacimiento anterior o el suyo. Ha venido en esta vida como hijo vuestro, sólo para redimir alguna deuda entre ambos. Esta situación ha sido descripta en el Bhagavata en un tono más liviano, al señalar que vuestro hijo ha llegado hasta ustedes debido a causas materiales y no por alguna conexión con el Alma.

Si le preguntan a cualquiera respecto a quién es y de dónde ha venido, no será capaz de responder. ¿Cómo podría contestar cuántos nacimientos ha tenido ya y en cuál de ellos fue hijo de quién? ¿Cómo podría responder cuántos nacimientos tendrá aún en el futuro y en cuál de ellos será el marido de alguien? Le será imposible decirles qué número de nacimientos ha tenido hasta ahora y cómo llegó a aterrizar en el actual.

No sabemos de dónde hemos venido ni hacia dónde vamos. En este mundo ilusorio, vamos aumentando nuestros apegos y con ello nos vamos alejando del Madhava y no nos acercamos en absoluto a la Divinidad. Sólo aumentamos nuestras ataduras e inquietudes en el proceso. En este contexto, no habremos de adscribirle ninguna importancia a las relaciones corporales. El cuerpo está conformado por los cinco elementos y es seguro que habrá de desecharse. El cuerpo no entrega indicación alguna respecto a cuándo nació y a cuándo habrá de morir. No se dejen engañar por este mundo ilusorio. Busquen realizar al Espíritu permanente.

Aquí viene una pequeña historia al respecto. Un buen día, el príncipe de un reino andaba por la selva, se sentía cansado y sediento y buscando agua para beber llegó hasta un ashram. Los habitantes del ashram se sintieron atraídos por la aparición del príncipe, lo invitaron a entrar, le dieron fruta para comer, agua para beber y le pidieron que se quedara para descansar. El príncipe agradeció todo, pero indicó que no deseaba descansar, sino ver a los ancianos del ashram. Entonces lo llevaron directamente hacia el anciano que era la cabeza del mismo, el que era un verdadero santo. Este le preguntó al joven quién era. El le replicó que venía del reino de Jitendriya y que era el príncipe Jitendriya. Le preguntó entonces cuál era el nombre de su padre y el joven contestó que era el rey Jitendriya. Luego le preguntó cómo eran los habitantes del reino y el príncipe contestó que eran los jitendriyas y que vivían gozando permanentemente de dicha y felicidad. El jefe del ashram que era un renunciante, mostró cierta duda, ya que la palabra jitendriya significa "a quien ha conquistado todos los deseos". Cómo podía ser, preguntó el hombre santo, que el rey, el príncipe y todos los habitantes del reino pudieran ser jitendriyas. Se preguntaba si era posible que un gobernante y alguien que controla un Estado y a su gente pudiesen ser jitendriyas. Quiso verificarlo personalmente. Obtuvo los detalles del camino que habría de seguir para llegar al reino y decidió el viaje, pidiéndole al príncipe que se quedara en el ashram. A continuación le pidió al príncipe que le prestara sus ropajes reales y que, entretanto, vistiera la túnica ocre que simbolizaba al renunciante. El príncipe no se mostró extrañado y accedió de buena gana a lo que le sugería el anciano, trocando sus vestimentas con él. El hombre santo se alejó un poco y procedió a manchar las vestimentas del príncipe con algo de sangre, para luego seguir su viaje rumbo al reino de Jitendra. Llegó hasta las puertas de la ciudad y le dijo a los guardias que le avisaran al rey que había llegado un hombre santo que necesitaba darle una triste noticia respecto del príncipe. Fue llevado ante el primer ministro y, entonces, le relató que el príncipe había sido muerto por un tigre, mostrándole los ropajes ensangrentados como prueba. El ministro permaneció imperturbable ante la noticia, luego sonrió y dijo que le parecía ridículo ver a un renunciante preocupado por la muerte de un príncipe. No obstante y puesto que el renunciante quería que se le diera la noticia al rey, se le permitiría hacerlo. Tan pronto fue llevado ante el monarca, el renunciante le pasó las ropas ensangrentadas y se puso a llorar. El rey lo miró y se puso a reír. El rey habló entonces y le dijo que, al atardecer, son muchos los pájaros que se posan en las ramas de un árbol y, de madrugada, todos echan a volar, siguiendo cada uno su rumbo. Ningún pájaro le puede decir a otro qué rumbo habrá de tomar. No hay dos pájaros que se conecten entre sí. Dijo luego, que de igual manera, su familia constaba de su mujer, sus hijos e hijas, sus nietos, etc., todos los cuales eran como otros tantos pájaros posados sobre las ramas de un árbol y que todos emprenderían el vuelo en diferentes direcciones. Uno de esos pájaros, el príncipe, había echado a volar y, probablemente al día siguiente, otro también emprendería el vuelo pero que parecía risible el que un renunciante se doliera por estas situaciones. El renunciante pensó para sí mismo que era posible que el rey no sintiera afecto por este hijo en particular y, por lo tanto, no sintiera apego por él. De modo que imaginó que era mejor ver a la madre, ya que aquella que había dado a luz al príncipe, seguramente sufriría con lo sucedido y derramaría lágrimas de dolor ante la noticia. Los guardias lo llevaron ante la reina a la que le contó que el príncipe había sido muerto por un tigre y le entregó las ropas manchadas con sangre. La reina señaló que no había razón alguna para sentir pesar y comparó la situación con la de un albergue al que llegan muchos hombres a pasar la noche, yéndose cada uno por distintos caminos al día siguiente. Preguntó qué conexión podría haber entre toda esa gente que llega a un albergue desde distintos lugares y comparó luego al mundo con un albergue al que llegan muchísimos seres. Hoy era el príncipe el que había dejado el albergue y mañana serían otros los que también se irían. Nadie se quedará permanentemente en él. Las relaciones entre nosotros son como éstas y no hay motivo para sentir pesar. Luego le preguntó al renunciante por qué había de sentirse apesadumbrado con una situación como ésta. Sumido en la ilusión, el renunciante imaginó en su fuero interno que tal vez ésta no era sino una madrastra que no sentía afecto por el príncipe, de modo que pidió ver a la mujer de éste para darle la triste noticia. Pensó que ella sí debería sentir dolor ante la situación. Una vez frente a ella, le relató la historia, le pasó las ropas del príncipe y señalando que tendría que vivir una vida como viuda, se puso a llorar lastimeramente. La mujer del príncipe se echó a reír y le dijo que este mundo podía compararse con una selva en la que hay innumerables árboles. Los árboles se secan y las ramas se desgajan y caen a un río. De manera similar, también sucede lo mismo en otras selvas y las ramas que flotan en la corriente provenientes de distintos bosques, llegan a juntarse en algún momento. Indicó que marido y mujer eran como tales ramas, viniendo de diferentes familias o diferentes bosques, y uniéndose temporalmente en un río. El río es el flujo de la vida. Pese a que las ramas son diferentes, el río en el que llegan a juntarse es el mismo y, para estas ramas que representan al marido y a la mujer y que han caído en el río de la vida, también el océano de la dicha es común, de modo que no hay que lamentarse por lo que suceda.

Con esto, al renunciante ya no le quedó duda de que los habitantes de este reino eran jitendriyas, de modo que retornó al monasterio. Aún le quedaba el deseo de poner a prueba al príncipe, de modo que le relató que había visto a su reino arrasado por los enemigos, los que habían tomado prisioneros al rey, a la reina y a sus demás familiares y que, además, le estaban causando innumerables sufrimientos a los habitantes del reino. Le indicó al príncipe que había de retornar de inmediato a su reino y no seguir en el ashram. El príncipe se rió y le preguntó qué significaba un reino y qué cosa eran los reyes. A su entender no había relación entre ellos. Para él, Dios era el magno rey, la devoción, el reino, y los devotos representaban a los príncipes. En cambio, la relación entre un príncipe y su padre no era sino un vínculo carnal, siendo que el único reino real era el del Alma.

En un contexto similar, en la historia del Mahabharatha, Gandhari le hablaba de su dolor a Sanjaya. Dijo que de los Kauravas, sólo quedaban vivos Asvathama, Kripacharya y Kripana. En tanto, entre los Pandavas, quedaban vivos cinco de ellos, más Krishna y otro hermano. Se lamentaba de que hubiera siete sobrevivientes de los Pandavas, en tanto que no quedaban sino tres de su lado. Por otro lado, quedaban sólo diez personas vivas en total, y que tantas habían sido sacrificadas en esta guerra sólo para estos diez. Sanjaya le dio una respuesta que es muy profunda a este predicamento. El nombre de Sanjaya significa "a quien ha controlado por completo sus sentidos". Sanjaya le señaló a Gandhari que el hecho de que quedaran diez personas después de la guerra revestía un cierto significado. Dios quiere proclamar al mundo el significado de nuestra existencia toda y del número diez. En el número diez hay un cero a la derecha de la cifra uno. El cero representa al mundo y el uno está en el lugar de Dios. Sin el "uno", el "cero" carece de valor. Vale decir, sin Dios, el mundo no tiene sentido. El mundo que es falso, transitorio e impermanente no vendría a ser más que nada si no fuera por su asociación con Dios. La Tierra sobre la que vivimos es esférica. El Sol que nos da su luz y la Luna que brinda su frescor, son esféricos. De hecho, la mayoría de las cosas que vemos en el mundo en torno nuestro, son esféricas. En este contexto, nuestra propia vida tiene una forma esférica y no es nada más que un cero. Si ponemos junto a este cero a lo Divino, la vida se hace significativa. La semilla contiene en sí al árbol y el árbol lleva en sí la esencia de la semilla. Esta es la verdad que ha llegado hasta nosotros desde tiempos inmemoriales. El propósito de esta vida implica el darse cuenta de que el árbol y la semilla se contienen mutuamente. Todo el resto no es más que Ilusión o Maya. Este Maya ha sido descripto y definido por Sankara en cuanto aquello que no existe. Esto no parece razonable. Mas Sankara da un bello ejemplo para responder a esto. Los grandes palacios que ven en sus sueños no existen cuando despiertan y abren los ojos. Asimismo, ven tantas cosas mientras permanecen despiertos y experimentan muchas a través de sus sentidos; pero cuando duermen, todas ellas ya no existen. Ello significa que en un caso se trata de una ensoñación y en el otro de un sueño. En ambos casos se trata de sueños y todos los sueños son falsos. El propósito de nuestra vida es el de buscar la Verdad, si es que la hubiera, en lo que vemos. Por ello, nuestras conexiones corporales no han de preocuparnos ni crear creencias especiales en nosotros. Debemos hacer uso de ellas tan sólo para cumplir con los deberes que nos competen. No hemos de desarrollar apegos especiales por el mundo.

No hay una madre, no hay un padre, no hay hijos, no hay fortuna, no hay relaciones; tomen conciencia de ello y despierten. Todo lo que sufren debido al nacer, al desarrollarse y al morir es doloroso; manténganse alertas y despiertos. Esto es lo que dijera Sankara. Mientras estén vivos, mantengan sanos vuestros cuerpos y estables vuestras mentes y visión. Por esta vía deberían gozar de la dicha del Alma. Habrán de cuidar de no debilitar ni descuidar el cuerpo, como para que más adelante tengan que depender de otros para que les ayuden. Hay que mantener saludable el cuerpo como para poder hacer un buen uso de él. El cuerpo puede compararse a una barca: en una ribera, se encuentra el mundo material y en la otra la meta espiritual; la vida es el río; con la barca del cuerpo habrán de cruzarlo. Hemos de usar la barca en buena forma para llegar a nuestro destino. Si la descuidamos, se deteriorará y se le abrirán vías de agua antes de llegar al medio de la corriente; entonces tendrán problemas y no podrán llegar a la orilla deseada. En una barca bien cuidada no habrá peligro aunque permanezca por mucho tiempo en el agua. Mas si empieza a hacer agua, la situación se tornará peligrosa. Igualmente, deben mantenerse dentro de la familia, pero no dejar que la familia les inunde. Si lo permiten, estarán en dificultades. Si pueden llevar sus vidas de esta manera, ustedes mismos llegarán a ser el Yo Supremo. Fue con la intención de llevarles hasta este camino que Sankara entregó este verso del Bhaja Govinda, planteando preguntas como: ¿quién eres tú?, ¿quién es tu mujer?, ¿de dónde has venido?, ¿quiénes son tus parientes? y otras por el estilo. Al dirigirles estas preguntas, buscó hacerles reflexionar y encontrar las respuestas correctas.

ADOREN UNA IMAGEN COMO DIOS, MAS NO A DIOS COMO UNA IMAGEN

La noche le sigue al día y el día le sigue a la noche,
el verano le sigue al invierno y el invierno le sigue al verano.
Así sigue el curso del tiempo,
absorbiéndonos y acortando nuestras vidas.
Sin embargo, y pese a ello, seguimos aferrados a nuestros deseos.

La verdad generalmente no le gusta a la gente. La miran como a una enemiga. La falsedad es algo que le gusta a la gente. La miran de manera amistosa. A la gente le gusta adquirir bebidas y licores que intoxican, aunque tengan que pagar un alto precio por ellas. No aprecian el buscar alimentos saludables como la leche y el requesón, incluso siendo bastante económicos. Esto es lo que sucede generalmente en la mayor parte de las familias. ¡Estudiantes!: El tiempo se aleja velozmente al igual que el viento. El tiempo que dura nuestra vida se derrite como un bloque de hielo. Desecharemos el cuerpo en uno u otro momento y abandonaremos el mundo sin conocer el propósito de la vida. Cuando la vida se vaya, el cuerpo va a ser enterrado o cremado. ¿Qué es lo que distingue a la vida humana? El hombre ha de reconocer la sagrada tarea para la cual ha asumido el nacer, mas si gasta su tiempo sólo en satisfacer sus deseos sensoriales, estará desperdiciando su vida. La duración de la vida constituye un factor importante. Por ende, el tiempo habrá de ser empleado de manera correcta. El hombre confía demasiado en sus fuerzas físicas y mentales. No se esfuerza en absoluto en volverse hacia la Fuerza Divina.

En el corazón humano arde hoy en día un inmenso fuego. Este fuego está hecho de las llamas de la ira, las llamas de la lujuria, las llamas de la codicia y las llamas del apego. El hombre parece no darse cuenta de que todos estos fuegos pueden terminar por consumirlo y reducirlo a cenizas. Indiferente a ello, sigue adelante con su vida y traza grandiosos planes para el futuro. Si una serpiente llega a entrar en una casa, nadie se atreve a comer, caminar por la casa o dormir en ella hasta que no se le haya dado muerte al reptil. Una vez que se la haya matado vuelve la tranquilidad a la casa. En este cuerpo nuestro, empero, que viene a ser como una casa, vive la serpiente de los deseos, y no sólo vive en él sino que se está reproduciendo constantemente en otros tantos deseos múltiples. Mientras viva, crezca y florezca esta serpiente dentro de nuestro cuerpo, uno llega a preguntarse cómo se puede vivir en paz. Ha de ser muy valiente el hombre que se atreva a vivir en una casa llena de tales serpientes. Y uno no entiende si lo hace a sabiendas o inadvertidamente.

Nuestro nacimiento, nuestra vida, nuestro desarrollo, nuestra decadencia y nuestra destrucción son todos resultantes del paso del tiempo. La noche que le sigue al día y el día que le sigue a la noche también son consecuencias del paso del tiempo. Al ser de día para nosotros en la India, es de noche para la gente de América. Para una mitad de la Tierra parece ser de día, en tanto que para la otra mitad es de noche. La Tierra misma nos enseña una bonita lección al ir cambiando la oscuridad de una de sus mitades por la claridad de la otra. Pese a esta lección, creemos que nuestra vida es inalterable y permanente. ¡Resulta ridículo! El hecho de que vayamos cambiando de la niñez a la juventud y de la juventud a la vejez, resulta ilustrativo para mostrar cómo el paso del tiempo produce cambios en nosotros. A este tiempo se puede hacer referencia como a la Diosa Kalika o Kala. Ella está danzando sobre el escenario de nuestra vida y, a medida que danza, el tiempo avanza y el plazo de nuestra vida se va acortando. El tiempo transcurrido es llamado pasado, el tiempo de ahora se llama presente y el tiempo que queda por delante se llama futuro. Al recordar lo sucedido en el pasado y pensando en lo que ocurre ahora, seguimos adelante para imaginar nuestros éxitos y planear muchas cosas para el futuro. Tanto el pasado como el presente y el futuro vienen debido al tiempo cambiante. No representan algo que haya sido especialmente creado. Nuestro objetivo primordial habría de ser reconocer la naturaleza del tiempo y emplearlo de manera sagrada. Esa es la lección que nos enseñan todas las Escrituras y los Vedas. Si vemos que el tiempo mismo está tragándose a cada individuo, el sentir pesar y el pensar que el individuo sea permanente no resulta adecuado. La Diosa del tiempo los absorbe a todos. Es posible que la hermosa primavera que ha pasado pueda producirse de nuevo. También es posible que vuelvan a producirse las fases de la Luna que ya fueron. Mas el agua que ya ha fluido por el río y la juventud que ha quedado detrás de ustedes, jamás volverán. Puesto que la vida es una corriente que fluye en una dirección solamente, se hace necesario para nosotros el llevar la vida con un propósito.

En muchos lugares de nuestro país se dice, frente a la gente que tiene riquezas, que le han ayudado a otros en sus nacimientos previos y que, por ello, son acomodados en el actual. Esto ha pasado a ser un lugar común. Decimos que alguien que haya llevado una vida recta, que haya practicado la caridad y haya llevado a cabo muchos sacrificios en su vida previa, va a nacer en una familia pudiente en esta vida. Hay ocasiones en que personas que han nacido en familias muy pobres, llegan a formar parte de una familia acomodada por adopción. Alguien que haya nacido como hombre muy pobre, puede llegar a ser muy rico llevado por su suerte. También alguien muy pobre puede tener la oportunidad de una excelente educación, conseguir un muy buen trabajo y terminar siendo una persona de fortuna. En los tiempos modernos, se da, además, el caso de personas muy pobres que pueden obtener fortunas ganando un premio a la lotería, si tienen suerte. Mas, por sobre todo, uno puede tener la Gracia de Dios y, como resultado de ella, puede llegar a ser una persona rica. Mas para todos, esta felicidad y buena suerte será una consecuencia de sus acciones en la vida anterior. La causa no estará en todos los intentos que lleve a cabo en esta vida.

Si nuestra visión se orienta hacia afuera, no seremos capaces de vernos a nosotros mismos. Dispondremos de una verdadera visión del Sí Mismo, sólo cuando apartemos la vista de las cosas materiales. Nuestra inteligencia es como una linterna. Mientras la dirijan hacia afuera, podrán ver el camino y la gente que va por él, pero no podrán verse a sí mismos. Cuando esta linterna está vuelta hacia ustedes, podrán ver su propia forma. Dios les ha entregado un límpido espejo bajo la forma de la inteligencia. En lugar de mirarse a sí mismos en él, llevan el espejo vuelto hacia otros. Si quieren tener la visión de su Alma, verse a sí mismos, deberán mantener el espejo frente a ustedes.

Sankara entregó esta estrofa con el objeto de hacer ver que el tiempo es sagrado y que hemos de respetar al Dios del tiempo. Ramakrishna Paramahamsa orientaba todo su tiempo hacia el logro de la visión de Dios. Cuando se acercaba la noche, solía pensar que no había tenido la fortuna durante el día de poder alcanzar la visión de Dios, y a menudo lloraba pensando que había perdido un día más. En la actualidad, los jóvenes parecen haberse hecho expertos en perder el tiempo. Hablan entre sí por horas acerca de cosas innecesarias. Si no tienen otras tareas, leen ridículos libros de historietas y desperdician el tiempo dedicados a distracciones inútiles. Cualquier trabajo que no implique algún propósito específico en la vida diaria, significa una pérdida de tiempo. Si no tuvieran ningún trabajo específico que llevar a cabo, háganse el hábito de leer libros sagrados que tengan relación con nuestra cultura. Lean obras como el Ramayana, el Mahabharatha, el Bhagavad Gita u otros. Vuestra mente es como la lente de una cámara fotográfica. Si leen acerca de pensamientos impuros, esa impureza quedará impresa en la placa de vuestro corazón, después de pasar por la lente de vuestra mente. Es por ello que deben poner todo su esfuerzo en hacer el bien, ser buenos y ver el bien. De ahí que deban volver sus mentes hacia la dirección adecuada.

Hoy día se les ha dicho que se convertirán en almas realizadas si sienten que "tú y yo somos uno". Esto no es algo que sea posible, ya que "tú y yo" nunca pueden ser uno. Siempre seguirán siendo dos. Llegarán a ser verdaderos filósofos del no-dualismo cuando puedan darse cuenta de que "yo y yo" son uno o que "tú y tú" son uno. Aquí va una pequeña historia para ilustrarlo. Había un Gurú que enseñaba a varios discípulos y, un buen día, dijo: "El Maestro es Dios", "El discípulo es Dios", "Todo es Dios". Con lo cual implicaba que todo en el Universo era Brahman (Dios). Todos los días había un discípulo que acostumbraba saludar respetuosamente al Maestro cada vez que llegaba, mas después de este evento en particular, dejó de hacerlo y no se levantó de su asiento. El Maestro lo interrogó acerca de su extraña conducta y el discípulo le replicó que, puesto que el día anterior el Maestro había dicho que todo era Brahman, no había, por ende, diferencia alguna entre ellos. El preceptor pensó entonces que lo que había dicho se volvía en contra suyo como un boomerang y decidió darle una lección al estudiante. Se dirigió al pizarrón y escribió: "El Maestro es Dios", y a continuación, "El discípulo es Dios" y "Todo es Dios". Si lo ven escrito se darán cuenta de que aunque Dios aparece en los tres, Maestro, Discípulo y Todo son diferentes. Sólo cuando estas tres palabras se conviertan también en una sola, podrán decir que todas son una. De modo que, hasta que no sean capaces de vivenciar esta unidad de todos en la práctica, el pupilo seguirá siendo un pupilo y el maestro seguirá siendo un maestro, y no habrá modo alguno de escaparle a la obligación del pupilo de respetar al preceptor. La base puede que sea una, mas los receptáculos son diferentes. Aquí hay otro ejemplo para lo mismo. Hay una gran piedra en la cantera y un artesano la esculpe con la forma de una estatua de Krishna. Luego lleva la estatua y la coloca en un templo y la adora. Después de haber sido esculpida la estatua, habrán quedado cascajos de la misma piedra en la cantera y éstos podrían decir: "Tú eres Eso", o sea que ellos son lo mismo que la piedra que sirvió para esculpir la figura de Krishna. Mas nadie le rendirá homenaje ni adorará a estos cascajos de piedra, sino que adorarán únicamente a la estatua de Krishna. Si consideramos el sentido y nos remitimos a la base, el material de la estatua y el de los fragmentos restantes son una sola y la misma cosa. En base a una evaluación superficial, la estatua de Krishna es diferente de los fragmentos de piedra y adoramos solamente la estatua.

Esta misma es la relación entre el mundo y su Creador. La Naturaleza y el Ser Supremo son diferentes entre sí. La unidad entre ambos se hará evidente tan sólo cuando se produzca una unión de ambos en vuestros pensamientos. No les será posible apreciar el no-dualismo en ellos, en tanto sientan que son distintos el uno del otro. En nuestra mente hemos de ser capaces de pasar de la Naturaleza al Creador y unirlos a ambos. Debemos intentar llegar a esta unión. En caso contrario, estaremos arrastrando al Creador hacia el nivel de la Naturaleza. Pueden adorar a Dios en una imagen, pero no a la imagen como a Dios. Pueden elevar un trozo de piedra, un montón de greda o una lámina de papel a la posición de Dios y adorarlos, pero no deben rebajar a Dios a la posición de un trozo de piedra, un montón de greda o una lámina de papel. En nuestra cultura se ha dicho que Dios está presente en todas las cosas, de modo que pueden pensar en términos de Dios en una piedra, pero no de la piedra como Dios. Hay veces en que los occidentales nos ridiculizan, porque sostienen que adoramos a una piedra imaginando que ella es Dios. Mas la interpretación correcta indica que estamos acostumbrados a creer que Dios está presente en cada cosa del mundo. Es por ello que adoramos las hojas de tulasi, adoramos a la vaca, al árbol aswatha, al león, al tigre, a la serpiente y, de hecho, a la Creación toda, debido a que Dios está presente en todo en este mundo. La juventud india no ha de pensar que lo hacemos movidos por una fe ciega. Los jóvenes deben leer los grandiosos textos que retratan nuestras tradiciones y deben conocer las vidas de los grandes seres que han surgido de esta tierra. Este es el propósito con el que iniciamos estos cursos de verano.

EL DESAPEGO PUEDE SER LOGRADO POR CADA UNO Y POR TODOS

*No importa que uno sea un yogui entregado a la vida simple
y ascética o un bhogui entregado al lujo y al placer,
no importa que uno haya renunciado a todo
y sea un sanyasi o viva aun en una familia disfrutando
de los apegos; la paz y la verdad son las dos únicas cosas
que podrán conferirle ananda o dicha.
Su paz representará su felicidad suprema.*

¡Niños y niñas!: Cuando Sankara estaba dedicado a componer los versos de Bhaja Govinda, cada uno de sus discípulos entregaba composiciones propias y uno de los principales entre ellos, llamado Nityananda, entregó un mensaje característico. El significado de esta estrofa es que ya sea que uno esté entregado a la vida del yogui o a una vida de lujo, ya sea que haya renunciado al mundo o siga en él, una vez que haya visto y palpado la grandeza de Brahman o el aspecto de lo Divino, se habrá convertido en una persona divina y nada lo apartará de la senda divina. Puede que se pregunten cómo puede ser que ello sea posible. Un bailarín o un actor llevan adelante su rol mientras interpretan una obra teatral, pero ello no significa que se aparten de sus vidas normales debido a lo que estén actuando en el drama. Así, este yogui o este hombre que vive en una familia y desempeña los deberes prescriptos en su caso, no es absorbido por la familia. Debido al hecho de que sólo vemos las apariencias externas, no somos capaces de entender el verdadero espíritu con que funciona un yogui. Aquí va un pequeño ejemplo para esto. De acuerdo con las tradiciones indias y las prácticas aceptadas, si un hombre tiene dos mujeres y una de ellas está encinta en el momento en que el marido muera, ella no será considerada como viuda hasta el momento en que dé a luz al hijo, sino que continúa gozando del status de sumangali. Solamente ella sabe del hecho de que es viuda. Purusha, o el Creador del Universo, tiene dos mujeres: Pravritti y Nivritti. Como en el ejemplo citado, Nivritti mantiene sólo su apariencia de una sumangali en pro de la prosperidad del mundo y tiene una relación especial respecto del Purusha, el marido.

En el Mundaka Upanishad, un inteligente discípulo interroga respecto a esto al Gurú Angirasa. Angirasa responde que todo lo que se pueda enseñar tiene dos aspectos. Uno representa el conocimiento de tipo inferior, y el otro, el conocimiento de tipo superior. Ya sea que se trate del Rig Veda, del Atharvana Veda, el Sama Veda o el Yajur Veda o de las Upanishads, todos ellos han sido enseñados como conocimiento inferior. Y no solamente eso, sino que Angirasa había enseñado varias otras cosas como gramática, prosodia, astrología, etc., como partes del conocimiento inferior. Por otra parte, ya sea que fuera para escucharlo o para entenderlo y reflexionar sobre todo lo relativo a la Divinidad o a Brahman, el Eterno, ello se trataba como parte del conocimiento superior. Esto significa que, una vez que orienten sus mentes hacia el entendimiento del imperecedero Brahman, entonces, todo lo que se lleve a cabo en cuanto funciones del cuerpo deja de ser conocimiento inferior y se convierte también en conocimiento superior. Sabemos que el rey Janaka, incluso llevando a cabo sus deberes mundanos como el gobernar su reino y ocuparse de las necesidades de sus súbditos, lograba volver sus pensamientos totalmente hacia lo Divino. Hay un ejemplo para esta habilidad del rey Janaka. El gran hombre santo Suka estaba una vez enseñándole una serie de cosas a sus discípulos en una selva en las cercanías de Mithilapura. Janaka se dirigió a la selva, saludó con reverencia al hombre santo y le pidió ser aceptado entre sus numerosos discípulos, solicitando poder asistir a las clases. Desde ese día, el rey se comportaba como uno más de los pupilos. Un día en que no llegó a tiempo, Suka no comenzó sus clases, sino que esperó hasta la llegada de Janaka. Además, le indicó a sus discípulos que atrasaba el comienzo de la clase por este motivo. Al oírle, los pupilos comenzaron a murmurar entre ellos, comentando que se habían unido al gran sabio sólo porque se decía que no le daba importancia especial ni a reyes ni a ninguna otra persona por poderosa que fuera. Sin embargo, su actitud comprobaba que se dejaba influir por la riqueza y poder del rey. Desde aquel día comenzó a flaquear la fe que tenían en el Maestro. También sintieron envidia por el rey. Esto es algo sabido desde tiempos remotos. Cuando hay discípulos llenos de merecimientos a los que se les otorga la oportunidad de acercarse al Maestro, los que no han sido así distinguidos se sienten llenos de envidia. No es posible anticipar en qué momento o en quién recaerá tal gracia. Algunas personas incluso habiendo llevado a cabo numerosas buenas acciones en vidas previas, llegan a nacer nuevamente en el momento en que la acumulación de lo positivo se ha agotado. Esto implica que uno ha de seguir por el camino de las buenas obras y, de este modo, elevarse cada vez más alto. Si, en cambio, alguien piensa que no necesita seguir haciendo el bien, perderá la oportunidad. Tan pronto Suka se percató de la envidia y los celos que cundían entre sus discípulos, decidió darles una lección. En un momento dado, a todos los discípulos se les produjo la impresión de que la ciudad de Mithilapura estaba en llamas. Tan pronto como lo creyeron, todos ellos comenzaron a pensar en las consecuencias que el fuego tendría para sus casas, sus padres, sus bienes, etc. Uno tras otro se fueron corriendo hacia la ciudad con el propósito de salvar lo que pudieran. Solamente Janaka no se alteró ni abandonó su lugar. Suka le informó que, al parecer, las llamas se habían extendido hasta el palacio y le sugirió que podía irse para salvar a los que estaban en él. Janaka sólo sonrió y no aceptó moverse, pensando en que la voluntad de

Dios había de cumplirse y que nadie podía cambiarla. Entretanto, los envidiosos pupilos llegaron a la ciudad para darse cuenta de que no había tal incendio y que todo no era más que una ilusión. Fueron retornando y le informaron a Suka lo que había pasado. Todos expresaron su sorpresa al comprobar la inalterable actitud de Janaka. Suka enfrentó a los que habían mostrado su envidia y les expresó que más valía contar con un discípulo disciplinado que tener muchos que no habían logrado una mente estable. Es bueno tener una mente serena a la cual comunicar las lecciones que tener mil mentes vacilantes al frente.

Hay una historia similar relativa a Ramakrishna Paramahamsa. En medio de un discurso, encontró que, mientras estaba exponiéndolo, su discípula, la Rani Rasmani, estaba sentada allí pretendiendo poner atención. Se dirigió directamente a ella y le propinó dos palmadas. Otros que estaban mirando, creyeron que Ramakrishna había perdido la razón. Rasmani se sorprendió y pensó en qué habría hecho de malo como para que el Maestro la tratara con esta falta de respeto. En verdad, cuando uno conoce sus faltas, se cuidará de no cometerlas. Mas ya que la Rani no conocía sus propios defectos, no entendió en qué había faltado. Ramakrishna le dijo que si iba allí para pensar en los problemas de un litigio que tenía y no para prestarle oídos al discurso, podía muy bien quedarse en casa. También aquí viene alguna gente a sentarse para escuchar lo que se dice, mas se agitan y se mueven como las hojas de un árbol. Andan por todas partes y miran a su alrededor al igual que los cuervos. No son capaces de sentarse quietos. Están todo el tiempo mirando hacia uno y otro lado. Se mantienen indiferentes a todo lo que pasa aquí y nada les afecta. Ni siquiera se sientan correctamente. Si no han logrado una mente estable no podrán entender los asuntos relativos al Alma. Las personas que se mencionan, por otra parte, sientan un mal ejemplo para los demás. Las personas que tienen mentes fluctuantes no pueden ser verdaderos yoguis aunque puedan pasar por buenos devotos según las apariencias.

Fue en este contexto que Nityananda, el discípulo de Sankara, escribió estos versos. El que tengan apegos familiares no es un obstáculo para que puedan hacer muchas cosas buenas ni para que entiendan la realidad o principio del Alma. Ha habido muchos santos como Pothana, Thyagaraja, Kabir, Ramdas, Vemana, Jayadeva, Gouranga, etc., que hablaron sobre lo Divino y lo explicaron, aunque siguieron permaneciendo en la sociedad y manteniendo sus apegos mundanos. Hay otros que se apartan de la sociedad y se aíslan en una selva o una montaña para lograr la realización del Alma. Hay aun otros dentro de la sociedad que pretenden ser grandes devotos. Siempre van a los lugares en donde se reúne un gran número de devotos. Pretenden ser muy desapegados aunque se mantengan en la sociedad. Mas estas acciones y este aparentar no pueden ser aceptados como forma de vida.

Las joyas valiosas se guardan siempre en cajas de seguridad y los que las venden se las muestran únicamente a quienes quieren comprarlas realmente o a quienes pueden hacerlo. No pueden llevarlas al mercado y mostrarlas a todo el mundo. La repetición del Nombre del Señor, la meditación, las prácticas espirituales y demás métodos para la autorrealización son todos como valiosas joyas y gemas. Se pueden mostrar tan sólo a quienes tienen una mente estable y una fe inconmovible. No pueden ser mostradas con ánimo de exhibición a personas que no saben ni siquiera concentrarse en un objeto. Hay tres clases de práctica espiritual que ayudan a desarrollar una mente estable. La primera se relaciona con los peces, la segunda con los animales y la tercera con la tortuga. La primera se refiere a que cabe recordar que los peces pueden sobrevivir únicamente en el agua: si se los saca de allí, perecen. De manera similar, esta práctica se puede realizar solamente en soledad. Si se sientan en público, la práctica no tendrá éxito. El sentirse incapaz de poderse concentrar con otras personas alrededor, pero lograr la concentración cuando se está solo es lo que caracteriza a esta práctica espiritual. La segunda se refiere a las personas que no se pueden concentrar sino en la tierra. No pueden estar en ninguna otra parte, no pueden concentrarse si están en el agua, por ejemplo. Por otra parte, hay personas que no pueden concentrarse sino cuando están en compañía de otros y no pueden hacerlo cuando están solas. Si están solas, comienzan a pensar en sus problemas familiares y en otras cosas. En el caso de la tortuga, ella puede vivir tanto en el agua como en la tierra. De modo que cuando decimos de alguien que es capaz de concentrarse como una tortuga, con ello significamos que la persona es capaz de concentrarse ya sea que esté sola o que se encuentre en compañía de otros.

Hoy en día hace falta la estabilidad mental; están desarrollando tan sólo lo que concierne a la sociedad. En esta época de la juventud, es posible que lleguen a desarrollar una intensa concentración. Mientras vuestro cuerpo es fuerte y también lo es vuestra mente, deben empeñarse en controlar sus órganos sensoriales. De lo contrario tendrán una mente vacilante y estarán desperdiciando sus vidas. Si las cosas se dan contrariamente a lo que son vuestras ideas, vuestros deseos y expectativas, habrá una agitación que surgirá desde vuestro interior. No deberán dejarse dominar por ella. Deberán controlarse y lograr ustedes el dominio sobre esta agitación. Sólo entonces se harán merecedores de la Gracia de Dios. Estén en la sociedad, pero cuiden que vuestra fe y vuestra devoción no se vean perturbadas. Si vuestra fe vacila, se hará vacilante también vuestra vida. Si vuestra mente puede ser controlada, ciertamente podrán hacer algo útil y vuestra vida cobrará un propósito.

Deseo hacer hincapié en que deben aprovechar la estadía aquí y no desperdiciar el tiempo. El que sólo tomen un interés superficial en todo esto y se limiten a tomar notas respecto de lo que dicen los diferentes maestros no les va a servir de mucho. Sólo aquella porción de lo que reciben que tomen realmente a pecho y que conserven cuidadosamente en el corazón, cobrará un valor perdurable. En casa de un lavandero puede haber cientos de camisas, pantalones y otras ropas de vistosos colores y formas, pero todo ello habrá de ser lavado, planchado y devuelto a sus dueños. Las únicas ropas que permanecerán por más tiempo en su poder serán las propias. De manera similar, vuestra cabeza viene a ser como la casa del lavandero. Las enseñanzas que se les está entregando ahora entran a vuestra cabeza al igual que la ropa ajena que llega a casa del lavandero. Solamente las enseñanzas que retengan y que pongan en práctica se quedarán con ustedes, todo lo demás se irá. Si toman una cuchara y la van hundiendo en diferentes tipos de comida, la cuchara misma no tomará el sabor de ninguna de ellas. De nada sirve que vuestra inteligencia se vaya hundiendo en el contenido de las diferentes charlas que escuchamos, al igual que la cuchara de esta analogía. Sólo cuando consumimos este contenido, obtendremos resultados provechosos.

Hay una pequeña historia en el Mahabharatha. Con miras a poner a Krishna de su lado, Sathyabhama, una mujer muy egoísta, se dirigió a Narada para pedirle que le indicara alguna manera por la cual lograr su objetivo. Narada sabía del egoísmo de Sathyabhama y también que el egoísmo nunca funciona en lo que se refiere a Dios. Para darle una lección, le dijo que sabía de un método que haría que Krishna se pusiera totalmente del lado de ella. Este consistía en un ritual devocional por medio del cual ella debía entregar a su marido como presente a alguien y luego comprarlo de vuelta, pagando una cantidad de dinero equivalente en peso al peso del Señor. Narada le indicó que, de esta manera, tendría a Krishna incondicionalmente de su lado. Sathyabhama no tenía idea de los caminos que sigue Dios. Nada sabía acerca del poder de Dios. Era tan absolutamente egoísta que se dejó llevar por el plan que Narada le había expuesto. Por lo tanto, llevó a cabo el ritual, regalando Krishna a Narada y luego buscó recuperarle en términos de equiparar su peso en dinero. Hizo que Krishna se sentara en uno de los platos de la balanza y colocó todas sus riquezas en el otro, pero de nada sirvió contra el peso de Krishna. Narada vio la oportunidad en la situación y le dijo a Sathyabhama que, ya que ella no podía entregar la cantidad de dinero que se requería para igualar el peso de su marido, él se llevaría a Krishna, el que le pertenecería en adelante a él y no a ella. En ese predicamento, Sathyabhama fue en busca de alguien que pudiere ayudarle. Pensó en Rukmini y se dirigió donde ella. La encontró llevando a cabo la adoración ritual del tulasi (planta sagrada de la India). Al verla tan afligida, Rukmini le dijo que con gusto la ayudaría y la acompañó con un puñado de hojas de tulasi en la mano. Cuando vio la escena, se quedó asombrada ante la idea de Sathyabhama de sobrepasar el peso del Señor con dinero. Sabía que ello no sería posible. Se volvió hacia Narada y le dijo que el dinero jamás podría exceder el peso de Dios y que lo único que podría equipararlo era Su Nombre. Narada se mostró en desacuerdo, arguyendo que puesto que Krishna tenía una forma visible, debía de ser equiparado con algo que también fuera visible. Indicó que no podía aceptar algo que no fuera visible, como un nombre, como equivalente para Krishna. Rukmini, que tenía un corazón puro, se hizo cargo de inmediato de la situación y se dijo para sí misma que cualquier cosa que se entregara con plena fe, ya fuera una fruta, una flor o una hoja e incluso una cucharada de agua, lograría con toda seguridad la respuesta de Dios. Habiendo algo de verdad en esto, esperaba, Krishna debía responder. De modo que con toda su fe, colocó algunas hojas de tulasi en el otro plato de la balanza, mientras murmuraba el nombre de Krishna. El nombre de Krishna se transformó en el peso exacto de la persona de Krishna y las hojas de tulasi marcaron un excedente en la balanza. Como ven, sólo con afecto, con amor y con un corazón puro se puede lograr que Dios se ponga de nuestra parte. Mas si quieren ponerse astutos, recurrir a artimañas o tomar atajos para eludir a Dios, El puede ser aún más astuto y convertirles en un perro. Vuestras pretensiones y el llevar a cabo cosas irrelevantes nunca les llevarán hasta Dios. Por esta razón, aunque uno sea yogui o bhogui, ya sea que viva en la sociedad o se haya aislado en soledad, si conoce y entiende la naturaleza de Dios, podrá ir transformándose hasta llegar a ser uno con lo Divino. Esto representa la sustancia de los versos entregados por Nityananda en el Bhaja Govinda.

LA GRACIA DE DIOS PUEDE TRANSFORMAR A UN NECIO EN UN ERUDITO

El recitar aunque no sea sino una pequeña parte del Gita, el beber aunque no sea sino una pequeña cantidad de las sagradas aguas del Ganges, el llevar a cabo aunque no sea sino una vez la adoración ritual del Ser Maravilloso, puede conferirle a uno tal santidad que ni siquiera Yama, el señor de la muerte, podrá decirle algo o interrogar a una persona así.

¡Encarnaciones del Espíritu Divino!: Estos versos en particular fueron sumados al Bhaja Govinda por uno de los principales discípulos de Sankara, llamado Ananda. Ananda era un individuo débil mental que era apodado Giri por quienes le conocían. Giri significa, justamente, un individuo bobo o débil mental. Este Ananda, el bobo, quería estar con el Maestro y servirle. Esta era su única meta. Había otros discípulos que eran tan atentos e inteligentes que podían aprenderse de memoria las lecciones y recitárselas al Maestro esa misma noche. Mas él era tan lerdo que no podía recitar nada. Mas lo compensaba estando todo el tiempo al servicio del Maestro. Debido a este servicio permanente, recibió en una ocasión una gracia extraordinaria y fue capaz de componer una serie de versos llamados Totaka. Después de ello, Ananda, el bobo, fue apelado Totaka. En estos versos se implicaba que una comprensión de la esencia de nuestras Escrituras le llevaría a uno a aprehender el Espíritu Divino. Los demás discípulos estaban dedicados a leer muchos libros y todos ellos convirtieron sus cabezas en verdaderos libros. Entretanto, Ananda, el bobo, servía de tal manera al Maestro que se convirtió en una abeja que podía ir a libar la miel que había en el corazón mismo del Gurú. El estudio divorciado de la práctica no llega a estabilizar la mente. Totaka consideró que era mejor saber sólo aquella parte del conocimiento que podría llevarle a la inmortalidad. Es por ello que en estos versos dice que basta con leer aunque sea una vez el Bhagavad Gita, que contiene la esencia de nuestra cultura india.

Una persona que sienta hambre no necesita ir a comer todos los diferentes tipos de alimentos que se producen en el mundo. Basta con que coma lo que necesita para satisfacerse y calmar el hambre. Basta con que extraigan un verso del Gita y que entiendan su verdadero significado. Fue en este contexto que Ananda-Totaka dijo que es suficiente beber aunque sea una pequeña cantidad de agua del Ganges. Cuando están sedientos, basta con que tomen unos cuantos sorbos de agua para calmar la sed. No necesitan beber toda el agua del Ganges. De igual manera, Totaka estaba seguro de que un solo rayo de la Gracia de Dios era suficiente para demostrarle al mundo la naturaleza del Alma. Fue porque este discípulo gozaba de tal confianza de su Gurú que Sankara estableció una sede de estudio en Badri y lo puso a cargo de ella. Sankara tuvo cuatro discípulos sobresalientes: Padmapada, Suresh, Totaka y Asthanaka. Estos fueron los cuatro a los que eligió para hacerse cargo de cuatro centros de estudio que fueron los principales del país. Suresh tenía también otro nombre, el de Mandana Misra. Con él Sankara sostuvo varias discusiones sobre asuntos religiosos. Al final de las discusiones, Sankara salía victorioso, mas luego le otorgó a Mandana Misra "el estado de encontrarse por encima de impulsos y placeres", puesto que se trataba de un hombre de familia por aquel entonces. Mandana Misra era un erudito. Era docto en todos los Sastras y Vedas y era, en verdad, un seguidor del sendero del Conocimiento. Era la personificación de todo el Conocimiento.

Se hace necesario que entendamos claramente la naturaleza de las enseñanzas que le dio Sankara a sus discípulos. Nuestro país se encuentra en una situación deplorable, ya que hoy en día carecemos de maestros como Sankara y de discípulos de mente unidireccional como Mandana Misra. La enseñanza puede ser de dos tipos. Uno de los métodos consiste en la enseñanza oral. Ello se puede llevar a cabo impartiendo la información y el conocimiento, lo cual ayuda a cambiar el punto de vista y no lo obstaculiza pero no llega necesariamente a transformar a quien escucha. El precepto y la práctica se mantienen separados. El segundo método de enseñanza consiste en el ejemplo que sienta el Maestro mismo, por medio de sus acciones y conducta, las que son seguidas por los discípulos. Este método resulta más efectivo.

Sankara solía examinar en profundidad tanto la intención como el sentido de los versos que componían sus discípulos antes de aceptarlos. Llamó a Ananda-Totaka ante sí y le preguntó qué quería decir con eso de que leer una pequeña porción del Bhagavad Gita era suficiente. Le planteó la pregunta indicando que cómo era posible, a su juicio, que el leer una pequeña porción entre setecientos versos podía bastar como para entregar todo el Conocimiento de los Sastras (códigos morales). Ananda-Totaka le dio una respuesta muy dulce y encantadora. Indicó que la expectativa de tener que leer dieciocho capítulos y setecientos versos desde el comienzo hasta el fin era algo que podía ahuyentar a cualquier persona de mente opaca y, en este contexto, ni siquiera intentarían comenzar a leerlo. Por otra parte, si se les pide que lean tan sólo un verso, seguramente que lo harían y de ahí comenzarían a sentirse atraídos por el resto. Incluso podía ser que leyeran uno tras otro los versos, día tras día. Ello equivaldría a los esfuerzos que se hacen para alimentar a un bebé. Cuando recién comienza a comer, no se le da cualquier tipo de comida y arroz condimentado y con sal, sino una pequeña cantidad de algún alimento dulce y blanco hasta que vaya desarrollando su paladar. Después se va acostumbrando a comer diferentes platos de comida. De manera similar, cuando se le entrega una pequeña porción del Bhagavad Gita a gente no muy brillante, se les puede abrir así el deseo por leer más de él. Entonces, Sankara le preguntó sobre lo que quería decir con que bastaba con una pequeña cantidad de agua del Ganges. Ananda, el bobo, le replicó que el Ganges es un río sagrado y que guarda la posición de una madre respecto del país, siendo también responsable por nuestra reputación y posición. Es sabido que el agua del Ganges se ha mantenido impoluta por un tiempo incalculable. Contiene los elementos que nos otorgan salud y fortaleza. Es sagrada por cuanto proviene del Vishnupada e incluso una gota que se toma hará mucho bien. Y, aparte de lo dicho, el río Ganges fluye por los tres mundos, con tres nombres diferentes y tres diferentes cualidades. En los cielos fluye como Mandakini; en la tierra como Bhageerathi y en el submundo como Bhogavathi. Los tres gunas (atributos de lo humano): Satva (equilibrio o sabiduría), Thamas (inercia o ignorancia) y Rajas (inquietud o actividad), están contenidos en él. También, el río fluye en las divisiones de pasado, presente y futuro del tiempo. Todo ello denota las extraordinarias cualidades del Ganges. Sankara no se sintió satisfecho y siguió interrogando a Ananda-Totaka con el objeto de profundizar aún más. Le preguntó qué quería decir al hablar de los tres mundos. Inquirió sobre cómo los experimenta el hombre. Ananda-Totaka respondió que aquél que reconoce que el Alma en todos los seres es la misma, aquél que reconoce esta unidad en el Universo y obtiene paz de este conocimiento, debería ser considerado como habitante del cielo. Por otra parte, quien hace diferencias entre los insectos, animales y aves por una parte y los seres humanos, por otra, y piensa que el humano es una entidad superior y distinta, será habitante de la tierra en donde habitan los seres humanos. Siguió diciendo que si los individuos se olvidan de la santidad de la naturaleza humana y se convierten en animales, exhibiendo cualidades como las de egoísmo y codicia e ignorando el contenido de las Escrituras, estarían habitando en el submundo. Al igual que nuestro cuerpo muestra depresiones y elevaciones, también nuestras ideas pueden ser elevadas o bajas. Los tres gunas se encuentran presentes en cada uno y aquello que llegue al primer plano en algún punto del tiempo habrá sido decidido por las circunstancias. La vida es una mezcla de estos tres gunas. Cuando un hombre se encuentra feliz y sus circunstancias se muestran buenas, también sus ideas serán de tipo sátvico o puro. Si, en cambio, las cosas van mal, de inmediato comienza a inquietarse y aflorará el rajoguna, la inquietud. Cuando haya comido excesivamente, se adormilará y dormirá pesadamente, apareciendo entonces el thamoguna, la inercia. De modo que los tres gunas coexisten en cada cuerpo y va surgiendo una combinación de ellos de acuerdo con las circunstancias. De manera similar, se encuentran presentes en cada individuo el cielo, la tierra y el submundo, y cada uno de ellos va surgiendo según sea su estado mental. Lo mismo ha sido caracterizado como el creyente, el no creyente y el creyente no creyente. Y resulta mejor pertenecer a la categoría de no creyente que a la de creyente no creyente. En el verso que nos ocupa se sugiere que nunca ha de montarse uno en dos caballos. Si no se sabe montar, es preferible no subirse a un caballo. Y es muy peligroso montar en dos caballos al mismo tiempo. Dentro de la mente del hombre fluye el Alma como una clara corriente, al igual que fluye el agua en el Ganges. La cultura india ha influido a través del tiempo tal como lo ha hecho el Ganges, de manera clara e impoluta. No se ha contaminado, perdura y fluye de manera permanente. Es así que la cultura india resulta comparable en muchos aspectos con el Ganges. Los versos entregados por Sankara tienen el sentido de no tener trazas de egoísmo en ellos. El Ganges al fluir no intenta disfrutar de la dulzura de sus propias aguas. El árbol frutal tampoco goza del sabor de los frutos que brinda. Así también, todos los grandes santos como Sankara han entregado toda su fuerza en beneficio de otros. Nunca la utilizaron en provecho propio.

En el tercer verso, Ananda-Totaka dice que con una vez que hayan llevado a cabo la adoración ritual a Vishnu, alcanzan una posición tal que ni siquiera Yama o el señor de la muerte les puede interrogar. El término de Vishnu no implica aquí a aquel que lleva las insignias, sino que se refiere a la Omnipresencia y no tiene una forma en particular. El júbilo que sentimos cuando pensamos en Dios es lo que constituye el aspecto de Vishnu. Ananda-Totaka entrega un bello ejemplo al respecto. Si toman arroz y lo transforman en harina, no tendrá ningún sabor al llevárselo a la boca. Tampoco tiene sabor la harina de trigo que pongan sobre la lengua. Mas si toman algo de azúcar y la mezclan con estas harinas para preparar algún dulce, obtendrán el dulce sabor del preparado. Aunque las harinas no tengan ninguna dulzura inherente, el azúcar se la otorgará. De manera similar, cuando se le agrega el aspecto de Vishnu incluso a un objeto inanimado, ese objeto producirá la alentadora sensación de la Omnipresencia. Es así que el aspecto de Vishnu le otorga la Omnipresencia incluso a los objetos inanimados.

Aunque los dulces que preparemos tengan muchas formas y nombres, todos ellos contienen algo en común que es el azúcar. Así como nos damos cuenta de esta verdad, hemos de darnos cuenta también de que en este mundo, habiendo tantos individuos con diferentes formas y nombres, el Alma Omnipresente es aquello que tienen en común y que está presente en todos. Esta realización les ayudará a cultivar en ustedes el Amor por la humanidad toda. Es necesario que cada individuo llegue a reconocer la presencia del Alma en todos. Habrán de percatarse de ello por esfuerzo propio, prestando oídos a lo que les dicen los ancianos o viendo, tocando o escuchando a seres superiores.

En una oportunidad, Narada se acercó a Krishna y le dijo que las Gopikas (vaqueras devotas y adoradoras de Krishna), en Brindavan, no eran muy inteligentes, se hacían algunas ideas alocadas e irracionales sobre El y que le gustaría ir allá para decirles la verdad acerca de Krishna. Krishna se sonrió, y para su fuero interno pensó que no puede haber sino una clase de devoción y no dos: una apropiada para gente inteligente y la otra apropiada para gente ignorante. Quiso darle una lección a Narada, de modo que le permitió que fuera a decirles lo que deseaba a las Gopikas. Krishna sabía que Narada pensaba tontamente al creer que las Gopikas eran irracionales y que no tenían la clase adecuada de devoción, pues sabía que nadie podía sobrepasarlas en esta materia. Tan pronto obtuvo el permiso de Krishna, Narada viajó hasta Brindavan y fue a ver a las Gopikas. Todos llegaron y se arremolinaron en torno de él ansiosos por tener noticias de Krishna. Narada les dijo que eran ignorantes en cuanto a realizar la verdadera naturaleza de Krishna y que no entendían ni los Sastras ni los Vedas, pero que él les enseñaría estos aspectos. Mas, así como no se puede separar la letra impresa del papel, tampoco se puede separar a Krishna de los corazones de las Gopikas. Decimos que aquel que conoce a Brahman es Brahman, de modo que las Gopikas que conocen a Krishna son como Krishna mismo. Narada se dio cuenta de su propia necedad y dejó a las Gopikas después de bendecirlas. El hecho es que habían realizado la Omnipresencia que describe Ananda-Totaka en su poesía.

En este mismo contexto compone Ananda-Totaka otro verso. En él se dice que pensamos demasiado en nuestra familia, nuestras relaciones, nuestros hijos y nuestros nietos. Dedicamos tanto tiempo y esfuerzo a pensar sobre las riquezas que debemos reunir, los métodos para preservarlas u otras cosas por el estilo. Si dedicáramos tan sólo una milésima parte de este tiempo y este esfuerzo a pensar en Krishna, el que deleita brindando placer y alegría y en entregarnos a Sus Pies, todos los temores desaparecerían. Hasta el más atemorizante de todos los aspectos, la muerte, no perturbará a quienes cultiven este tipo de pensamiento. Vivirán sumidos en la alegría y el júbilo en este mundo. En este Kali Yuga, la Edad del Mal, hay mucha gente que no se percata del valor del tiempo. Dedican mucho tiempo a la satisfacción de sus deseos mundanos y les queda muy poco tiempo disponible para las obras buenas. Si alguien les pide que participen aunque no sea sino por media hora en hablar con los hombres buenos, dicen que no tienen tiempo, pero no vacilan en pasar varias horas en su club. Si se les pide llevar a cabo una ablución con algo de agua arguyen que no les queda tiempo. Pero, para vuestra desgracia, gastan decenas de litros de agua en lavar a un búfalo, un vehículo u otra cosa. Para las cosas buenas no les queda ni tiempo ni energías. El hombre no es capaz de determinar qué es erróneo y qué es justo y es ésta la razón por la que hemos llegado a este caos. Es por ello que debemos realizar un genuino intento por distinguir lo verdadero de lo falso. Debemos realizar la Omnipresencia de Dios. Esto le dará alegría y propósito a nuestra vida. Por otro lado, hay gente que se queja de dificultades familiares y de problemas profesionales que les impiden participar en los encuentros con aspirantes espirituales. Debemos inquirir para comprobar si estas responsabilidades en verdad la agobian o si no las usa sino como excusa para desvincularse. Hay un pequeño ejemplo para esto. En nuestro país hay un método peculiar para atrapar monos. El procedimiento es el de poner un recipiente de boca angosta con algo dentro que atraiga al mono. El mono meterá la mano para sacar un puñado de lo que se le haya dejado en el recipiente. Entonces, intenta escapar, pero no puede arrastrar el recipiente consigo, creyendo que algo dentro de él lo tiene atrapado. Nadie lo sujeta. El mono se habrá atrapado a sí mismo por tener la mano llena con lo que ha querido sacar. Tan pronto suelte lo que sujeta, quedará libre. De manera similar, en este gran recipiente del mundo con la estrecha boca de la familia, el hombre se ve tentado por los placeres que ofrece, y cuando se pierde en los compromisos con ellos, cree que algo o alguien lo tiene aprisionado. Pero no hay nadie que sea responsable por esta esclavitud suya. Tan pronto deseche los placeres y se desapegue, será libre. Esta es la manera por la que puede liberarse de estas ataduras imaginarias.

Hay otra historia que viene al caso y es la de Gajendra, el elefante, la que expresa bien el significado de la servidumbre. En la tupida selva de la vida, la mente del hombre andará vagando como un elefante salvaje. La mente que vaga como un elefante salvaje en la selva de la vida, siente sed de placeres sensoriales. Para calmar esta sed, comienza a beber en el lago de la familia. Tan pronto el elefante pone las patas en el lago, viene el cocodrilo del apego y lo sujeta por una de ellas y él no puede zafarse. Sintiendo esta sujeción, el elefante comienza a luchar y, con la lucha, se va debilitando. Sintiéndose débil, eleva sus oraciones a Dios y le pide ser salvado. Una oración así, hecha en un momento de desesperación, llega hasta Dios y hace que la Gracia de Dios descienda sobre el peticionante. Cuando la visión del elefante se vuelve hacia Dios, la Visión Divina también se vuelve hacia el elefante. Esto es lo que se denomina visión santa. Esto significa una buena visión. Cuando se vuelven hacia Dios, Dios se volverá hacia ustedes.

Para entender este verso en particular, no necesitamos llegar tan lejos como la historia de Gajendra. Existe un evento en mi propia experiencia para mostrar cómo un individuo totalmente inmerso en los placeres mundanos, cambió más tarde de actitud. Les contaré ello. Hace unos veinte años atrás llegó hasta mí una persona y oró por lograr el éxito en sus exámenes y asegurarse el puntaje para un primer lugar. Le indiqué que había de poner el esfuerzo de su parte y que luego los resultados serían acordes a la voluntad de Dios. Le di mis bendiciones y le despedí. Obtuvo los resultados que deseaba y volvió a mí para pedir mis bendiciones como para obtener un trabajo. Debido a su buena suerte, logró un trabajo dentro del mes. Unos meses después volvió a llegar hasta mí y le pregunté si había obtenido un trabajo. Me contestó que lo había logrado, que estaba feliz y me dijo también que quería casarse con una mecanógrafa de la misma oficina. Le dije que si accedían su padre y su madre podía hacerlo, pero que a ellos podría no gustarles. No estaba inclinado a escucharme. Respondió que aunque significara desobedecer los deseos de sus padres, estaba determinado a casarse con esa niña. De hecho sugirió que estaba dispuesto a sacrificar su vida en aras de ese matrimonio. En tales circunstancias, le critiqué su posición y le advertí que debía convencer a sus padres antes de entrar en esta alianza. Ejerció bastante presión sobre sus padres hasta que éstos, al no encontrar otra salida, accedieron al matrimonio. Se casaron y después de un año vinieron ambos a verme y a decirme que deseaban tener un hijo. Después del nacimiento del hijo sus gastos se multiplicaron, su mujer tuvo que abandonar su trabajo y él volvió a venir porque deseaba obtener un ascenso. Debido a su buena suerte, lo consiguió. Pese a que era algo alocado en lo que concierne a los asuntos mundanos, tenía una gran fe en los asuntos concernientes al Señor. Le di mi bendición y logró su ascenso. Después de esto no volvió hasta pasados más de cinco años. Había sido muy feliz durante todo ese tiempo y ya tenían cinco niños. Cuando vino, me dijo que estaba harto de la familia, me dijo que no soportaba la carga de la misma y que buscaba un alivio de todo este engorroso asunto. Indicó que la familia lo hacía sentirse como aprisionado entre los anillos de una enorme serpiente y que no quería sino algún pequeño trabajo en el monasterio. Le pregunté si la serpiente lo había aprisionado inadvertidamente o si él la había dejado acercarse y apresarlo. De modo que han de aprender a distinguir entre lo bueno y lo malo, entre lo verdadero y lo falso.

Habrán de hacer uso de vuestra educación con el propósito de cultivar la fe en Dios y el respeto por sus padres. Vuestra vida debe descansar sobre la moralidad y la verdad. Puede que vuestra vida vaya bien o mal, pero deben basarla sobre cimientos correctos. El dinero viene y se va, pero la moralidad viene y se desarrolla. Redita grandes satisfacciones el haber sido educados de acuerdo con los lineamientos correctos, el llegar a ser ejemplos para otros y el aceptar posiciones de responsabilidad. En todas estas cosas han de mantener sus corazones rectos y claros. Entonces obtendrán la Gracia de Dios. Recuerden que Ananda-Totaka, un individuo sin educación y débil mental llegó a convertirse en un gran erudito y pudo llegar a dirigir un centro de estudios en Badri, sólo por haber ganado la gracia de su Gurú y la Gracia de Dios.

EL DESAPEGO CONFIERE PAZ INCLUSO EN MEDIO DE DIFICULTADES

Este mundo es como una brillante gota de agua posada sobre una hoja de loto. Se sacude y estremece sin estar nunca quieta. Montones de apegos llenan la vida del hombre. Las dificultades y los sufrimientos constituyen el telón de fondo sobre el cual se muestra el mundo.

Al igual que una gota de agua sobre una hoja de loto desaparece muy rápidamente, debemos saber que nuestra vida es transitoria y que desaparecerá también muy pronto. El mundo está lleno de sufrimientos y el cuerpo humano lleno de enfermedades. Nuestra vida está llena de pensamientos turbulentos y se ve como una casa devastada. Según Sankara, en estas condiciones resulta posible vivir una vida tranquila únicamente siguiendo la senda divina y pasando por alto todos nuestros apegos mundanos. Pero mientras uno no sepa quién es, no podrá escaparle a estos pesares, mientras uno no realice la presencia del Señor en cada cosa, uno no podrá escaparle a este sufrimiento. Mientras uno no entienda que el nacer, el crecer, el vivir y el morir no apuntan sino a un propósito, el cual es llegar a entender la naturaleza del Alma, la única cosa imperecedera, le será imposible escaparle al sufrimiento. Al igual que la flor de loto nace en el agua, vive en el agua hasta que por último muere en el agua, también esta vida humana permanece y vive en el principio o realidad del Alma y, finalmente, se extingue en él. Este verso implica que el principio o realidad del Alma es la laguna, Maya (la Ilusión Cósmica por la cual la Verdad es velada) es el sinnúmero de hojas y que el Alma individual surge como la flor de loto en esta laguna. Este loto esparce la fragancia de muchas cualidades positivas, lo que hace que hasta el agua de la laguna se haga una con el Alma Universal. El agua que sube de la laguna y se deposita sobre las hojas de loto, retorna al Alma. Este regreso a la fuente es lo que constituye la esencia de estos versos. Desde la infinitud del Alma, el individuo surge como un loto debido a que Maya se difunde en la forma de las hojas. Ese individuo que esparce la fragancia de las buenas cualidades, como el loto, puede ser comparado al principio vital.

El aspecto de Vishnu es sinónimo con la realización de la Omnipresencia. Desde el ombligo de Vishnu surge el loto que le da origen al creador Brahma. Los diferentes pétalos que componen el loto representan las partes constituyentes de este mundo. De modo que, partiendo de este aspecto de Vishnu o de la Omnipresencia, surge el Creador y desde el Creador surge el principio de vida. Del Alma individual proceden varias cosas que, por último, retornan y vuelven a ser una con la fuente, el principio o realidad del Alma. Esto representa la triple descripción de lo que vemos, vale decir, Individuo, Dios y Naturaleza. La sensación que tenemos de que esta triple descripción del Universo equivale a la diversidad que muestra, no pasa de ser una ilusión. La unicidad de todo representa la base del Advaita (filosofía no-dualista). Para que brote un árbol, para que crezca y para que finalmente dé sus frutos, hay tres cosas esenciales. Ellas son el viento, la lluvia y la tierra. Y de mayor importancia aún es la semilla. Si no tenemos la semilla, no podremos ver el árbol aunque contemos con los demás ingredientes. De igual manera, se debe a la Voluntad del Señor que haya sido creado el hombre en el mundo. El hombre llega a este mundo como si viniera de una semilla. En el caso de cada hombre, la Voluntad del Señor que lo crea es como una semilla. En tanto sigan existiendo deseos en el hombre, no le será posible escapar al nacer. Sólo el día en que se libere por completo de estos deseos suyos quedará liberado de nacer. Para poder tomar esta sagrada senda libre de deseos, ha de entregarse y rendirse. Cada cual entiende que no es posible entrar en la casa de una persona rica o de una persona que tiene alguna posición elevada, de manera fácil y sin ser interrogado. En la entrada uno se encontrará con un guardia el que preguntará cuál es el asunto que lo lleva a uno a hablar con el dueño de casa. En el caso de personas que tengan ciertos poderes y tales posiciones, existen estos reglamentos que restringen la entrada a sus casas. Entonces, ¿podrán asombrarse que haya normas que restrinjan la entrada a la mansión de Dios que tiene poderes ilimitados? Si desean ingresar al palacio de la Liberación, se encontrarán con que hay dos guardias en la entrada principal. Esta entrada representa el lugar en el cual ustedes se ofrendan y podría denominarse la puerta de la rendición. Los dos guardias que están apostados en ella son Esfuerzo y Paciencia. Esto significa que han de llevar a cabo un esfuerzo y que han de tener paciencia, vale decir que por mucho que anhelen rendirse a Dios, no les será posible entrar en su morada sin esfuerzo ni paciencia. El sentido de lo anterior implica el control tanto de vuestros órganos externos como de los internos. En la actualidad es raro que encontremos a un aspirante espiritual que haya logrado el control sobre sus órganos. En todas partes se topa uno con la senda de la falsedad. No se encuentra gente que siga la senda de la Verdad. Aunque uno sea un ser humano en cuanto a las apariencias exteriores, sus ideas y pensamientos son los de un mono. Allí donde resultaría natural que uno se ría, resulta que uno llora, y en donde lo natural sea que uno llore, se encuentra con que asoma una sonrisa. ¿No representaría esto la senda de la falsedad? Pese a ser todo compasión, Dios no se les mostrará en tanto sigan cubiertos por las falsas apariencias. Todo este aparentar externo y falso ha sido descripto como la actuación en una obra de teatro y, por otra parte, todo aquello que sea verdad en ustedes, se puede describir como Narayana, el Señor. Si insisten en dedicar sus vidas a estas ideas y placeres mundanos, no les será posible llegar a realizar a Dios.

Se cuenta la historia de un rey que solía pedirles a todos aquellos que pasaban por su reino que le hablaran del camino correcto para alcanzar la realización. Cada vez que ello sucedía, había un servidor muy cercano al monarca que le prestaba oídos a las diferentes descripciones de este camino hacia la Liberación. Se dio cuenta de que el rey escuchaba atentamente lo que se le decía sobre los diferentes métodos, pero que no ponía ninguno de ellos en práctica. Con la intención de darle una lección al rey, un buen día entró corriendo y gritando a la sala en la que el monarca conversaba con numerosas personas. El rey se puso de pie y le preguntó qué pasaba. El servidor le señaló que estaba muy preocupado, puesto que los camellos estaban subiéndose a las terrazas y escapando. El monarca inquirió sobre cómo podía ser que subieran a las terrazas y escaparan al mismo tiempo. A lo cual el servidor le respondió que si el rey podía aspirar a ascender por la senda de la espiritualidad, viviendo entre tantos lujos, no podía sorprender a nadie que los camellos se subieran primero a las terrazas para huir después. El monarca comprendió que su servidor trataba de demostrarle lo absurdo de sus intentos y que debía, ante todo, sacrificar todos los placeres mundanos si quería poder alcanzar la Liberación. Percatándose de la verdad, el rey comenzó desde ese mismo día a pensar en Dios y a poner en práctica todas las normas positivas y de bien. Todos pueden alcanzar la Liberación, aunque estén cumpliendo con los deberes mundanos, siempre que vuestra mente se mantenga inmersa en la Divinidad. De este modo estarán trabajando en consonancia con Dios. No obstante, debido a la influencia de esta era de Kali, prácticamente casi nadie llega a entender el sentido interno de estas prácticas ni a implementarlas. El Vedanta nos enseña que una vez que reconocemos la base esencial de todo lo que vemos, ya no hay necesidad de más disciplina espiritual. Si tienen un recipiente que esté agujereado, nunca lo podrán llenar con agua. De igual manera, si tiene agujeros el recipiente de nuestra mente, en forma de deseos sensoriales, ninguno de los esfuerzos que realicemos llegará a llenar nuestra mente con pensamientos sagrados. Sólo cuando no haya agujeros podrán resultar fructíferos nuestros intentos y podrán conducirnos hasta lo Divino.

Aquí viene una pequeña historia para ilustrarlo. Había un Gurú con un gran número de discípulos a quienes les enseñaba muchas cosas positivas. Una de las lecciones versó un día sobre el hecho de que cuando se está llevando a cabo la adoración ritual y la meditación, hay que cuidar que ningún disturbio exterior le perturbe a uno. Los discípulos tenían plena fe en el Maestro y muchos vivían en el monasterio. Para el cumpleaños del Maestro, uno de los discípulos decidió ofrecer plegarias especiales para él, recitando los ciento ocho nombres de Dios. Para ello reunió ciento ocho flores y tomó una fotografía para realizar la adoración ritual de la manera tradicional. Otro discípulo invitó al Maestro y le llevó a su casa. Antes de salir el Gurú llamó al discípulo que iba a realizar la adoración ritual y le recomendó tomar precauciones y dejar cerrada la puerta del monasterio. Era un día muy caluroso y el Maestro iba descalzo, y además era calvo, de modo que no tenía nada que le protegiera del inclemente Sol. Cuando volvió a su ashram y quiso que se le abriera la puerta, el discípulo en el interior se hallaba en medio de la adoración ritual que estaba ofreciendo. El Maestro golpeó a la puerta y llamó a su pupilo para que le abriera, pero éste le respondió que estaba en medio de la adoración ritual y que debía esperar, puesto que no había de ser interrumpido. Hoy en día, noventa y nueve de cada cien personas se comportan como este discípulo: sólo adoran la fotografía o la imagen de aquel cuya gracia anhelan y continúan haciéndolo, incluso cuando él está golpeando a su puerta. Con este comportamiento llegan incluso a causar daño al objeto de su veneración. Es así que aunque Dios esté a nuestro alcance para adorarle en persona, nos involucramos con distintas cosas y adoptamos métodos incomprensibles y carentes de sentido que hacen que no sea correcta la adoración. Si no llegamos a reconocer la Divinidad en los seres vivientes, ¿cómo podríamos reconocerla en fotografías inanimadas y en piedras mudas? Por eso debemos empeñarnos en entender, ante todo, lo que quiere decir el ver la Divinidad en cada uno. Con ello nos quedará claro que el Principio Divino es uno solo y el mismo en cada persona.

Nuestra fe disminuye debido a que nuestras ambiciones son ilimitadas. Había una persona muy rica que tenía una hija con una nariz deforme. El padre quería que su hija se casara. Todos los que llegaban pretendiéndola, sintiéndose tentados por su fortuna, se marchaban. En aquellos días no se conocía aún la cirugía plástica. El padre, desesperado, ofreció donar una considerable cantidad de dinero a quien se casara con su hija y, de algún modo, encontró a alguien dispuesto a contraer matrimonio con ella. La pareja fue desarrollando una gran fe en Dios. Juntos visitaron muchos templos, participaron en numerosas peregrinaciones y se bañaron en varios ríos sagrados. En una oportunidad, se encontraron con un santón, el que les indicó que nadie comprometido con las cosas del mundo podría cambiar una nariz defectuosa y que únicamente Aquel que la creara podía volverla a la normalidad. Pese a su cuantiosa fortuna, la pareja no era del todo feliz. La joven sentía que los demás la miraban y se burlaban de ella. Le sugirió a su marido que fueran a la soledad del Himalaya y pasaran allá un mes en oración. El accedió y así lo hicieron. Como ella deseaba fervientemente tener una nariz normal, comenzó a pedírselo seriamente a Dios en sus plegarias. Gracias a su buena suerte, Dios se le apareció y le preguntó qué quería. Tan pronto tuvo a Dios ante ella, le pidió que le otorgara una bonita nariz grande, en lugar de la aplastada nariz que tenía. Al desaparecer Dios, se fue a mirar en un espejo y al ver su gran nariz, encontró que se había vuelto más fea que antes. Comenzó entonces a orar con mayor fervor y cuando Dios se le apareció de nuevo, le dijo que no quería esa nariz grande. Al mirarse nuevamente en el espejo, se encontró con que su nariz había desaparecido. Se dio cuenta entonces, que por pedir una buena nariz, había terminado por perderla por completo. La moraleja de esta historia nos muestra que aunque Dios esté presente ante ustedes, aunque juegue con ustedes y les hable, no saben qué pedir, ni cuándo ni dónde hacerlo. Al no saber qué deberíamos pedirle, pedimos una cosa cuando en realidad deseamos otra. Y de este modo nos metemos en dificultades. Dios está siempre dispuesto a otorgarles todo lo que quieran, pero ustedes no parecen saber qué les conviene ni qué es lo que quieren realmente. Puesto que no saben lo que deberían desear y en qué circunstancias, es mejor y más fácil que se entreguen por completo a Dios y que pidan, simplemente, Su Gracia.

Los nombres de aquellos que no se han dedicado sino a conseguir prosperidad material para el mundo, sin pensar para nada en Dios, permanecerán tan sólo lo que dura la escritura en la superficie del agua. Serán gradualmente olvidados. Aunque cuenten con una corriente eléctrica de alta potencia, de nada les servirá si ella no es más que positiva y no la pueden combinar con la negativa. Así también, si un artefacto está conectado sólo al polo negativo de la corriente y no al positivo, no será una máquina sino tan sólo un montón de metal. El mundo viene a ser como el polo negativo. La Divinidad, como el positivo. Sólo uniéndolos a ambos podemos obtener Paz y Felicidad. Grandes santos como Kabir, Jayadeva, Gauranga, Tukaram, Ramakrishna Paramahamsa y sabios como Vyasa y Valmiki, mantienen sus nombres grabados eternamente en nuestros corazones, justamente porque ellos realizaron la necesidad de conectar al mundo con Dios, convirtiendo el trabajo en un permanente acto de adoración.

Hemos de servir al mundo y ganar la Gracia de Dios. Para la juventud es algo muy necesario. Muchos jóvenes se preguntan si existe un Dios. Además, se cuestionan respecto a que si Dios está presente, en dónde puede estar y otras cosas así. Pierden el tiempo al hacer este tipo de preguntas. En este contexto, Totaka, un discípulo de Sankara, fue acosado por un joven que le planteó todas estas preguntas. También le interrogó sobre por qué llevaba ropajes ocres y por qué perdía su tiempo permaneciendo junto a un Maestro. Totaka le respondió que solamente el Maestro podía contestar a tales preguntas y le condujo ante Sankara. Sankara le pidió que le aclarara si sus dudas se referían a un Dios propio o al Dios de Totaka. El joven interrogador quiso saber por qué Sankara hacía distinciones entre su Dios y el de Totaka, siendo que Dios no era sino uno y no es diferente para diferentes personas. Al preguntar esto, demostró su necedad puesto que aceptaba la existencia de un solo Dios y así y todo se atrevía a cuestionar su realidad.

Jóvenes estudiantes, lo que realmente existe es Dios únicamente. Todo lo demás es falso. Cuestionamos lo que realmente existe, en tanto que aceptamos sin cuestionarla la realidad de lo que es falso. Deberíamos tener fe en la existencia de la única Verdad y ella es la Divinidad. Con esta fe, espero que seguirán la sagrada senda, para que ella les conduzca a través de sus vidas y den así gloria a vuestro país.

LOS JOVENES DEBEN TENER PLENO CONTROL SOBRE LA LENGUA

Si alguien logra tener el control de sus sentidos, alcanzará la meta de la Liberación aunque sea ciego. Por el contrario, si los sentidos no llegan a ser controlados, uno no llegará a su Divino Destino aunque sea el mejor de los hombres.

¡Estudiantes!: Deben aprender a hacer uso de los elementos de la Naturaleza para promover el bienestar del hombre. Aunque todo lo que hay en el mundo es creación de Dios, debemos cultivar la Sabiduría que nos lleve a un correcto empleo de las cosas. Nuestros órganos sensoriales, por ejemplo, también han de ser usados correctamente. Cada órgano en particular posee una característica distintiva. Entre ellos, aquel que saborea, vale decir, la lengua, es el de mayor importancia. Resulta imperativo que lo controlemos. Hay veces en que, por satisfacer nuestro paladar, consumimos todo tipo de alimentos, sin percatarnos de que a través de ellos pueden desarrollarse en nosotros cualidades nocivas como la lujuria, la ira, la codicia, el apego, la arrogancia y el egoísmo. Muchos de los variados alimentos que ingerimos se transforman, al menos en su apariencia densa, en material de desecho que no tiene valor alguno y que es excretado. De manera sutil, ese mismo alimento se va convirtiendo en nuestra sangre y músculos. Y parte aún más sutil de él aparecerá como nuestra mente. Es por ello que el alimento que ingerimos será en gran medida responsable ya sea de las distorsiones de nuestra mente o de los pensamientos sacros que se generen en ella. Debido a esto, las cualidades positivas como la Paz, la tolerancia, el Amor y el apego a la Verdad podrán ser promovidas sólo por la ingestión de un buen alimento.

La cultura india, tal como está contenida en los Vedas, nos advierte que el control de nuestros órganos sensoriales y el vivir en base a un alimento puro y bueno, representan caminos para la realización del ser y para su Liberación. Esta es la razón por la cual, desde tiempos inmemoriales en nuestras tradiciones, los hombres sabios ingerían alimentos equilibrados y bebían agua corriente y pura. Mantenían sus mentes perfectamente limpias y fue así que pudieron entender el Espíritu Divino. Deben empeñarse en controlar la lengua mientras son aún jóvenes. Si no controlan la lengua y los demás órganos sensoriales a esta edad, se enfrentarán a muchas dificultades más adelante en sus vidas.

La prosperidad de una Nación no cae del cielo ni surge porque sí de la Tierra. Dependerá de las personas que la constituyan. Deberemos tomar conciencia de que el país no implica sólo el terreno inanimado que nos rodea. El país consiste de un conglomerado de personas y de lo que ellas hacen de él. Para rectificar al mundo y llevarlo por el camino correcto hemos de comenzar por rectificarnos nosotros mismos y nuestra conducta. Si tratan de controlar sus deseos y sus sentidos a una edad avanzada, será incierto que lleguen o no a ganarse la Gracia de Dios. Por otro lado, si llegan a controlar sus órganos a esta temprana edad, no cabrá duda de que lograrán ganarla. Aquí va un pequeño ejemplo para esto. Si van temprano a un restaurant y reservan una mesa, tendrán la seguridad de que más tarde les sirvan la comida a la hora en que lleguen. Si llegan, en cambio, a la hora de la comida, puede que les digan que ésta se ha acabado y no quede nada para ustedes.

Leyendo muchos libros y desarrollando una tendencia argumentadora, resulta muy común hoy en día que los jóvenes se trencen en discusiones entre sí. Hubo una vez un joven de veintidós años que fue a ver a Sankara. Mientras éste le daba lecciones espirituales a sus discípulos, el joven le interrumpió y le preguntó si no había que considerar como iguales a todos los seres humanos del mundo, puesto que por las venas de todos ellos fluía un mismo tipo de sangre. Sankara le sonrió y comentó que la sangre que fluía por sus venas era ardiente y acelerada, de modo que trataba de llevar las cosas hasta un extremo. No le es posible al hombre distinguir entre lo permanente y lo impermanente. Uno puede adoptar la noción del no-dualismo o Advaita en su pensar y actitudes, pero, en la práctica, no es posible igualar todas las cosas del mundo. El joven insistió en que esto no le parecía justo. Declaró que para él lo correcto parecía ser el tratar a todo lo viviente de igual manera. Sankara se dio cuenta de que si le permitía a este joven seguir por ese rumbo, era muy probable que llegara a algunas conclusiones absurdas. Decidió darle de inmediato una lección y le preguntó si tenía una madre. El joven le contestó que sí la tenía y que él la respetaba mucho. Entonces le preguntó si estaba casado. El joven le respondió afirmativamente y le indicó que su mujer venía con él al monasterio. Sankara le preguntó, entonces, si tenía una suegra. El joven asintió, diciendo que estaba bien y sana. Sankara siguió preguntándole si tenía hermanas y el joven le confirmó que tenía dos. Sankara inquirió a continuación si todas estas personas eran mujeres. El joven replicó que no podía ser de otro modo. Sankara preguntó entonces si las trataba a todas por igual y, en especial, si trataba a su madre como si fuera su mujer y a su mujer como si fuera su madre.

En este mundo de multiplicidades, uno ha de reconocer las diferencias cualitativas y las cuantitativas. Cada bombilla eléctrica posee un voltaje y un vatiaje diferentes. Por ello la diferencia en la luz que irradian se debe a las diferencias entre ellas y no a la corriente eléctrica. La corriente es la misma, mas las diferencias se producen debido al distinto potencial de las bombillas. El poder de Dios es como la corriente eléctrica y nuestros cuerpos son como las bombillas. La luz en ellos será visible de manera proporcional a nuestra fe. Hay una inmensa cantidad de agua en el océano, mas la cantidad de agua que puedan extraer de él dependerá del tamaño del recipiente que usen. De manera similar, gracias al control de nuestros órganos sensoriales nos será posible expandir nuestros corazones. Si se dejan dominar por sus sentidos, el corazón se contraerá. Analicemos un pequeño ejemplo. Si tenemos un globo, éste se hará cada vez más grande mientras más aire le insuflemos. Así irá inflándose y, cuando llegue a estallar, perderá su forma y se mezclará con la infinitud del aire que le rodea. Así también, en la medida en que pongamos más y más aire de nuestra fe en el globo de nuestro corazón, éste se irá inflando y expandiendo hasta terminar por fundirse con el Alma Suprema que es Omnipresente. Este proceso es el que se denomina la sumersión o el alcanzar el destino final. Si en este globo de nuestro corazón no hubiera aire en forma de fe, no se podría expandir, se quedaría desinflado y no tendría nunca la oportunidad de mezclarse con lo Divino. Por ello, si logramos desarrollar la confianza en nosotros mismos y tratamos luego de dominar nuestros órganos sensoriales, podemos pasar la vida en la proximidad de la Divinidad y la alcanzaremos al final.

En nuestro cuerpo, todos los órganos son controlados por la lengua. Con que lleguemos a controlar nuestro paladar y evitar el comer en demasía, hablar en demasía y nos refrenemos de utilizar palabras que no han de pronunciarse, mejorará nuestra salud y podremos tener paz mental. Es por ello que Sankara enseñó una excelente lección respecto a la lengua, pidiendo que se hiciera sagrada y que pronunciara únicamente palabras divinas y dulces como Govinda, Damodara, Madhava, etcétera.

No debemos acatar irracionalmente los dictados de nuestro paladar cuando nos sintamos con hambre, sino ingerir una cantidad moderada de alimentos como para calmarla. Debemos entrenarnos para que se reduzca nuestro deseo de saciar al paladar. Así también, si sienten el impulso de insultar a otros, refrénense de hacer uso de malas palabras por un largo período después de este arranque. Tratando de este modo a la lengua, ella se dará cuenta de que no están dispuestos a concederle lo que quiere. Si se hace necesario que hablen, deberán preguntarse antes a sí mismos si las palabras que van a usar son sagradas y sólo entonces, pronunciarlas. Es muy necesario que la gente joven logre el control de las palabras que usa si quiere evitar los perjuicios que ocasiona la lengua.

Les he mencionado repetidamente que la paciencia que muestra la lengua no la iguala ningún otro órgano. Si la orientamos por una senda que no sea sagrada, estaremos orientando también a nuestra vida por una senda que no es sagrada. El cuidado y la tolerancia con que se mueve la lengua entre los dientes, por ejemplo, es algo notable. Los dientes son como otros tantos cuchillos afilados y, si llegamos a entender cómo se mueve la lengua entre ellos, comprenderíamos la tolerancia que muestra. Si llegara a mostrarse aunque sea levemente descuidada y quedara por debajo de uno o más dientes, sufriría un daño inmediato. De igual manera, deberíamos llevar una vida que no sufra percance alguno por causa de los enemigos que puedan estar rodeándonos.

Si queremos saber también de la medida de sacrificio que exhibe la lengua, debemos pensar en que cuando ponemos sobre ella algún alimento apetitoso, ella se lo pasa al estómago para su digestión, y no se lo guarda para sí. Por otro lado, si le entregamos algún alimento que esté en malas condiciones o que no tiene buen sabor, ella lo expulsa de inmediato de la boca. Si consideramos el aspecto del respeto, por otra parte, podremos ver que la lengua lo tiene muy merecido. Se mantiene siempre en actividad dentro de su propia morada y no se comporta como un perro que anda vagando innecesariamente por otras casas. El gran respeto que imponga la lengua resultará también en que su dueño se gane un buen nombre. Al usar buenas palabras se ganará el aprecio de todos. En cambio, si su lengua no hace sino insultar y hablar mal de otros, el individuo pierde hasta tal punto el respeto de los demás que llegarán a tildarle de animal. Es así que para tener una buena o una mala fama, la causa principal residirá en la lengua. Si llega un cuervo y se posa sobre nuestra casa, tomaremos una piedra y se la lanzaremos para ahuyentarlo. En cambio, si llega un cuclillo y se pone a cantar, todos escucharemos complacidos sus melodiosos trinos. El cuervo nos desagrada y el cuclillo nos agrada, no porque el cuervo nos haya causado algún perjuicio o el cuclillo nos haya hecho algún bien, sino porque uno tiene una lengua que grazna y el otro modula con ella una voz melodiosa. Por ende, esta lengua nuestra ha de usarse para pronunciar palabras dulces. Al emplear estas palabras dulces y suaves nos será posible llevar a otras personas de la sociedad hacia los buenos modos. Es así como deberán pasar estos años de la juventud, pronunciando palabras sagradas y hablando de cosas positivas. Pongo fin a este discurso, exhortándoles a aprender esta lección y a difundirla por el mundo.

LA MORALIDAD Y LA VERDAD CONSTITUYEN LA BASE DE NUESTRA CULTURA

¡Encarnaciones del Espíritu Divino!: Durante varios de los días pasados hemos estado escuchando los versos compuestos por Bhadavatpada Sankara en una serie titulada Bhaja Govinda. Hemos estado absorbiendo su esencia que es como la miel sagrada. Los versos de Sankara nos ayudan a entender la Divinidad. La mente es como un claro espejo, pero se ensucia con nuestros deseos. El héroe único llamado Deseo lo impregna todo en el mundo. Mas este héroe no puede acercarse de manera alguna al reino del Espíritu. Deseo o lujuria tiene un amigo muy íntimo que se llama ira. La lujuria y la ira van siempre juntas. Un individuo que lleve en sí a estos amigos, indudablemente podría ser considerado como un cuerpo muerto o un cadáver viviente. Sólo la gente que es como Thyagaraja (el monarca del ámbito de la renunciación) en cuanto a llevar una vida de sacrificio, puede llegar a entrar al reino del Alma y podría ser considerada como los "Siva Saktis" (los dos aspectos de la Suprema Realidad: Shiva, la Realidad Suprema y Shakti, la Madre Naturaleza). Un discípulo de Sankara declaró que hasta los yoguis podían sufrir alguna caída si no fueran capaces de controlar sus sentidos. Con el objeto de controlar nuestros sentidos, hemos de controlar nuestros apegos hacia las cosas materiales y nuestros deseos por ellas. Hoy en día los jóvenes no entienden lo que significa acercarse al Alma. Están viciados por los deseos materiales y, debido a la carencia de una guía en sus hogares, no son capaces de distinguir entre lo bueno y lo malo. Debido a las malas compañías y al presenciar historias inconsistentes que se proyectan en nuestros cines, nuestros jóvenes se han volcado hacia el desarrollo de una lujuria, una arrogancia y una codicia ciegas. Se sienten orgullosos del poco conocimiento que llegan a adquirir. Carecen de humildad, lo cual se traduce en que se estén convirtiendo en ciudadanos indignos de este gran país. De esta manera se están arruinando a sí mismos. Ustedes deben dedicar sus vidas a la Verdad y a promover la prosperidad en el mundo y, de este modo, hacer que sus vidas sean fructíferas.

La manera más fácil de controlar los deseos sensoriales es practicar el amor altruista y desinteresado. El amor puede ser de tres tipos. El primero de ellos se basa en el craso egoísmo y ata la mente egoísta a un sentir de posesión. Un ser que sienta este tipo de amor, no se preocupa por el sufrimiento de otros. Para él, lo único que importa son sus bienes y sus riquezas. Este tipo de amor no hace realmente feliz a nadie, ni nadie sentirá algún afecto por esta clase de personas. A su vez, ellas no se preocuparán por el respeto que inspiren o no, sino que pensarán únicamente en satisfacer sus deseos básicos.

El segundo tipo de amor se manifiesta en el pretender que se ama a la gente que es rica, físicamente fuerte o que detente posiciones de poder, con miras a obtener algún beneficio de tal asociación. Es grande el número de personas que no muestra sino este tipo de amor. Como el status y la fortuna no son cosas permanentes, este tipo de amor no resulta beneficioso, ni tampoco es el correcto, puesto que se basa en el interés propio para obtener beneficios de otros.

El tercero y más alto tipo de amor carece de todo egoísmo grosero y de toda pretensión de mostrar aprecio por la gente con autoridad o con fortuna. Este tipo de amor se basa en el conocimiento de que el Alma Universal y Eterna los penetra a todos y lo impregna todo. Si una persona llega a desarrollar esta ecuanimidad mental como para ver a todo el mundo como uno solo, estará cultivando el más elevado tipo de Amor.

No es la materia sino el Principio del Alma que mora en lo interior lo que tiene un valor perenne. Adquirimos, por ejemplo, un árbol frutal y lo plantamos en nuestro jardín con la intención de dejarlo crecer. Lo regamos con amor, lo abonamos y le prodigamos cuidados porque queremos que llegue a ser un árbol grande. Si por alguna razón, la planta no crece y se va secando, la arrancaremos con nuestras propias manos y la tiraremos.

¿Qué significa esto de que mostremos tanta preocupación por la planta verde y tanto desinterés cuando comienza a secarse? Es la presencia de la vida que simboliza la Divinidad, lo que nos atrae hacia la planta y nos hace mostrarle afecto, y la ausencia de vida nos hace descuidarla y desecharla. Es con afecto que compramos frutas y las traemos a casa, pero si alguna está podrida, la desechamos. De igual manera, si un individuo muestra señales de vida, lo cuidamos con gran esmero. Mas en el momento en que la vida —que no es otra cosa que la Divinidad— abandona ese cuerpo, dejamos de sentir afecto por él. Nos alejamos del cuerpo y lo cremamos.

Todas las historias sagradas de nuestra mitología y cultura contienen las experiencias de los ancestros. Buscando comprender su significado, habríamos de llevarlas a la práctica. Los Pandavas consideraban a Krishna en todo momento como al Señor, estuvieran o no en dificultades. Incluso cuando personajes tan poderosos como los Devas (dioses protectores) venían a oponérsele, Arjuna no titubeaba en enfrentarse a ellos. Arjuna presentó muchas batallas con gran valentía. Sin embargo, resulta significativo que, cuando acompañaba a las mujeres desde Dwaraka hacia Hastinapura, después de la guerra del Mahabharatha, se puso tan débil que ni siquiera pudo enfrentar a los pastores de vacas. Arjuna comprendió que había podido pelear en tantas batallas, debido a que Krishna había estado antes junto a él en su forma mortal y que ello le había infundido valor. Sin embargo, ahora que Krishna ya no se encontraba entre ellos, no era capaz de luchar. Todo el coraje le había abandonado, así como Krishna había dejado este mundo. Debemos entender que en donde no está Dios, no hay coraje. Todos los cuerpos humanos se verán reducidos a meras bolsas de piel, carentes de vida, si no hubiera contacto con lo Divino. Sobre la base de estas experiencias fue que los Pandavas le dejaron sus ideas al mundo y por ello adquirieron una reputación que ha perdurado. Establecieron un ejemplo digno de ser emulado por el resto del mundo. Ha sido así que el Mahabharatha, que no es sino la historia de los Pandavas, ha llegado a ser considerado como el quinto Veda.

Con la idea de aplicar la sagrada historia de los Pandavas a un propósito material, el Taneshah de Delhi invitó una vez a ocho renombrados poetas de Vijayanagar a su corte. Se les pidió describir lo característico del Mahabharatha y lo hicieron de manera bellamente descriptiva. Después de escuchar la historia, el Taneshah quiso escribir una nueva épica en la que él figurara como Dharmaraja, el mayor de los hermanos Pandava, los ministros de su preferencia como los demás Pandavas y sus enemigos como los Kauravas. En otras palabras, les pidió escribir un Taneshah Bharatham. Los poetas no se sintieron motivados para escribir un relato épico así transcripto y discutieron entre ellos la forma de manejar la situación. Con gran inteligencia, uno de ellos, llamado Tenali Ramakrishna, se ofreció para preparar el libro. Quería darle una buena lección al Taneshah. Este le pidió completar la obra en una semana. El plazo estaba por terminar y Ramakrishna no había ni comenzado a escribir, de modo que los restantes poetas estaban atemorizados ante la idea de que todos sufrirían un castigo. Hacia el final del plazo señalado, Ramakrishna tomó algunos pliegos de papel y fue a ver al Taneshah, quien estaba rodeado de numerosos invitados a los que había anunciado la lectura del magno texto. Cuando Ramakrishna compareció ante él, le preguntó si ya había completado el encargo. Ramakrishna le contestó que ya casi estaba terminado, pero que se le presentaban algunas pequeñas dudas que requerían ser clarificadas por el Taneshah. Este le pidió que se las enumerara, pero Ramakrishna le respondió que vacilaba en manifestarlas en público y le rogó que le permitiera hablar con él en privado. Ambos se retiraron a una habitación interior y Ramakrishna indicó que dudaba respecto a qué persona sería adecuada para el rol de Draupadi. Puesto que era la mujer de los cinco Pandavas, la persona que figurara en este papel también habría de ser la esposa de los cinco Pandavas y le preguntó al Taneshah si aceptaría que su mujer desempeñara este rol, ya que tendría que ser también la esposa de sus ministros. Ello no le gustó en absoluto al Taneshah quien de inmediato canceló su encargo, despidiendo a Ramakrishna, no sin antes haberle colmado de regalos. Podemos ver aquí que el Taneshah quería hacer suya la reputación de los Pandavas, mas no quería aceptar los sagrados términos bajo los cuales los cinco Pandavas tomaron por esposa a Draupadi. Hoy en día, si queremos dejar establecida la nobleza de nuestra cultura, debemos tomar conciencia y aceptar como un hecho que la base que la sostiene está constituida por la moralidad y la verdad. Hemos de seguir la senda de la moralidad y de la verdad. Si quisiéramos únicamente tener la reputación, pero no seguir la senda de nuestros ancestros, no estaríamos sino haciendo lo que pretendía el Taneshah mencionado. Ello significaría llevar una vida artificial. No deberíamos correr tras un renombre y una popularidad baratos. Debemos enfocar el pleno logro de la vida.

TODAS LAS DIFERENCIAS
EN ESTE MUNDO SE REFIEREN
SOLO A NOMBRE Y FORMA

*El pensar que algunos son vuestros enemigos,
algunos vuestros amigos, algunos vuestros hijos,
algunos vuestros parientes y el desarrollar apego
o aversión hacia ellos, no es correcto. Vean el Alma única en
todos ellos. Desechen la ilusión y la ignorancia.*

Tenemos amigos y enemigos, agrados y desagrados, aunque el Vedanta nos enseña a desarrollar la ecuanimidad mental. Así como no castigamos a nuestros dientes por habernos mordido la lengua, por considerarlos a ambos como órganos de nuestro cuerpo, así también hemos de tener presente que el Alma Eterna y Universal reside en todos y en todas partes. No debemos acentuar las diferencias, sino concentrarnos en la unidad. Si le asignamos importancia a las relaciones corporales, saltarán al primer plano las diferencias individuales. Si, por otra parte, recordamos que un maestro, un amigo, un actor, un gurú y un discípulo son diferentes tan sólo en cuanto a nombre y forma, entonces el Alma, que es la conciencia testigo en todos ellos, es la misma. La presencia del Alma en todos estos nombres y formas establece la unidad de todos ellos.

Desde el punto de vista de la Gran Alma, todo lo que ven, incluyendo vuestro propio cuerpo, le pertenece, en un análisis último, a este Universo compuesto por los cinco elementos fundamentales. Todo el mundo temporal no es sino un tejido de vuestro ego. Las apariencias son fabricaciones construidas por vuestra mente. Nuestro destino final es el de ascender desde la humanidad hacia la Divinidad. De modo que hemos de utilizar este período transitorio de nuestras vidas para alcanzar los objetivos que anhelamos.

El hombre es una mezcla del cuerpo y el alma: la casa y el que mora en la casa. También puede considerársele como Naturaleza y Dios. Viene a ser como una semilla consistente en dos partes: la ilusión y la realidad, lo fijo y lo móvil. Si no se encuentra al que vive en la casa, no se plantea la cuestión de que exista el cuerpo. Sin la Encarnación de la Sabiduría, no puede haber un cuerpo.

El cuerpo tiene vida tan sólo mientras resida en él la Encarnación de la Sabiduría. Nuestro Vedanta sostiene que el cuerpo es el templo en el que reside Dios en la forma de Alma Individual. En otras palabras tenemos "sthira", "algo que está fijo" y "chara", "algo que se mueve". La Naturaleza se está moviendo constantemente, en tanto que el Alma Suprema es estacionaria. Lo que está cambiando en todo momento es el mundo y lo que no cambia es Dios. En la experiencia india, se puede tomar una analogía de un artefacto doméstico para moler. Este consiste de dos piezas circulares de piedra. La piedra colocada en la parte de abajo es estacionaria, en tanto que la de arriba gira. El conocimiento que se refiere a la vida del hombre en este mundo se mantiene girando en torno del mundo. En el centro de la piedra fija hay un pequeño tarugo de madera, al que podemos comparar con nuestro objetivo. Si echamos grano en el agujero que rodea a este tarugo, todo lo que se aparta del centro o del objetivo, es reducido a polvo, mas el grano que se queda cerca del centro, queda entero, retiene su forma original. Esto significa que el que lleva a Dios en su mente y se esfuerza por mantenerse cerca de Dios, se mantiene inalterable. El que se aleja de Dios, cambia su forma y es pulverizado. La excesiva indulgencia con el cuerpo obstaculiza el reconocimiento de nuestro verdadero destino. Hasta el cuero de un animal muerto tiene cierto valor, en cambio el de una persona muerta no tiene valor alguno. Con esto no quiero decirles que deban descuidar sus cuerpos o que no deban prestarle atención a su mantenimiento.

¡Tenemos tantos tipos de vehículos para transportarnos! Tenemos bicicletas, automóviles, motos, buses y otros y es necesario que nos ocupemos de ellos poniéndoles aceite o combustible para mantenerlos en funcionamiento. De igual modo, el cuerpo representa un vehículo para nosotros. De la misma manera en que cuidamos de nuestra bicicleta o de nuestro automóvil tenemos que cuidar del cuerpo para que pueda llevarnos a lo largo del trayecto de nuestra vida. Tenemos que darle el alimento que requiere y mantenerlo en buenas condiciones. Al igual que necesitarán de varias personas para que les ayuden a sacar un automóvil que se haya quedado atascado en el barro, también necesitarán de la ayuda de varias personas, de la buena compañía, etc., para sacar de los embrollos al carro de nuestra vida que se haya atascado en el terreno reblandecido de una familia. En la actualidad no conducimos por camino correcto al carro de nuestra vida. Lo llevamos, en cambio, por sendas torcidas y es por ello que nos metemos en dificultades e incluso perdemos algunas de las partes que componen el vehículo del cuerpo. Hay como un ochenta por ciento de personas que pierden partes vitales de sus cuerpos por haber transitado por desvíos. Del veinte por ciento restante, un quince por ciento mantiene sus cuerpos al igual que automóviles que se guardan en un salón de exposiciones: se decoran vistosamente, se visten y comen bien. Si tenemos un vehículo cuyo propósito es el de transportar a los que requieran viajar pero no lo usamos con este objetivo, no deberíamos considerarlo como vehículo sino sólo como un montón de metal.

El cuerpo representa la barca para cruzar el océano de la vida. Debería ser empleado para comprender la fuente de la que provenimos, la cual es también nuestra meta, vale decir, Brahman (el Principio Universal). Los discípulos de Sankara habían enseñado en estos versos la necesidad de entender la naturaleza de los agrados y desagrados, la necesidad de perseguir ideales sagrados. El cuerpo está compuesto por los cinco elementos y, por ende, es seguro que ha de morir. El Alma única que mora en el cuerpo es permanente y no muere y es a ello a lo que se hace referencia en cuanto Dios mismo. Esta es la razón por la cual los discípulos de Sankara plantearon estas preguntas respecto a quiénes son vuestros enemigos, quiénes son vuestros amigos, quiénes vuestros hermanos y quiénes vuestros parientes, y se dedicaron a la sagrada tarea de entregar explicaciones acerca del Alma. El júbilo Divino es el destino final codiciado por el hombre. Nos preguntamos en dónde está este júbilo, cómo se llega a este dichoso lugar y qué habremos de hacer para llegar allá. La respuesta entregada por los discípulos de Sankara fue que este júbilo se encuentra en los niños, los que viven en éxtasis y no saben nada sobre lo que les rodea. A medida que nos hacemos mayores, nos vamos involucrando más y más en los deseos sensoriales. No pensamos ni por un segundo sobre la dicha que experimentábamos siendo niños.

Cristo dijo una vez que la dicha jugueteaba en las tiernas mejillas de los niños, en quienes no hay deseos. Los niños muestran a menudo este júbilo de manera notable. La dicha y la felicidad que exhiben no tiene parangón con nada en el mundo. Un niño que va en brazos de su madre por el camino, muchas veces se ríe solo. Los niños poseen también la extraordinaria cualidad de poder hacer reír a los mayores. La razón para ello es que no guardan ninguna ilusión respecto de sus cuerpos. Los mayores, en cambio, están tan sumidos en pensar en sus cuerpos y en cosas que les conciernen a los mismos que aunque desean reír, no lo pueden hacer. Sólo pretenden reír. Es en este contexto que dice el Bhagavad Gita que aquel que ríe es el Creador y el que llora es el Hombre. Cuando el Hombre, representado por Arjuna, lloraba movido por el desaliento, el Creador, representado por Krishna, se mantenía tranquilo, incluso en el campo de batalla. Nos reímos sólo cuando estamos felices. Cuando estamos felices, no sólo reímos, sino que entonamos alguna canción. Los que tienen buena voz, cantarán en público y los que no la tengan, cantarán al menos en el baño. Krishna tenía una buena voz y un buen conocimiento de la música y el ritmo, de modo que cantaba el Gita hasta en el campo de batalla. La palabra Gita significa "canto" y en medio de todas las dificultades de la guerra, sólo Krishna puede cantar. Esto demuestra que Dios es la encarnación de la felicidad.

¡Jóvenes estudiantes!: Han de conservar sus mentes y cuerpos en buenas condiciones. Deben usar sus cuerpos en pro del establecimiento de la Verdad y la Rectitud en el país. Deben recordar que la cultura india, de la que son custodios, habrá de ser reinstaurada por ustedes.

ESFUERCENSE POR EL TRABAJO, LA ADORACION Y LA SABIDURIA; REHUYAN LAS RIQUEZAS, EL VINO Y LAS MUJERES

La riqueza ha de considerarse siempre como algo potencialmente nocivo. Es una verdad incuestionable que jamás podrán obtener de ella ni un poco de felicidad. Los ricos le temen a veces hasta a sus propios hijos. Así se dan las cosas en este mundo.

¡Encarnaciones del Alma Sagrada!: El hombre es respetado por sus virtudes y no por sus bienes materiales. Fue en este contexto que Samuthi, el más joven de los discípulos de Sankara, escribiera estos versos. El hombre se hunde normalmente hasta tal punto en el mundo que hasta espera equivocadamente obtener alguna paz de él. Se olvida que debe prestar atención a las cuatro metas de la vida humana: Rectitud, Prosperidad, Deseo y Liberación. La Prosperidad y el Deseo alcanzarán su justo significado si consideramos a la Rectitud como nuestra base primordial y a la Liberación como nuestro destino final. En estos días nos olvidamos de la base y del objetivo, y retenemos tan sólo lo que queda en el medio, de modo que toda nuestra vida se va en concentrarnos únicamente en la Prosperidad y el Deseo. Al descuidar el fundamento que es la Rectitud y la meta que es la Liberación, no pensamos sino en la Prosperidad y los Deseos. De hecho, deberíamos juntar a la Rectitud y a la Prosperidad por un lado y al Deseo y a la Liberación por otro. Al hacerlo así, emplearíamos con un buen propósito las riquezas y no desearíamos otra cosa que lograr la Liberación.

Este país descansa en cuatro madres. Ellas son: la tierra, los Vedas, la gente y la vaca. Ellas son como los cuatro pilares que sostienen a nuestro país. Estos cuatro pilares se pueden denominar también como Verdad, Rectitud, Paz y Amor. Estos cuatro principios cardinales implican que con Sathya o Verdad habrán de salvaguardar al mundo; con Dharma o Rectitud habrán de salvaguardar a los Vedas; con Shanti o Paz habrán de cuidar a la vaca; con Prema o Amor habrán de cuidar de la gente, vale decir, a vuestros congéneres. Debemos considerar la Verdad y la Conducta Correcta como los dos ojos de nuestro país. Sólo cuando nuestra gran madre, la patria, cuente con estos ojos podrá cuidar de su territorio y de sus hijos. En cambio, si la dejamos ciega por causa de nuestra conducta, ¿cómo podría preocuparse de sus hijos? Aquello a lo que se hace referencia como Rectitud debe ser promovido en el país con una mente consciente y debemos ayudarle también a otros a ponerla en práctica. Cuando vemos a gente menesterosa, desvalida o débil, debiéramos estar preparados para prestarles ayuda, poniendo en ello todo nuestro esfuerzo y capacidad. La razón para adoptar esta actitud es el hecho de que todos los seres humanos son hermanos y son hijos de una misma madre: la Divina Madre Universal. Es por ello que debemos desarrollar este sentimiento de fraternidad y tratar de ayudarle a todos.

Como resultado de la riqueza, el hombre se va transformando en un demonio. El poseer dinero le hace a uno sentirse muy orgulloso. Cuando uno tiene riquezas, no se siente inclinado a seguir el camino de la Rectitud. El poeta Vemana lo describe diciendo que al aumentar la fortuna se vuelven arrogantes, al aumentar la arrogancia se incrementarán también las cualidades negativas. Agrega que, al disminuir las riquezas se reduce también la arrogancia y junto con ella desaparecerán también las cualidades negativas. Esto no se aplica a toda la gente. Como es de conocimiento general, sabemos que hay gente rica que destina su fortuna a muchas causas buenas. En nuestro país hay muchos lugares sagrados. Hay lugares de peregrinación hacia los que se dirige mucha gente a darse baños rituales. Hay lugares en que se levantan templos. Hay lugares en donde son alimentados los menesterosos. Muchos de ellos han sido establecidos por gente adinerada. En este país que ha adquirido una santa reputación, todos deberían hacer un buen empleo de sus riquezas. Esto es lo que implica esta clarinada que lanzaran los discípulos de Sankara en estos versos que les estoy explicando hoy.

Antes de realizar la necesidad de la ecuanimidad mental, Ramakrishna Paramahamsa le atribuía importancia a cosas como la riqueza y la posición. Con miras a ponerle a prueba, uno de sus discípulos llamado Narendra o Vivekananda puso unas monedas de oro bajo el colchón de Ramakrishna. De inmediato éste se levantó, porque sentía como si le quemaran el cuerpo. El sentido interno de esta historia es que Ramakrishna aún percibía diferencias entre el oro y el barro; no se había sobrepuesto a ellas. Más adelante, se ejercitó sosteniendo oro en una mano y barro en la otra, alternándolos hasta que perdió la sensación de que eran diferentes. Así llegó a realizar la igualdad o unidad entre ambos.

Aunque para este tipo de seres realizados es muy posible llegar a no establecer distingos entre objetos valiosos y sin valor, para el común de la gente debe existir una distinción entre el oro y el barro; puesto que han de llevar adelante sus vidas diarias y cargar con la responsabilidad de una familia. En lo cotidiano no pueden tratar al oro y al barro como iguales. Mas el sentido interno indica que en nuestra mente no han de establecerse diferencias. La posesión de riquezas hace que algunos desarrollen ideas desviadas en sus mentes. Aquellos entre ustedes que sean estudiantes de historia lo entenderán mejor. La reina Victoria gobernó por largo tiempo el Imperio Británico. Tenía un hijo que se mostraba impaciente ante esta interminable regencia de su madre, ya que quería él mismo acceder al trono. En una reunión pública se acercó a su madre y le preguntó cuándo pensaba morir como para poder ocupar él el trono. Ella comprendió lo ambicioso que era y ordenó que lo pusieran en prisión. Incluso siendo su hijo, el deseo de poder y de dinero le habían hecho muy codicioso y, como resultado, hasta había perdido el respeto por su madre. Hay una pequeña historia en nuestras Upanishads que nos habla sobre la forma en que la posesión de riquezas puede cambiar las cualidades de algunas personas. Una madre tenía un solo hijo y una gran fortuna. El niño había perdido a su padre a una temprana edad. A medida que se iba haciendo mayor, el hecho de tener tanto dinero le fue haciendo adquirir malos hábitos. Se mezcló con malas compañías e hizo cosas indebidas. De hecho, actuaba como un loco. Estaba desperdiciando su vida. El mundo es de tal manera, que, si hay una gran cantidad de agua en un estanque se juntarán en él muchos sapos. Mas una vez que el estanque se seca, los sapos desaparecerán sin decir siquiera hacia dónde fueron. De manera similar, mientras tengan dinero, serán muchos los amigos que les rodeen, mas en el momento en que el dinero se acabe, desaparecerán también los amigos sin decir palabra. Fue así que había acumulado un gran número de malas amistades el hijo de esta rica dama y, pasando el tiempo, había llegado a transgredir todo límite en exceso. Como algunos de ustedes sabrán, hay personas así que malgastan el tiempo de este modo y lo desperdician sin propósito alguno. El hijo se acercaba cada día a su madre y le pedía grandes sumas de dinero. Con este proceder, el afecto que ella sentía por él fue disminuyendo, hasta llegar a convertirse en una verdadera aversión por este hijo suyo. La dama se sentía desolada ante esta situación. Con el distanciamiento, pasado cierto tiempo el hijo perdió por completo el respeto a su madre. En estas circunstancias, la mujer pensó que un hijo que denigre hasta tal punto el honor y la reputación de sus padres estaría mejor muerto que llevando una vida así, y ello la llevó a tramar un plan. El muchacho también había fraguado sus planes, ya que consideraba que su madre se interponía entre él y sus deseos de disfrutar de su dinero, lo que le llevó a pensar que era mejor que muriera. Un buen día se preparó para matarla con una barra de hierro en el momento en que ella le sirviera la comida. La madre, por su parte, había decidido matar a su hijo envenenando los alimentos. Cuando llegó a servirle, el hijo la golpeó con la barra de hierro y la mató. Pero unos minutos después murió él mismo debido a la comida envenenada. Fue así que madre e hijo murieron y todo por causa de la fortuna que poseían. Debido al dinero, la madre había perdido todo afecto por su hijo y él, por ella. ¿Es que la riqueza implica llegar a tan malos resultados? Nunca hemos de considerar a la riqueza como lo más importante en nuestra vida. Lo más importante en ella ha de ser la Rectitud. A través de ella deberíamos hacernos dignos de la Gracia de Dios. Han de tener el dinero suficiente como para hacerle frente a sus necesidades esenciales. Todo lo que sobre habrá de emplearse para la caridad y otras obras beneficiosas.

Hoy en día podemos observar situaciones en que hay estudiantes que se echan a perder por tener dinero en exceso. A primera vista puede que parezca muy difícil salir adelante con una cantidad mínima, pero si llegan a controlar el deseo de tener dinero, podrán sentirse tranquilos y felices después. Cuando los estudiantes necesitan diez rupias, se preparan para pedir veinte, de modo que los padres deberían darles solamente diez cuando pidan veinte. Esto viene a ser esencial. Puede que el hijo se sienta herido cuando no reciba sino la mitad de lo que pida. Pero ello no será más que momentáneo, se irá fortaleciendo más adelante. Si se le dan veinte rupias cuando no necesita sino diez, se rodeará de malos amigos y gastará su dinero con ellos. Aquí va una pequeña historia en este contexto. Un sábado, un padre estaba preparándose para adorar al Señor y llamó a su hijo para pedirle que consiguiera algunas bananas por una rupia. El hijo, que era un buen niño, fue y compró las bananas. De regreso a su casa, vio junto al camino a una madre con su pequeño y ambos estaban muy hambrientos. El pequeño corrió hacia él y la madre trató de retenerle, pero cayó debido a su debilidad. Al observar esto, el chico pensó que era mejor alimentar a estos seres hambrientos que llevar las bananas a casa, de modo que se las entregó a la mujer y a su hijo y fue luego a buscar agua para darles de beber. La pobre mujer estaba tan emocionada que lloraba sin saber cómo expresar su gratitud. El niño volvió a casa con las manos vacías y al preguntarle el padre si había comprado las bananas, le contestó afirmativamente. Cuando el padre le preguntó dónde estaban replicó que las bananas adquiridas eran sagradas, que no se descompondrían y que no eran visibles. Luego le explicó a su padre que había alimentado a dos pobres hambrientos con las bananas y que los frutos que traía a casa no eran sino los sagrados frutos de su acción. El padre, entonces, sintió que su hijo era digno de él y que ese día habían sido contestadas todas sus plegarias. Pensó en lo santificada que estaba su vida, puesto que tenía tan buen hijo. Su afecto por él fue acrecentándose desde aquel día y ambos llegaron a ser muy unidos. Actualmente es muy raro observar esta unión entre padre e hijo. Si pueden llegar a desarrollar estos sentimientos, harán que nuestro país se convierta en la tierra del desapego y del autocontrol y llegarán a reconstruir las grandes tradiciones.

Nos preguntamos sobre qué tipo de relaciones han de existir entre padres e hijos en nuestro país, y tengo que contarles otra historia. Una madre, un padre y el hijo de ambos estaban realizando un largo viaje a pie. Por falta de alimentos, el padre murió en el camino. La madre junto a su hijo de ocho años, siguió adelante, mendigando la comida de puerta en puerta en una de las grandes ciudades. Cuando conseguía suficiente alimento, le daba primero a su hijo y comía ella si llegaba a sobrar algo. De lo contrario, se negaba el alimento y soportaba el hambre. De este modo, no tomaba alimento suficiente, ya que lo que lograba reunir alcanzaba sólo para el niño. Esto la fue debilitando y terminó por enfermarse, perdiendo sus fuerzas hasta el punto en que ya no podía levantarse y caminar. El niño, entonces, tocó los pies de su madre y le solicitó su permiso para ir él a mendigar el alimento para ambos. Como bien saben, ninguna madre en este país permitiría que su hijo vaya a mendigar comida: tal es el calibre del corazón de una madre india. Sin embargo, en una situación tan ineludible, ante el pedido de su hijo, le concedió con bastante renuencia su permiso. El niño volvía cada vez para alimentar ante todo a su madre y luego él comía lo que sobraba. Cuando no quedaba nada, le mentía diciéndole que él ya había comido. Así fueron pasando los días y el niño, cada vez más débil, enfermó. Así y todo caminó un día hasta la casa de un dignatario y pidió limosna. El dignatario estaba sentado en la galería leyendo el diario cuando oyó la débil vocecilla del chico mendicante. Encontró que el niño estaba muy enfermo y desnutrido, de modo que le ofreció servirle una comida en un plato hecho de hojas, en lugar de darle limosna, y entró en la casa. Cuando volvió a salir con las viandas, encontró al chico casi sin sentido, murmurando débilmente algo respecto a que los alimentos habían de serle llevados a su madre. Luego de cesar sus murmullos, murió. Nuestro país, que ha experimentado este tipo de afecto entre madre e hijo —un tipo de afecto que llevamos en la sangre— es testigo ahora de una situación lamentable. Las cosas se ven tan mal que uno no se atreve ni a pensar sobre la situación real.

¡Encarnaciones del Alma Divina!: Tenemos el dicho de: "Adoren a su madre como si fuera Dios, adoren a su padre como si fuera Dios". Deben recordar que la madre y el padre son Divinos y que cada uno es como Dios. Deben poner en práctica en sus vidas estas ideas. La actitud más sagrada en la India es el respeto por la madre y por el padre, los que no sólo nos han dado su sangre al darnos a luz, sino que se han sacrificado muchas veces para darnos lo que necesitamos. Si respetan ahora a sus padres, vuestros hijos les respetarán a ustedes en el futuro. Si en el futuro desean gozar de felicidad, placer y dicha, deberán desde ya ser buenos, ver lo bueno y hacer el bien. Esto representa el camino hacia Dios. No se olviden de Dios y no le teman a la muerte. Así se convertirán en los heroicos hijos de vuestra tierra. Nuestra riqueza es la riqueza de la Rectitud, del Conocimiento y de la Sabiduría. Es ésta la razón por la cual Arjuna era llamado Dhananjaya, "aquel que ha obtenido mucha riqueza". Este apodo no se refiere a la riqueza ordinaria. Significa, simplemente, que poseía en suficiente medida la riqueza de la Sabiduría. Arjuna tenía una serie de otros títulos que describían sus grandes cualidades. Hay tres palabras de las que hemos de tomar nota. Ellas son: Trabajo, Adoración y Sabiduría. Aquí el trabajo se refiere a la sagrada labor que uno ha de llevar a cabo para promover la prosperidad del país. Siempre deberán realizar un buen trabajo. Habrán de adorar con una mente pura. La Sabiduría representa un Conocimiento Superior y deberán aspirar a adquirir Conocimiento con Sabiduría. Estas son las tres cosas que les permitirán llevar una vida correcta. Hay otras tres palabras que también han de considerar, pero para evitarlas. Ellas son: riqueza, vino y mujeres. Si uno las sigue, lo arrastrarán hacia las profundidades de la barbarie de la vida humana. Rehúyanlas.

¡Estudiantes!: Algunos de ustedes han de seguir por esta sagrada senda. Al igual que los discípulos de Sankara que proclamaran la importancia de la Verdad, aquellos de ustedes que sigan esta senda, resucitarán la cultura india y disfrutarán de alegría y de dicha. Les bendigo para que lleguen a realizar este estado de dicha suprema.

EL ALMA INDIVIDUAL Y DIOS SON COMO LAS DOS MITADES DE UNA SEMILLA

Si uno se mueve en el mundo sin la debida consideración
a los principios morales y sin ejercitar el necesario autocontrol,
se sumergirá en la ilusión y la ignorancia,
aunque sea una persona devota. Ello es igual al hecho
de que uno no puede disipar la oscuridad sin ayuda
de una lámpara, cosa que en el mundo es lo más normal.

¡Estudiantes!: Cada uno de ustedes ha estado pasando por toda una variedad de actos en el escenario del mundo. Cada uno de ustedes participa en muchos tipos de espectáculos diferentes. Cada cosa viviente entre los ochenta y cuatro lakhs* de individuos lo ha estado haciendo, mas en este nacimiento en particular del hombre, él está tratando de muchas maneras de merecer la Gracia de Dios. Trata de complacer a Dios y de hacerse digno de Su bondad. ¡Sin embargo, pese a todo su empeño no ha tenido éxito en ganarse esta Gracia! Las apariencias que exhibimos por medio de los cánticos que entonamos y las palabras que pronunciamos, no son, en verdad, satisfactorias. En este mundo es práctica común que, cuando un hombre lleva una carga sobre sus hombros, desea apresurar el paso y llegar rápido a su casa para alivianarse del peso. Así también, cuando un funcionario llega a su oficina temprano en la mañana, ya a las cinco de la tarde o antes estará preguntándose cuándo podrá volver a su casa. Cuando viajan, ya sea en automóvil, en ómnibus o en tren, esta-

---

* Un lakh equivale a cien mil unidades

rán preguntándose sobre cuándo terminará el viaje y cuándo llegarán a su destino. Aunque todo esto se produce respecto de las situaciones mundanas, el hombre no parece plantearse, en cambio, incluso después de haber pasado por tantos nacimientos y muertes, la cuestión sobre cuándo llegará a su destino: la Meta de la Divinidad. En el mundo de hoy se llevan a cabo muchos intentos para aumentar el tiempo libre de que pueda disponer el hombre, pero no nos empeñamos en igual medida en la necesidad de asegurarle la paz. Si el hombre carece de paz, no disfrutará de satisfacciones, aunque disponga de tiempo libre. Un sabio se mantendrá imperturbable y sereno aunque tenga que trabajar veinticuatro horas por día. Un ignorante, en cambio, se mostrará preocupado e inquieto aunque no tenga trabajo alguno y goce de todo el tiempo libre que desee en el día. Al no encontrar paz en la Tierra, el hombre está volando hasta la Luna. Discutiremos más adelante si el hombre puede o no encontrar la paz en la Luna, pero tendremos que establecer primero qué es lo que espera conseguir el hombre gastando una cantidad tan sideral de dólares con el propósito de llegar a la Luna.

Puede ser que el cuerpo se mantenga fresco en la Luna, pero la mente se encontrará en un estado de tremendo terror. ¿Lograremos la paz en la Luna si no podemos alcanzarla en la Tierra? No hallaremos la paz en esos lugares. Constituye un gran error buscar la paz fuera del propio corazón. Uno ha de mirar dentro de sí mismo en busca de la paz y ha de hacerlo con una mente limpia. Viene a ser como describir algo con un nombre muy atrayente, esperando encubrir con él la verdadera naturaleza del contenido. Si miran realmente dentro de algo así, descubrirán que no vale en absoluto la pena. Hablamos con entusiasmo de la Luna y de viajar hasta ella, mas lo que conseguiremos allá será perfectamente inútil. Sólo la idea y la descripción son atractivas. ¡Qué maravilloso sería si gastáramos todos esos dólares en la gente de la Tierra que merece ser ayudada!

Como decíamos, cada hombre de la Tierra anhela tener paz. Con este deseo de paz, el hombre intenta muchas cosas y participa en muchos tipos de labores. En donde haya Justicia y Rectitud en el corazón, se promoverán las virtudes. En donde haya virtudes, encontrarán armonía, y en donde haya armonía habrá orden. Si encuentran orden y disciplina, encontrarán la paz en el mundo. Por ende, la paz dependerá de la calidad de cada individuo. El cultivo de las buenas cualidades y de la conducta virtuosa representa el camino que conduce hacia la autorrealización. Hay una pequeña e interesante historia al respecto.

Una vez, Dios creó un Alma y le dijo que le daría todo lo que quisiera. De inmediato, la Diosa sentada junto a El indicó que iba muy lejos otorgándole tal don al Alma Individual, porque los deseos y ambiciones del hombre no conocen límites. El hombre es codicioso y si se le da la libertad de pedir, lo pedirá todo. El Señor le señaló a la Diosa que El no era tan descuidado e ignorante al plantear tal concesión, como ella parecía creer, porque cualquier cosa que pudiera pedir el hombre, ciertamente no incluiría la paz mental. De este modo, se vería obligado a retornar a Dios, aunque no fuera sino por lograr esta paz mental. La Diosa preguntó entonces cómo podía encontrarse la paz mental. A lo cual Dios le respondió que el hombre no necesitaba llegar hasta Dios en su búsqueda, porque el Ser Supremo reside en cada Alma. Sólo con que el hombre piense y preste servicio de manera desinteresada, tiene la seguridad de encontrar la paz mental. En la actualidad el hombre nos recuerda que el más certero estudio del género humano lo constituye el estudio del hombre mismo. En dondequiera que haya unidad entre el pensamiento que se nos viene a la mente, la palabra que sale de nuestra boca y la acción que llevemos a cabo, se encontrará el espíritu del Ser Supremo. Si no hay unicidad, unidad ni coordinación entre pensamiento, palabra y obra no habrá paz mental.

A la edad que tienen deberán entender al Alma y habrán de concederle un sitial sagrado; habrán de reconocer conscientemente que sea puro el pensamiento que provenga de vuestra mente, que sea veraz la palabra que provenga de vuestra boca y que sea sagrada la acción que llevan a cabo. Espero que se den cuenta de la importancia de estas declaraciones y que les den un lugar de preponderancia en sus reflexiones. El predominio de cualidades negativas mantiene suprimidas a las positivas. Aquí va un pequeño ejemplo. Si necesitan algo de luz, requerirán de un receptáculo, de algo de kerosene y de una mecha. Serán ellos los tres artículos esenciales. Si cuentan con los tres, la luz que vean será como la Gracia de Dios. En esta analogía habremos de considerar al desapego como el receptáculo, a la devoción como el kerosene y al trabajo como la mecha. Si las tres cosas se encuentran presentes en una persona, brillará como luz en ella la Sabiduría. Si no reúnen las tres cosas, Dios no estará allí para encender la lámpara de la Sabiduría o del Conocimiento. Puede suceder también que cuenten con los tres componentes y que, no obstante, no reciban la Gracia de Dios para encender la lámpara. Estarán allí el recipiente, el kerosene y la mecha, pero ¿habrá luz? Puede que tengan las flores, la aguja y el hilo, mas ¿se formará por sí sola la guirnalda? Puede que tengan oro y piedras preciosas, mas ¿aparecerán por cuenta propia las joyas? Puede haber inteligencia y educación, mas ¿podrán llegar a la Sabiduría sin un Gurú? Pueden ser muy inteligentes, pero si alguien escribe una "A" sobre el pizarrón no descubrirán lo que es si alguien no les indica que esta figura representa la letra "A". La mera inteligencia, la mera devoción y el mero desapego no les ayudarán a alcanzar el resultado anhelado si carecen de Sabiduría. En este mundo, Dios se encuentra presente entremezclado con el Alma Individual en cada ser viviente. Si se olvidan hasta cierto punto del individuo y se concentran en el aspecto de Dios, encontrarán que vuestra vida estará libre de obstáculos. Entre el Alma Individual y Dios no quedará, en último término, sino uno y será Dios. Si toman una semilla y la parten en dos, enterrándola luego, no obtendrán planta alguna. Mas si la entierran entera obtendrán el brote. De igual manera, el Alma Individual y Dios constituyen una semilla. Son como las dos mitades de una semilla entera y la vida brotará solamente de esta semilla completa. Las mitades por separado no tienen existencia por sí mismas.

Nacemos como seres humanos. Nos proclamamos como Divinos. Pese a todo, no entendemos la verdadera naturaleza de la vida humana. El que el hombre viva como hombre le produce un gran placer a Dios. Si se les llama hombres, habrán de conducirse de una manera que le corresponda a un ser humano. Hay un ejemplo al respecto en el Ramayana. Ravana (rey demonio de Lanka) intentó repetidamente conquistar para sí a Sita (fiel esposa de Rama). Asumió para ello diferentes apariencias. Mas Sita evitó caer en sus manos; siempre pensaba en Rama. Dándose cuenta de la situación, Mandodari, la mujer de Ravana, le señaló que si aspiraba a ganarse a Sita, de nada le serviría asumir diferentes apariencias; la única posibilidad de éxito residía en asumir la apariencia de Rama mismo. A lo que Ravana contestó que si podía realmente asumir la sagrada apariencia de Rama, ya no podría albergar en su mente tan malvados pensamientos. Si se vieran como Rama, tendrían ideas y pensamientos que les corresponderían a El y no a Ravana. En este contexto, si asumimos la apariencia de un ser humano, deberíamos exhibir las cualidades de un ser humano y no las de un mono o demonio. El poder distinguir entre lo correcto y lo equivocado, de mantenerse alejado del pecado y de sentirse atraído hacia el bien, representan cualidades apropiadas para el hombre, y son aquellas que le conducirán hacia la Divinidad.

El hombre comparte algunas características comunes con el animal, como el comer, el dormir y el temer. El rasgo distintivo que lo hace diferente del animal, es la inteligencia. El animal carece de inteligencia. En el Ramayana nos encontramos con la historia de Hanuman. Por la forma en que se comporta, él sienta un ejemplo para todos nosotros. Cuando se le acerca Rama, muestra una extrema humildad y respeto. ¿Cuál es la razón por la cual Hanuman (Dios mono del Ramayana, fiel devoto y aliado de Rama) muestra tanta humildad en presencia de Rama? La razón reside en la descripción de Rama en cuanto Rama es la encarnación de la Rectitud y, por ende, Hanuman muestra humildad en presencia de Rama. Cuando Hanuman fue a Lanka, se colocó en un pedestal por encima de Ravana, porque éste le obligó a ponerse en cuatro patas como un mono. Esto se debió al hecho de que, aunque mostraba humildad y obediencia en presencia de Rama, Hanuman no quiso hacerlo frente a un rey arrogante. De igual manera, ustedes debieran inclinarse ante la Rectitud y mostrar respeto frente a los maestros y a los mayores. En cambio, habrán de mostrar valentía y prudencia cuando se encuentren en situaciones contrarias a los dictados de Dios. No obstante, ni siquiera así deberán recurrir a métodos anárquicos. En la actualidad, sin siquiera preguntarse respecto a lo que sea correcto o incorrecto, la gente se comporta como una banda de monos excitados. Aquí va un pequeño ejemplo en este sentido. Un estudiante entró a un hotel y ordenó una comida. Después de comer, pretendió irse sin pagar la cuenta. El gerente insistió en que debía pagarle. Si en estas circunstancias llega un grupo de estudiantes y le prende fuego al hotel con el pretexto de que el gerente insultó a uno de ellos, esto mostraría una conducta malvada e indigna. Este tipo de incidente no haría más que acarrearle descrédito a toda la comunidad estudiantil. Este episodio representa también el tomar por un camino equivocado, siendo que supuestamente llevan a Saraswati, la diosa de la Sabiduría, en sus corazones. Hoy en día se puede observar que, aunque los precios suban en algunos centavos en un hotel, los estudiantes decretan una huelga; si sube la tarifa de la locomoción, los estudiantes van a la huelga. Si tomamos en consideración la época y el lugar, y pensamos en la Rectitud con que se conducía Hanuman, ¡cuánto mejor deberíamos comportarnos nosotros, cuando nos tildamos de humanos! Puede entenderse fácilmente la diferencia que existe entre un mono y un hombre. A un mono se le llama vanara y al hombre, nara. La única diferencia reside en la partícula "va" y ella significa "cola". Por ende, el que tiene cola es un mono y el que no la tiene, un hombre. Pese a esta diferencia, el comportamiento parece ser el mismo. En un mono no existen atributos que puedan serle asignados al hombre, mas en el hombre quedan algunas cualidades residuales que son características del mono. Para sobreponernos a ellas y para desechar estas cualidades residuales simiescas que tenemos adheridas, hemos de tomar la senda sagrada. Fue dentro del contexto de transitar por esta senda que los discípulos de Sankara hablaron de moralidad y de verdad, y declararon que incluso aquel que da mucho como caridad y ayuda, no puede eliminar su ignorancia si no se atiene a la moralidad y a la verdad.

Vemana dijo poéticamente que uno que come o traga un perro, es una persona erudita; aquel que come o traga un cerdo, es aún más sabio y es como un yogui, y aquel que come o traga un elefante, es la más noble de las almas. En estas expresiones, Vemana usó la palabra perro como sinónimo de enojo, y el que puede controlar su enojo es como un erudito. La palabra cerdo la usó como sinónimo de ego y, por ende, si pueden suprimir el ego, serán como un yogui. En tercer lugar, el elefante equivale a la arrogancia, de modo que si pueden controlar la arrogancia se convertirán en un alma noble. Con esto implica que si pueden llegar a controlar vuestro enojo, vuestro ego y vuestra arrogancia, tragarlos y digerirlos, como para que no asomen en ustedes, llegarán a ser grandes yoguis.

Es así que los jóvenes deberán hacer el mayor esfuerzo para suprimir el enojo, el ego y la arrogancia. Deberán desarrollar ideas sagradas como la Verdad, la Tolerancia y el Amor y comunicarlas a sus amigos, y con ello ayudar a mantener en alto las grandes tradiciones y la cultura de la tierra del Vedanta (la ciencia de lo Absoluto).

EL PRESENTE ES EL MAS SAGRADO DE TODOS LOS TIEMPOS

Nacer una y otra vez, morir una y otra vez, yacer dormido en el útero materno antes de cada nacimiento, representa un interminable ciclo de nacimientos y de muertes. ¡Por favor, oh Dios! ¡Sácame cuanto antes de este difícil ciclo!

¡Encarnaciones del Alma Divina!: Es seguro que todo lo que nazca en este mundo y que tome una forma habrá de cambiar, de decaer y de desaparecer. Mas antes de que uno muera, entre el nacimiento y la muerte, hay un período intermedio. Los cambios que se producen en este intermedio, como el desarrollo y la decadencia, son inevitables. Estos cambios se producen en la vida de todas las cosas vivientes. Cada ser humano debería considerar la forma en que ocupa su tiempo entre su nacimiento y su muerte, e inquirir en ello. ¿Estamos haciendo un uso apropiado del tiempo y cumpliendo con el propósito de la vida? El inquirir ayuda a lograr el desapego. Ayudará a ver que la mayoría de las cosas que aparenta el hombre no son más que ficciones. Tan pronto como se desvanecen los méritos que haya acumulado en nacimientos previos, el hombre entregará esta vida transitoria y morirá. Se llevará con él todo lo bueno y lo malo que haya hecho en esta vida. Tratamos de inquirir en el significado del mundo fenoménico cuando somos testigos del nacimiento que sigue a la muerte y de la muerte que sigue al nacimiento. ¿Es este ciclo del nacer y el morir el único rasgo importante de este mundo? Después de indagar llegamos a la conclusión de que morimos para nacer de nuevo y que nacemos para morir de nuevo. Mas esta conclusión no es la justa.

Hablando en general, la gente toma medicamentos para curarse de sus enfermedades aunque lo justo sería que se tomaran los medicamentos para no tener que tomarlos más. De modo similar, un individuo que haya asumido el nacimiento debería tratar de no hacerlo otra vez. El nacer y morir, morir y nacer lo hace a uno quedar atrapado en la rueda del tiempo. Sin tener un cuerpo, uno no puede hacer nada en el mundo. El cuerpo tiene una forma densa y ella no es sino un medio para cumplir con el propósito principal de la vida. Este cuerpo es responsable tanto respecto de nuestra atadura, como respecto de nuestra Liberación. Se dice que únicamente la mente es responsable de la atadura o Liberación del hombre. Esto no representa la verdad completa. Tanto cuerpo como mente son responsables. Sin el cuerpo no se podría reconocer la naturaleza de la mente de uno. La vida, la mente y la inteligencia se hacen evidentes sólo mientras acompañan al cuerpo. Por lo tanto, habríamos de usar un cuerpo tan sagrado con el útil propósito de ver la verdad. El hombre es el más sagrado de todos los animales. Nacer como hombre constituye un don extraordinario. Por ende, el hombre debe usar esta vida suya de una manera determinada.

Los discípulos de Sankara señalaron que el hombre permanecía en un estado miserable dentro del útero materno durante este ciclo de nacimientos y muertes. Después de nacer logra algún alivio de este sufrimiento. De modo que debe sacralizar su vida. El mundo puede compararse con una gran máquina. Cada individuo es un engranaje en ella. La totalidad de los seres constituyen esta máquina del mundo. Podríamos sentir la relativa importancia de nuestras vidas si se nos compara con pequeños tornillos, tuercas o clavijas en esta enorme máquina, y nos olvidáramos que ella depende justamente de sus partes pequeñas. Imaginen, por ejemplo, a un tren viajando a gran velocidad. Aunque cientos de personas trataran de detenerlo, sujetándolo, no podrían hacerlo. Los que lo intenten podrían salir lesionados. Mas si el conductor aplica los frenos, el tren se detendrá sólo con la ayuda de una pequeña palanca. Lo que cientos de personas no podían lograr, lo hizo esta pequeña palanca. Así también, cuando el hombre hace uso de su mente, sus ideales y su inteligencia, puede enfrentar el pesar, los problemas y la falsedad, puede tener la capacidad para contrarrestar el sufrimiento en el mundo. Esto es así, pese a no ser sino una pequeña palanca o perno en esta gran máquina del mundo. De modo que el hombre habrá de considerarse a sí mismo como persona buena y útil en el contexto de la prosperidad del mundo. En ningún momento hemos de temer que la vida vuele de este cuerpo. Este cuerpo está constituido por sustancias elementales y es una cosa obvia y natural que haya de perecer. Si en verdad reflexionamos profundamente, no debería resultar sorprendente que la vida abandone este cuerpo. Lo que habría de sorprender es que se mantenga por tanto tiempo en él. Aquí va un pequeño ejemplo. Tomemos un neumático de bicicleta o de automóvil. Si pinchamos un neumático con un pequeño clavo, todo el aire se irá. Si el aire puede salir tan fácilmente en estas condiciones de un neumático, deberíamos maravillarnos realmente que este neumático de nuestro cuerpo siga manteniendo la vida en él, y que ésta no escape por sus nueve grandes aberturas.

Todo se mantiene unido por la fuerza de Dios. Dios está presente en todas partes. Ustedes no son más que un medio a través del cual Dios está viéndolos a todos en este mundo. Sólo imaginan que ven con sus ojos, siendo que de hecho están viendo con los ojos de Dios. Este mundo está lleno de Dios y todo lo que ven es Dios. El cuerpo es como una burbuja de agua, temporal y transitoria, destinada a perecer. Un poeta describe la situación diciendo que lloran cuando nacen y lloran cuando mueren y lloran todo el tiempo, por una u otra cosa, durante sus vidas, pero no lloran cuando advierten que declina la Rectitud. Cada uno de ustedes es una pequeña partícula en el reino de Dios. Deberían tratar de mantener bajo control a todos los órganos de sus cuerpos, sólo así alcanzarán el resultado deseado. Si tomaran un palo y golpearan con él un hormiguero, ¿desaparecerá la serpiente que mora en él? Si castigaran sus cuerpos, ¿desaparecerían los deseos sensoriales? Si dejaran de comer y de beber, ¿llegarían a realizarse? Sin saber quiénes son, ¿cómo podrían lograr el Conocimiento de lo Divino? Lo primero que habrán de hacer es descubrir quiénes son.

Aquí va una pequeña historia. Un rey solía plantearle tres preguntas a todos los que llegaban hasta él. La primera era: ¿quién es la mejor persona? La segunda: ¿cuál es el mejor tiempo? La tercera: ¿cuál es la mejor de las acciones? El rey anhelaba las respuestas a estos interrogantes y nunca se sentía satisfecho con las contestaciones que obtenía de las diferentes personas a quienes las había dirigido. Un buen día se dirigió al bosque para disfrutar de un paseo. Subiendo y bajando por montes y llanos, se sintió muy cansado. Divisó un ashram y decidió descansar allí. En el momento de llegar, un santo estaba regando las plantas. Cuando se percató de lo cansado que estaba el visitante, dejó de lado lo que estaba haciendo, corrió hacia el monarca y le ofreció frutas y agua fresca. En esos momentos, otro santo llegó al ashram trayendo a un individuo herido. El primer virtuoso se dirigió de inmediato hacia él, lavó sus heridas y le entregó unas hierbas para curarlas. Al mismo tiempo le hablaba dulcemente para consolarlo. El rey se acercó al hombre santo para despedirse y para expresarle su agradecimiento. El virtuoso le bendijo y el monarca, inquieto aún por sus interrogantes, se los planteó al santón. Este le señaló que las respuestas a estas preguntas se hallaban en las acciones de que había sido testigo en el ashram. El rey le pidió que se lo explicara. El hombre santo le dijo entonces que, cuando había llegado, él estaba regando las plantas y que ello era su deber. Al verle había dejado de lado su deber y le había atendido dándole fruta y agua. Esto respondía a las tradiciones de Rectitud, puesto que el rey era su huésped. Mientras estaba aliviando al rey de su cansancio y su sed, había llegado al ashram otro individuo, herido esta vez y, por lo tanto, había abandonado su deber de servirle al rey, para atender al herido. Cualquiera que venga a uno en busca de un servicio, es, en ese momento, la mejor de las personas. Cualquier satisfacción que uno pueda proporcionarle al servirla, representará nuestro deber y, por ende, será la mejor de las acciones que se puedan llevar a cabo. El momento presente, cuando se pueda hacer algo, será el más sagrado de los tiempos. El futuro no se puede ver porque está fuera del alcance de los ojos. El pasado se ha ido y nada se puede hacer al respecto. Es así que el momento presente, en el que pueden cumplir con su deber, el servicio que le puedan prestar a una persona que llegue hasta ustedes y aquel que llegue buscando vuestro servicio, serán las tres mejores cosas que puedan encontrar. Esas fueron las respuestas a las preguntas del rey.

A esta tierna edad vuestra debieran reconocer el momento presente como el tiempo más importante. El cumplir con vuestro deber será el mejor trabajo que puedan llevar a cabo. Es vuestro deber el respetar a vuestra madre y a vuestro padre. Es vuestro deber el mantenerse alejados de las cosas malas y el llevar a cabo cualquier cosa que emprendan con el máximo de dedicación y de la mejor manera que puedan. Al actuar así, estarán haciendo lo mejor y sirviéndole de la mejor manera posible al país. La conclusión que surge de esto, es que a esta edad han de fortalecer las tres cualidades de la disciplina, la devoción y el deber. Vuestra vida presente no volverá otra vez, de modo que deben darle importancia a estas virtudes.

Es mucho mejor que vivan unos pocos minutos como un cisne a que lleven una vida disipada por cincuenta años como un cuervo. Prahlada dijo que debíamos hacer uso de nuestras manos para realizar labores sagradas. Debieran también usar la boca para pronunciar el Nombre del Señor. Si no pueden mostrar bondad y compasión, vuestro nacimiento no habrá significado sino un atentado contra la salud de vuestras madres. Siendo que pasaron tanto tiempo en el útero materno y le causaron tantos problemas a sus madres, debieran brindarles alegría ahora. Debieran expresarles vuestra gratitud. Habrán de pagar cuatro tipos de deudas en este mundo: la deuda para con vuestras madres, la deuda para con vuestros padres, la deuda para con vuestro santo patrono y la deuda para con Dios. Puesto que la madre les ha dado su vida, su sangre y su energía, y es responsable por vuestro nacimiento, deben mostrarle gratitud respetándola. Deben mostrarle gratitud a vuestro padre quien les da dinero, educación y protección. Los sabios o santos patronos les dan las cualidades humanas, de modo que hay que mostrarles gratitud. En último término, Dios es responsable por todos ellos, por lo que también han de demostrarle su gratitud a Dios.

En nuestro país existía antes una práctica que se denominaba "el sacrificio de un animal", que se conocía también como "Buta Bali" o sacrificio de vida. En lenguaje coloquial "Bali" significa "matar algo", aunque también significa "impuesto". Pagamos impuestos por la electricidad, por el agua y otras cosas, debido a que nos son entregadas para nuestro consumo desde lugares inaccesibles para nosotros. De modo que "Buta Bali" vendría a ser como pagarle un impuesto a Dios a cambio de que nos haya dado la vida y la oportunidad para llegar a entender la Realidad Esencial del Ser. Es como pagarle un impuesto a cambio del bien que nos ha otorgado. Este impuesto se paga en forma de disciplina espiritual y de buenas obras. El hombre desea para sí mismo felicidad y dicha. Ellas pueden obtenerse pagando impuestos en forma de meditación por la paz, oraciones por la felicidad y la dicha y varias otras disciplinas espirituales en pro de cosas similarmente positivas. Para cualquier cosa que deseen obtener, tienen que pagar algo. Si trabajan una jornada completa en una oficina, recibirán una remuneración completa. Si trabajan media jornada, recibirán media remuneración. En la actualidad mostramos sólo una devoción a medias, pero pretendemos una recompensa completa por este medio tiempo. ¡Cómo podríamos obtenerla! Si entregan sólo una parte de la mente y piden a cambio la total Gracia de Dios, viene a ser como exigir el pago total por un trabajo a medias. Si reconocen, en cambio, con la plenitud de vuestro corazón que todo lo que hacen, lo hacen por la Gracia de Dios, es seguro que Dios les recompensará en plenitud. Traten de hacerlo y lo lograrán.

LA VERDADERA EDUCACION
DA POR RESULTADO
LA HUMILDAD Y LA ECUANIMIDAD

*Desechen las malas cualidades como el deseo, la ira,
la codicia y el apego. Pregúntense quiénes son. Si son tan necios
como para no saberlo, tendrán infinitos problemas en el infierno.*

¡Jóvenes estudiantes!: Catorce de los discípulos de Sankara entregaron catorce estrofas diferentes para describir la naturaleza del apego. Después de ellos, Sankara mismo compuso un conjunto de doce versos. De estos doce, el que vemos aquí es importante y pone énfasis en el desapego. El deseo se destaca como líder prominente de todas las cualidades negativas. Las tres restantes —ira, codicia y apego— siguen al cabecilla y actúan según sus dictados. De hecho, Kama, el Dios del deseo, es responsable por nuestro nacimiento y Kala, el Dios del tiempo, lo es por nuestra muerte. Rama es responsable por nuestra vida y por todo lo bueno en ella. Si podemos llegar a ser merecedores de la Gracia de Rama, Kama y Kala no podrán molestarnos mucho. Al igual que las brasas cubiertas de cenizas, el agua cubierta por algún precipitado o el ojo cubierto por cataratas, nuestra sabiduría se encuentra dormida, cubierta por Kama. Se requiere que inquiramos respecto a la fuente y la naturaleza de Kama. Hasta tanto no podamos hacerlo, no seremos capaces de distinguir entre lo que es duradero y lo que es sólo temporal, entre lo que es justo y lo que es erróneo. Kama acrecienta nuestros apegos y con ello debilita nuestra memoria y nuestra inteligencia. Cuando nuestra inteligencia se debilita, nos volvemos inhumanos. De este modo, Kama puede llegar a arruinar nuestra vida. Por otra parte, si llegamos a comprender bien la naturaleza de Kama, se alejará instantáneamente de nosotros. Si, en cambio, le atribuimos un alto sitial, sin entenderlo, nos ganará la mano y bailará sobre nuestra cabeza.

Aquí va una pequeña historia al respecto. En una aldea iba a realizarse un matrimonio. Los acompañantes del novio llegaron y fueron alojados en una de las casas. Los acompañantes de la novia se alojaban en otra. Entre ambos grupos se movía un individuo que exigía toda clase de comodidades. Se dirigía al grupo de parientes del novio para quejarse de que siempre llegaban atrasados a todas partes y que le causaban problemas con esto a la familia de la novia. Los parientes del novio pensaban que el individuo era uno de los miembros ancianos de la familia de la novia. También iba a la casa de ésta y le enrostraba al grupo familiar que no mostraban suficiente respeto ni por los parientes ni por el novio mismo. El individuo había montado un drama. Visitaba a los acompañantes del novio actuando como respetable anciano del lado de la novia y se presentaba ante la familia de ésta como respetable miembro del grupo del novio. Cuando el drama llegó demasiado lejos, ambos grupos lo investigaron, descubriendo que no pertenecía a ninguna de las dos familias. En ese instante el individuo desapareció sin decir nada a nadie. De manera similar, tenemos dos "grupos": lo que trata de este mundo material y lo que trata del mundo espiritual. Una vez que los tienen, el deseo comienza a montar este drama en particular, yendo del uno al otro y posando de bienintencionado. Mas cuando llevan a cabo la indagación y descubren el origen de este deseo, verán que desaparece al igual que el individuo de la historia. Este mal del deseo no puede ser curado por medicina alguna. No puede ser suprimido por un cambio de lugar. La única forma de curarlo la constituye el ganarse la Gracia de Dios, de modo que si desean suprimirlo, habrán de hacerse merecedores de ella. Para llegar a merecerla, dice el Gita, el aspirante espiritual deberá convertirse en un hijo de Dios.

Daksha o Hijo de Dios es la denominación para el que ha aprendido sobre todas las ramas posibles del conocimiento, como lo relacionado con el mundo material, el conocimiento inferior y superior, el conocimiento espiritual, etc. Puede que conozcan las historias de Daksha que se encuentran en nuestros libros de mitología. Este erudito de nuestra mitología tiene sólo hijas. Una de ellas es Sathi Devi, nombre que representa a la Sabiduría. Debido a que este Conocimiento o Sabiduría está junto a Daksha en forma de una de sus hijas, Ishwara (Dios) la solicitó como novia y, al hacerlo, se emparentó con Daksha. De modo que si queremos acercarnos a Dios y establecer una relación con El, hemos de buscar la Sabiduría y conquistarla. Cuando logramos la Sabiduría, todas las demás ramas del conocimiento nos llegan automáticamente. Hoy en día, empero, uno no es aspirante espiritual sino de nombre. Pasamos todo el tiempo alimentándonos. Los aspirantes espirituales de hoy comen cosas pesadas, duermen como troncos y engordan más allá de todo límite. Esta es una de las razones por las que la cultura india está siendo ridiculizada hasta cierto punto. Aquel que no perjudique a otros, que no les cause problemas, que cumpla con sus deberes sin depender de otros, puede ser considerado un individuo digno. A esta edad de ustedes, debieran tratar de alcanzar lo Divino y permanecer humildes. Van a los colegios para adquirir educación, pero se olvidan para qué asisten a ellos. Los estudiantes debieran reflexionar sobre el principal de los propósitos por los que desean educarse. Son muchos los que asisten al colegio y pierden el tiempo en pos de deseos sensoriales. Llegan al extremo de abrir sus textos por primera vez en la época de exámenes.

¡Estudiantes, Encarnaciones del Amor!: No volverán a tener en la vida la edad que tienen ahora. Deben tomar conciencia de su santidad y sólo entonces tendrán la capacidad de adquirir conocimientos. Deben tratar de captar la esencia de lo que estudian. Si vuestra cabeza está vacía y receptiva, la pueden llenar de cosas beneficiosas. Mas si ya está llena de todo tipo de ideas, ¿cómo podrían poner algo más dentro de ella? El Bhagavad Gita declara que si entra en la cabeza un gran número de ideas impuras, no es posible rectificarlas de un momento al otro. Todas ellas habrán de ser desechadas lenta y firmemente. A veces sentimos que estas ideas negativas se encuentran tan profundamente arraigadas que resulta muy difícil desembarazarse de ellas.

Habrán de mantener una firme determinación para liberarse de ellas. Las ideas van entrando lentamente en ustedes a lo largo del tiempo, como resultado de vuestras propias acciones. Debiéramos reconocer cuáles de entre ellas se encuentran bajo nuestro control y cuáles están más allá de él.

Aquí va una pequeña historia que ilustra cómo ha de tratar uno con un mal hábito. Un individuo cayó en el hábito de consumir opio de manera continua. No le era posible controlarlo. Debido a su consumo de opio terminó por debilitarse y quedar en un estado comatoso. Encontrándose así, llegó a la ciudad una persona muy santa. El opiómano se unió como pudo a la multitud de personas que iban en busca de la visión divina del santón. Este le ofrecía su consejo y consuelo a muchos que estaban entregados a diferentes hábitos nocivos. Con ellos, también nuestro hombre se acercó a él. Al verle, el santón le indicó que su salud se estaba deteriorando y que había de abandonar su adicción. A ello, el opiómano le dijo que le era muy difícil prescindir del opio y le pidió su consejo para lograrlo. El santón le preguntó sobre la cantidad de opio que acostumbraba a consumir a diario y el hombre le mostró la medida que utilizaba. El santón tomó una barra de tiza igual a la medida de opio y le indicó que podía seguir consumiendo opio, pero ateniéndose diariamente a la medida de la tiza, con lo cual el adicto se sintió muy feliz. Al mismo tiempo, le dijo el santón que había de escribir tres veces OM sobre una pizarra, cada día, con la misma tiza. De este modo, la tiza se fue reduciendo y paralelamente, la cantidad de opio que esta persona consumía, hasta que, por último, fue eliminado el hábito.

De manera parecida sucede cuando se comienza a fumar hoy en día. Se empieza por unos pocos cigarrillos, se va aumentando su número a diez, a veinte y, finalmente, la persona se convierte en un fumador empedernido. Así también hay varias malas cualidades que han ido desarrollándose en algunos de ustedes y que, aun después de saber que son nocivas, resulta muy triste que no hagan un intento por disminuirlas y por renunciar a ellas. ¡Cuál sería el propósito de vuestra educación y de vuestro conocimiento si no desechan un hábito que saben que es malo! Ningún devoto debiera seguir la senda de la ignorancia, sino la de la Rectitud. Hemos de mantener nuestra atención fija en el Conocimiento y en la Sabiduría.

También se ha dicho que si logran zafarse del ego pueden llegar a entender a Dios, mas para ello habrán de preguntarse sobre la forma en que pueden llegar a liberarse del ego. Actualmente pensamos que lo que ha venido con una forma es "la conciencia del Yo".

También hacemos equivaler esta conciencia del Yo con arrogancia, mas no siempre lo es. Es algo que se encuentra presente en todo momento y en los tres aspectos, tanto sátvicos (puros y equilibrados), como rajásicos (inquietos) y tamásicos (inertes). Este ego tiene la facultad de arrastrar al hombre por caminos muy torcidos. Promueve de manera muy intensa el egoísmo y desemboca, finalmente, en hacerle olvidar quién es. El ego suele aflorar debido a la belleza, la educación, la riqueza, la posición o la casta. Si piensan que la belleza es la causa de vuestro ego, habrán de saber que la belleza brilla y desaparece en un instante al igual que un relámpago. Si piensan que la riqueza o la fuerza física son las causantes de vuestro ego, habrán de saber que ambas son como espejismos que se desvanecen en un momento. Si creemos que el ego proviene de nuestra posición, debemos saber que ella puede elevarse, bajar o desaparecer por completo. Tan pronto como pierden una posición se vuelven personas comunes y corrientes, de modo que no tiene sentido el hacer depender el ego de la posición de autoridad. Si quieren sentirse importantes o arrogantes debido a la educación que poseen, es bien sabido que la verdadera educación consiste en lograr humildad y en eliminar el ego. La verdadera educación no produce arrogancia. La verdadera educación trae a la humildad en su séquito y toda la gente educada mira a los demás con humildad y con ecuanimidad. Si planteamos la pregunta respecto de quién es un ciego en este mundo, la respuesta nos indicará que es aquel que lo sabe todo, pero que es incapaz de ver las cosas en su real perspectiva. Si nos mostramos capaces de prestar servicio y de comportarnos con humildad frente a los mayores, esto hablará de nuestra educación genuina. Sin saber nada respecto a la esencia de la educación, no vayan por ahí dándoselas de educados. Vuestra belleza, vuestra juventud, vuestra fuerza física, vuestra fortuna y vuestra posición no son motivo alguno para que se sientan orgullosos, porque a medida que avancen los años, todo se desvanecerá. En este contexto,

¡qué sentido tiene el sentir orgullo por este saco de piel que es el cuerpo!

¡Encarnaciones del Espíritu Divino, estudiantes!: Ustedes asisten a escuelas, colegios y universidades con el propósito de adquirir una educación. No piensen que la educación que reciban está limitada tan sólo a estas instituciones. La educación ha de recibirse de todo el mundo. Puede obtenerse en un taller, en una granja o en una profesión u oficio. El caminar por el mercado puede entregarles educación. Todos los aspectos de la vida pueden impartir educación. Deben considerar al mundo mismo como una universidad. Desde que se levantan hasta que vuelven a acostarse están empleando su educación para ganarse los mendrugos de la vida. Mas si no pueden hacer uso de su educación para estar cerca de los Pies del Señor, ¿cuál sería el propósito de todos estos conocimientos? Han de llevar a Dios en sus corazones y reconocer a todos los seres vivientes como sus iguales. No deben escatimar esfuerzos para sortear a los cuatro obstáculos del deseo, la ira, la codicia y el apego. Mientras estos ladrones estén en vuestra casa, no habrá seguridad alguna de que puedan echar mano del tesoro de la Sabiduría. Cuando logren ahuyentarlos, entrará un ladrón aun mayor y ése no será otro que Dios Mismo. Es por ello que se le ha llamado "el que roba vuestro corazón". Cuenta la historia que, en una ocasión, Krishna anduvo junto a Suradas llevándole de la mano. Suradas le preguntó si era Krishna y éste de inmediato le soltó la mano. Suradas exclamó: "¡Cómo puedo conocerte y entenderte! Eres más pequeño que la más pequeña partícula que uno pueda concebir. Eres más grande que lo más grande que uno pueda imaginar. Eres más poderoso que los ochenta y cuatro lakhs* de especies creadas. Eres el mayor ladrón entre todos los más grandes ladrones. ¿Cómo puedo comprenderte?" Reconociendo el hecho de que Dios es el único que puede eliminar de nosotros el ego y "la conciencia del Yo", es que se le ha llamado Madhusudana. Esta palabra indica usualmente "a quien ha conquistado a un demonio llamado Madhu". Pero "madhu" también significa "algo que es más dulce que la miel" y para el hombre la mayor dulzura la representa su ego. De modo que, en este contex-

---

* Un lakh equivale a cien mil unidades

to, a aquel que puede destruir por completo a este ego, se le llama Madhusudana. Es así que este dulce ego nuestro puede ser eliminado por Dios, que tiene aun mayor dulzura. Hemos de tener fe en El y acercarnos más a El. Si lo hacen, Dios mismo velará por que se les respete, por lo que haya de dárseles y por cuanto se les dé. Todo no será sino Su responsabilidad y todo descansará en El.

El mensaje de Sankara implica que deben eliminar a estos cuatro ladrones que están en ustedes encubiertos bajo la forma de cualidades negativas.

LA RECTITUD SIEMPRE PROTEGERA A QUIENES ADHIERAN A ELLA

Con palabras huecas uno jamás podrá experimentar la dicha o la felicidad. Sin plantar antes las semillas, nadie puede obtener los frutos de la Tierra.

¡Estudiantes!: El Universo creado por la voluntad de Dios es la corporificación de la Bienaventuranza. La Naturaleza y Dios aparecen como diferenciados, mas su unidad puede ser reconocida por las dulzuras que prevalecen en ellos. Con el propósito de que puedan ser comprendidos, se han dividido y se les han dado los nombres de Mukti Dhama, Vaikunta Dhama y Goloka Dhama, los que corresponden respectivamente a la Liberación, la Devoción y la Sabiduría.

Mukti Dhama representa la senda a lo largo de la cual uno inquiere sobre las variadas formas y nombres que son visibles en la Creación, los que siendo impermanentes, le llevan a uno a darse cuenta de que el Eterno Absoluto Universal que es el Dios Sin Forma ni nombre, constituye la Esencia de la Realidad. Por esta senda uno alcanza el aspecto del Yoga y a través del Yoga uno llega a la Liberación. A ello responde la denominación de este camino.

Por otra parte, si uno entrega su ego al Señor, piensa en El y solamente en El en todo momento, estaría siguiendo la senda de la devoción y ella se denomina Vaikunta Dhama.

Si uno desarrolla ideas nobles en los tres estados, es decir, en el denso, el sutil y el causal, y goza de una dicha continua reconociendo la unicidad de todo, desarrollando plenamente la convicción de su identidad con Dios, estará siguiendo la senda que se denomina Goloka Dhama.

La naturaleza del hombre es tal que va cambiando de un momento a otro. La mente cambiante es la que vela la verdadera naturaleza del Yo de cada uno. Debido a esta ignorancia, cada uno ve dualidad en el mundo y comienza a disfrutar de los cambios. Aunque uno fuera un buen cantante, por ejemplo, si no hace más que interpretar la misma canción, con la misma entonación todo el tiempo, cesará de resultar atractivo. Aunque no es visible, una canción consiste en una serie de sonidos agradables. Cada sonido tiene una forma y un nombre particulares. El hombre desea disfrutar de diferentes melodías con sus diferentes nombres y formas. Aunque el mundo es uno solamente, se muestra a través de diferentes percepciones sensoriales como sonido, tacto, vista, gusto y olor, debido a que está entremezclado con varias cualidades. De igual manera, pese a que el Yo consciente es uno solamente, asume variadas formas y nombres, debido a sus anteriores acumulaciones de impresiones.

Creemos equivocadamente que lo que se ve es verdadero y que es falso o irreal lo que no se ve. De hecho, el aspecto invisible constituye la base de lo que vemos. En un gran árbol que vemos, por ejemplo, hay frutas, hojas y ramas. La base para todo ello la constituyen la semilla y las raíces que no vemos. Todas las mansiones que podemos observar tienen como base los cimientos que están bajo tierra y que nos resultan invisibles. La responsabilidad para la felicidad o la belleza del hombre o para su sufrimiento o su fealdad, recae en la mente y en su comportamiento. Lo que vemos exteriormente como un hombre y todas las cualidades que exhiba dependerán, en último término, de lo que no vemos, y ello es su mente. Si un caballo cuyo propósito es tirar de un carruaje, se sienta en el pescante, ¿podrá tirar de él? Al igual que el caballo sentado en el carruaje no puede tirar de él, el Principio Divino en nuestro cuerpo, destinado a impulsarlo por el trayecto de la vida, no puede hacerlo si no se libera de él. El hecho de que uno esté sentado en un vehículo no implica que uno sea el vehículo. A lo sumo uno podrá ser quien lo conduce. El Yo que está en el cuerpo humano no lo puede guiar en tanto esté bajo la ilusión de ser idéntico con él. Sólo cuando pueda desechar esta sensación ilusoria y uno se desvincule del cuerpo, podrá el "sí mismo" tomar el control de la situación.

El Bhagavad Gita nos entrega una serie de lecciones para permitirnos llegar a desvincularnos de estos aspectos corporales y para guiarnos por el camino correcto. Un joven estudiante entre ustedes me preguntó hoy acerca de lo que había dicho Krishna en el Gita respecto a los seres humanos que desechan sus cuerpos para tomar otros al renacer, del mismo modo en que desechamos una camisa vieja y gastada y nos ponemos una nueva y en buen estado cuando se hace necesario. Señaló que ello le parecía apropiado en el caso de personas ancianas y enfermas, pero preguntó cómo podría aplicarse esto al caso de gente joven, cuyo cuerpo está aún sano y lleno de capacidades. ¡Estudiantes!: Lo dicho por Dios resulta muy difícil de entender y el sentido puede ser percibido tan sólo con Sabiduría. Unicamente aquellos individuos que tienen una profunda fe en Dios y que saben de las vías que Dios elige a veces, pueden descifrar estas cosas. Lo que sea una camisa vieja o nueva puede entenderse únicamente si lo miramos desde una perspectiva adecuada. Quiero explicarles esto más en detalle. Van a Cachemira en verano y se encuentran con que las telas de lana se venden a muy buen precio. Adquieren un corte, lo traen consigo, lo guardan en un baúl y se olvidan de él. Después de cuatro o cinco años, al ordenar sus cosas, lo encuentran, lo llevan donde un sastre y le encargan un traje. Lo usan para asistir a una recepción y ven con sorpresa que el pantalón se rasga. Se preguntan cómo es que un pantalón nuevo puede desgarrarse tan rápidamente. De hecho, aun siendo nuevo el pantalón, la tela es bastante vieja. De manera similar, puede que vuestro cuerpo sea joven, mas la naturaleza y la edad del Alma Individual pueden ser de gran antigüedad.

Otro estudiante me planteó una pregunta respecto a la corrección de lo que había hecho Dharmaraja cuando gritó que Aswathama había muerto, aunque agregara en voz baja que el que había muerto era un elefante con ese nombre. No cabe duda de que Dharmaraja creó la impresión de que había fallecido el joven Aswathama y, en este sentido, engañó a quienes le escucharon. ¿Era correcta su actuación o se justificaba? En este caso hemos de recordar el hecho real de que aquel día había muerto un elefante que llevaba el nombre de Aswathama, como Dharmaraja lo indicara en un murmullo. También es cierto que

Krishna le había indicado actuar así, con la intención de restarle fuerzas al guerrero Dronacharya, actuando sobre el apego que sentía por su hijo. Krishna convenció a Dharmaraja en cuanto a que no estaría diciendo una mentira si anunciaba en voz alta la muerte de Aswathama, agregando en voz baja que se trataba del elefante. Dharmaraja no hizo sino obedecer al Señor. El que Dronacharya no pudiera oír la palabra elefante fue su propia culpa y no la de Dharmaraja.

La guerra había terminado. Todos descansaban en una tienda. Dharmaraja, sintiéndose apesadumbrado, se dirigió a Krishna y le rogó explicarle por qué le había ordenado conducirse de una manera inconsistente con su nombre y reputación. Krishna le respondió que Él jamás hacía algo que no fuera justo o correcto y que nunca le pediría a sus devotos actuar de otro modo. Todo lo que haga tiene un sentido y una razón. Y para explicarlo, dio el siguiente ejemplo. Si un ladrón entrara de noche a vuestra casa robando algunos objetos de valor y luego escapa por una huella estrecha y llena de arbustos espinosos, tendrían que seguirlo por la misma huella si quieren detenerlo; no pueden esperar hacerlo si toman la carretera, en consideración a que es ancha y está libre de espinas. Si desean alcanzar al ladrón, deberán perseguirlo por el mismo camino estrecho que tomara para escapar. Así también Dronacharya, un Brahmin, un Gurú y una persona versada en todos los Códigos Morales y los principios de la Conducta Correcta, cuyo lugar apropiado habría estado allí en donde se imparte saber, ha venido al campo de batalla, violando todos sus deberes tradicionales. Esto constituye el primer desacierto que cometiera. Además, eligió combatir a los Pandavas que eran sus discípulos. Este fue su segundo error. He venido a este mundo para restablecer la Acción Correcta. Con el objeto de triunfar sobre la injusticia tuve que perseguir a Dronacharya por el mismo camino que él había elegido para transgredir las normas de la Rectitud.

Puede que surja en ustedes otra duda respecto de esta situación. Después de describir la conducta de Dronacharya como equivocada, cuando eligió luchar en contra de sus propios discípulos, ¿no deberíamos considerar como errónea la decisión de los Pandavas de luchar en contra de su propio preceptor? Esto no puede constituir un desacierto de los Pandavas. Desde un comienzo mismo siguieron los dictados del Señor. Adhirieron a la senda de la Rectitud. Incluso después de que ambos ejércitos se alinearan en el campo de batalla y dejaran oír sus respectivos sones de combate, Dharmaraja se quitó sus atavíos de guerra, dejó de lado las armas y caminó descalzo hasta su Gurú. Al verle así, los Kauravas pensaron que venía a rendirse y se llenaron de júbilo sintiendo que los Pandavas habían sido derrotados. No sólo fue eso, sino que también sus hermanos se sintieron molestos. Krishna, sin embargo, conociendo el impulso que movía a Dharmaraja, les sugirió a los demás que siguieran al mayor como lo habían hecho toda la vida. Aunque les había sorprendido esta conducta, no quisieron desobedecer al Señor, de modo que también se quitaron los atavíos de guerra, dejaron las armas de lado y siguieron descalzos a Dharmaraja. Se dirigieron todos primero hacia Bhishma y le hablaron así: "Tú eres nuestro abuelo y has sido nuestro padre desde que él muriera. Nos criaste con afecto. Tenemos que luchar en contra tuya. Por favor, otórganos tu permiso". Bhishma se sintió tan conmovido por la Conducta Correcta de Dharmaraja, que de inmediato les bendijo y les concedió el permiso solicitado. Luego caminaron hacia su preceptor Dronacharya y le hablaron así: "Tú has sido nuestro Gurú. Mientras Aswathama es tu hijo carnal, también nosotros hemos sido tus hijos, puesto que nos has educado. Sin embargo, las circunstancias hacen que debamos luchar en contra tuya. Por favor, concédenos el permiso para hacerlo". El corazón del Gurú se derritió de inmediato. Besó a Dharmaraja y dijo: "Quienquiera que proteja los dictados de Dios será a su vez protegido por ellos. Es así que les bendigo. La victoria será vuestra debido a esta meticulosa observancia de las reglas virtuosas de que hacen gala". Esta observancia de los Pandavas de los Principios del Recto Comportamiento, justo antes de comenzar la batalla, constituyó uno de los rasgos más encomiables de sus vidas. Es por ello que resulta tan absolutamente claro que no engañaron deliberadamente a Dronacharya.

¡Estudiantes!: Es posible que las historias que lean en las Escrituras puedan, ocasionalmente, despertar dudas en vuestras mentes. No se dejen confundir, tengan la seguridad de que no hay acto alguno de Dios que carezca de propósito. Deben tener fe en que estas historias e incidentes que aparecen en nuestros textos sagrados, como el Bhagavata y el Bhagavad Gita, buscan establecer y mantener la Rectitud. Mientras trabaja por el bien del hombre, hasta Dios ha de adoptar planes que no nos resulten fácilmente comprensibles. Su deseo de proteger a sus devotos, por un lado, y el sustentar la Verdad y la Conducta Recta por otro, lo llevan a hacer cosas que nos parecen confusas en una evaluación de lo aparente. Hay otro ejemplo en el cual Dios hizo algo aparentemente incomprensible para proteger a sus devotos. Sucedió en el último día de la guerra del Mahabharatha.

Todos los Kauravas habían perecido. La única excepción era Duryodhana. Cuando se aproximaba a su fin, le pidió a su amigo Aswathama que hiciera algo para darle coraje y alivio. Aswathama le aseguró y juró que antes de que amaneciera el día, mataría a todos los Pandavas y le traería la noticia para tranquilizar su mente y satisfacerle. Se dirigió entonces al templo de Kali para pedirle fuerzas. Kali, hablando desde lo invisible, le señaló que siendo que se atenían a la Ley Divina, los Pandavas estaban protegidos por esta misma conducta suya y que nadie podía darles muerte. Sin embargo, Aswathama insistió en seguir adelante con su propósito y, por su determinación, logró arrancarle una bendición general a Kali. Sabiendo de la promesa hecha por Aswathama, Krishna decidió salvar a los Pandavas y se dirigió a ver a Durvasa. El sabio le dio la bienvenida al Señor. Krishna le dijo que debía llevar a cabo una tarea y que Durvasa había de cumplir con ella. El sabio se llenó de júbilo y accedió de inmediato a cumplir con lo que le pidiera el Señor, con la salvedad de que no diría una falsedad. Krishna le aseguró que jamás le pediría mentir; le pediría decir la verdad, aunque ateniéndose a sus instrucciones. Entonces, le comunicó a Durvasa el plan de Aswathama y le pidió proteger a los Pandavas durante esa noche. Había de cavar un foso, hacer que los Pandavas se escondieran en él, cubrirlo con una plancha y sentarse él mismo sobre ella. Si venía Aswathama, como lo haría algunas horas más tarde, y preguntaba acerca de dónde se encontraban los Pandavas, Durvasa había de decir la verdad, pero enfatizando algunas palabras. Durvasa accedió. Aswathama buscó a los Pandavas por todas partes y no pudiendo hallarlos, llegó hasta Durvasa esperando que el sabio que todo lo sabía pudiera indicarle dónde encontrarlos. Alabó a Durvasa por su conocimiento divino y le preguntó sobre dónde podrían estar ocultándose los Pandavas. Durvasa recordó lo que Krishna le había indicado y, pretendiendo enojo, gritó: "¿Los Pandavas?... ¡Están ocultos bajo mis pies!" Aswathama, temiendo la ira del sabio, tomó sus palabras como manifestación de disgusto y se marchó. De esta manera el Señor pudo proteger a sus devotos y Durvasa no tuvo que decir una mentira.

Les he dado hoy las respuestas a las dos preguntas seleccionadas, con el objeto de fortalecer vuestra fe en nuestra mitología y en nuestras Escrituras Religiosas. Hasta tanto no sean capaces de desarrollar la fe y de adquirir la fuerza necesaria como para descifrar el significado interno de las muchas historias que contienen nuestros textos sagrados, habrán de recurrir a sus mayores. Esto les pondrá sobre el camino correcto. Pondré fin ahora a este discurso y recibiré otras preguntas en los días venideros.

CADA UNO HA DE TRABAJAR SIN PENSAR EN LOS FRUTOS QUE OBTENDRA

Miran las cosas con sus ojos. Se sienten muy felices creyendo que lo que así están viendo es la Verdad. Mas si desean entender qué es la Verdad, habrán de saber que se oculta detrás del telón. No descansen. Vengan conmigo y entonces veremos lo mismo.

¡Estudiantes!: ¿Cómo pueden encontrar a Aquel que todo lo permea y que es siempre refulgente? El que está presente en ustedes, en torno de ustedes y en todo lugar. Si cierran los ojos y le buscan, ¿cómo pueden encontrarle? Hay dos párpados en forma de "yo" y "mío" que les cubren los ojos de la Sabiduría. Si pudieran abrir estos párpados, podrían ver la real verdad del mundo. La ignorancia representa la falsa identificación del Yo con el cuerpo o la mente. La empresa espiritual ayuda a rebasar los deseos mundanos. Con ello, la mente se aquieta y uno alcanza el estado de "carencia de ego", en el que brilla por sí mismo el Fulgor del Ser. La experiencia de la ausencia del ego les despierta del sueño de la relatividad y la servidumbre. La naturaleza está compuesta por tres gunas o cualidades básicas: las sátvicas, rajásicas y thamásicas (la pureza, la inquietud y la inercia) y su interacción determina la naturaleza y el estado de ánimo de los seres humanos, en diferentes intervalos en el tiempo, de acuerdo al predominio de la una o la otra.

Hay tres tipos de seres. Los que se esfuerzan por satisfacer sus deseos sensoriales, rebosando contento cuando están alegres y lamentándose cuando se encuentran en medio de dificultades, pueden ser comparados a un trozo de hierro. Si ponen este hierro en el fuego, se ablanda y se pone rojo y en el proceso pierde sus características intrínsecas. Cuando lo retiran del fuego, se endurece y se pone negro, recobrando su forma original. La gente que es como este metal, exhibe cualidades positivas mientras se encuentre en buena compañía; sin embargo, tan pronto se aleje de ella vuelve a sus antiguos hábitos y a su incorregible estilo de vida.

Por otra parte, hay otros que se sienten felices en medio del pesar. Estas personas pueden compararse con el oro. Si toman un trozo de oro y lo ponen al fuego para derretirlo, el oro se libra de sus impurezas. De igual manera, si el hombre puede librarse de su pesar aunque esté sufriendo, se le podría comparar a un trozo de oro.

La gente que se mantiene impertérrita en medio del pesar o de la alegría puede compararse con un trozo de diamante. Esto significa que se mantendrán siempre en un estado de equilibrio. En el caso del diamante, pueden tratar de cortarlo de muchas maneras, mas con cada corte no hacen sino incrementar su valor. El valor del diamante no se reduce con este tratamiento. Las personas de este tipo residen siempre en el ámbito de la Bienaventuranza Divina.

El deseo o el temor alejan al hombre de su deber y lo rebajan en la estima de otros. El deseo nos exilia de la felicidad que está dentro de nosotros y su cese, en cambio, nos permite saborear algo de ella, aunque no sea sino por unos instantes. Cuando alguien intenta conocer cualquier cosa fuera de sí mismo sin preocuparse por conocer la verdad acerca de sí mismo, el conocimiento que adquiera no será el conocimiento correcto. Uno que no se entienda a sí mismo nunca llegará tampoco a entender nada acerca de la Divinidad. En el sagrado campo del corazón encontrarán un Kalpatharu, el árbol que les otorga todo lo que deseen. En torno de este árbol crecerá una enorme cantidad de malezas. Si logran arrancarlas, obtendrán la visión de este "árbol de los dones" que llevan en el corazón. Esto es lo que denominamos el Alma. Para que podamos experimentar esta verdadera naturaleza del Alma, no tenemos más que emprender cierto tipo de acciones que se relacionan con el modo correcto de vida. Alguna gente sostiene que todos los Karmas (actividades establecidas por la ley cósmica de causa y efecto) que llevamos a cabo representan diferentes aspectos de la Rectitud. Mas no es posible que todos los Karmas constituyan diferentes aspectos de la Rectitud. Otros dicen que únicamente los trabajos que son puros y equilibrados o lo que se relaciona con la quietud interna puede considerarse como Karma Recto. Puesto que se nos ha dicho que únicamente el Karma, ya sea puro o no, relacionado con los asuntos del mundo es el que puede describirse como recto, deberíamos indagar un poco al respecto. Hay momentos en que nos mostramos bondadosos hacia los individuos y hay otros, en que incluso matamos a nuestros enemigos en una batalla. Estos también son Karmas. Para proteger este cuerpo que en última instancia es responsable por llevar a cabo el Karma, realizamos muchos tipos de trabajo. El trabajo para satisfacer nuestros deseos sensoriales no puede ser considerado como referente a los dictados de Dios. Sólo cuando se llega a eliminar el egoísmo y varios tipos de deseos de la mente mientras se trabaja, podrá describirse esa labor como aspecto de la Acción Correcta. Podemos considerar un tal Karma como aquel que cumple con los dictados de la Ley Divina. Tales acciones ayudarán también a que el individuo avance espiritualmente.

Aunque la Rectitud revela la noción de la unicidad con todos y con cada uno, en la práctica, no obstante, varía respecto de diferentes países, entre diferentes individuos y en diferentes épocas. Si la mente se ocupa de lo mundano, estará separada de la luz del Alma y esta separación causa perturbaciones mentales. Para tener la visión de Dios, habrán de purificar los instrumentos internos y llevar una vida virtuosa. Deberíamos mantener nuestra inteligencia desvinculada de los temas y asuntos mundanos. La inteligencia no debería representar un instrumento para satisfacer obsesiones físicas o mentales, sino que debería ser utilizada en pro de la revelación del Espíritu Universal. No debería ser sino un testigo y permanecer incólume, sin ser afectada por el entorno. Entonces se encontrará en un estado de renunciación espiritual. En este contexto, el sacrificio del trabajo no podrá ser algo relacionado con la renunciación. Con ella sólo puede asociarse el sacrificio de los deseos de uno. La gente se refiere a veces a que uno ha de sacrificar los resultados de todo trabajo que realice y arguyen que de ser así, no hay necesidad de llevar a cabo trabajo alguno y afirman que es esto lo que nos enseña el Bhagavad Gita. Nada puede estar más lejos de la verdad. Nadie puede sacrificar todo tipo de trabajo y continuar viviendo. El cuerpo ha sido creado para trabajar. Por lo tanto, cada uno ha de hacerlo. No obstante, al cumplir con el trabajo, si vuestros pensamientos son sagrados, realizarán una buena labor sin ansiar los frutos que provengan de ella.

Gente de mente débil desea sacrificar, por devoción, su cuerpo. Esto no representa sino un pobre sacrificio y uno que no les conducirá hasta la meta. Vuestro esfuerzo deberá centrarse en no dejarse afectar por el entorno. Por otra parte, si sacrificaran sus cuerpos, puede que tengan que renacer para cumplir con el mismo Karma.

El hombre encuentra tres tipos de conocimiento: el externo que se realiza con el cuerpo, el que se conecta con el aspecto sutil del cuerpo y el que se vincula con el espíritu interno. El primero trata de amarrar al individuo; el segundo trata de atar a otros y el tercero les da la liberación de toda atadura. Por ende, es éste el que debemos tratar de adquirir. Si alcanzamos el conocimiento externo o el sutil, ello resultará en ataduras, ya sea para nosotros mismos o para otros, pero no pueden representar medios para vuestra propia liberación. Hemos de entender también la diferencia entre el conocimiento sutil y el del espíritu interno. Es habitual establecer una distinción entre el "yo" individual y la "sabiduría" que posea. El sentir que el "yo" y la "sabiduría" están separados, implica que debe haber algo que establezca una conexión entre ambos. Si no hubiera nada entre el individuo y su conocimiento, entonces no nos sería posible distinguir entre ambos. Este poder indiscernible o conexión entre ellos es el Nexo que los une, y por eso podemos distinguirlos. En el momento en que se elimina este Nexo, logran una sensación de unidad. De modo que deben llegar a unificar aquello que ha de conocerse, el proceso cognoscitivo y aquel que desea conocer. Si se encuentran separados entre sí, se da la dualidad. Este proceso de fusión del Nexo hace al hombre olvidar su individualidad y lo convierte en uno con el objeto del conocimiento.

Aquí va un pequeño ejemplo al respecto. Hay alguien que ama y alguien que es amado, mas entre ambos no hay conexión posible, a no ser que se produzca el acto del amor. Así como este acto del amor reúne a dos individuos recíprocamente enamorados, así también el proceso del Nexo reúne al objeto que ha de ser conocido con aquel que desea conocer. Si llevamos a cabo, entonces, un estudio intensivo del proceso del Nexo entenderemos la unidad entre ambos: el objeto y el sujeto que quiere conocer. Los varios procesos e intentos para llegar a realizar esta unidad pueden considerarse como aspectos importantes de la Acción Correcta.

La Rectitud o Dharma recibe tres denominaciones que señalan al Dharma interno, al denso y al sutil. El Dharma o Acción Correcta también asume los tres atributos de armonía, actividad e inercia y se mueve en las tres divisiones de la adoración, la sabiduría y la acción. Este hecho de los aspectos que incluye el Dharma están implícitos en el concepto de Justicia Divina. Para nosotros, los rasgos esenciales de la Rectitud lo constituyen el poder reconocer al Principio Divino en los tres gunas (cualidades primarias del ser consciente), la presencia de la Divinidad en el pasado, el presente y el futuro, y el ser capaces de asociar la Divinidad con los tres aspectos del cuerpo: lo denso, lo sutil y lo causal. Como lo anterior le resulta muy difícil de aprehender a un individuo común, tomamos por lo general un camino más fácil y hablamos de tipos especializados de Conducta Recta: el referido al cuerpo, a la casta, al individuo, a la sociedad, etc. Si no nos empeñamos en seguir estas formas especializadas de Conducta Recta, no nos será posible reconocer ni practicar la Eterna Sabiduría.

Hay otro ejemplo para esto. Nuestro cuerpo consiste de muchos órganos. Podemos considerar que el cuerpo se encuentra en buenas condiciones cuando todos estos órganos funcionan bien. Si el uno o el otro no funciona bien, no podemos decir que el cuerpo, en su totalidad, esté saludable. De manera similar, estos dharmas individuales y especializados referidos a casta, cuerpo, religión, sociedad, etc., permiten que el total de la Sabiduría Eterna brille y se muestre saludable. Si seis ciegos, por ejemplo, se acercan a un elefante, el que toque su panza lo imaginará como un muro, el que le toque la oreja lo imaginará como un abanico, el que le toque una pata lo describirá como un pilar, el que le toque la cola lo describirá como una gruesa soga y el que le toque la trompa lo describirá como una gran serpiente.

En realidad, el elefante es la totalidad de todas estas partes que fueran tocadas y descriptas por diferentes individuos. De manera similar, son muchos los ciegos que tocan a esta inmensa Sabiduría Eterna y la describen como consistiendo sólo de aquello que han sido capaces de comprender. Los que adhieren al Vaiduka Dharma, los que siguen al Jainismo, los que adhieren al Cristianismo, los que siguen al Islam, etc., todos describen aquella parte de la Sabiduría Eterna que es la apropiada para su respectiva religión. Ninguno de ellos ve o describe la totalidad de la Sabiduría Eterna. Cada uno no describe sino un fragmento. No es necesario que discutamos respecto de si lo que dice cada uno es verdadero o falso. No cabe la menor duda de que describen acertada y genuinamente aquello que han experimentado o lo que han elegido describir. Lo que no obsta para que no estén sino describiendo una parte de los dictados de Dios y que nadie hable de su totalidad. Por ende, si desean llegar al cuadro total de la Rectitud y a entenderlo, lo que deben hacer es establecer una síntesis de la esencia de todas las religiones. Cuando seamos capaces de extraer y de reunir las ideas contenidas en cada una de ellas, las leyes morales que todas ellas sustentan y la verdad que todas ellas encierran, tendremos un cuadro general de la Sabiduría Eterna.

Nadie tiene derecho a menospreciar o a criticar la religión de otro. Tienen sí el derecho de describir el código de conducta que sienten suyo o aquel aspecto en particular que hayan elegido entender. Mas no les asiste el derecho de discutir o de criticar otros aspectos. Tienen únicamente la vivencia directa de aquel aspecto que hayan elegido, pero no tienen experiencia con otros. Cuando alguien comienza a hablarles de sus puntos de vista, podrán sentir que tiene la razón porque está describiendo el componente en particular que ha elegido y que ha entendido. No tendrán razón alguna para pensar que esté equivocado; cada uno tendrá la razón a su manera. Antes de entrar en ninguna discusión, habremos de evaluar nuestra propia capacidad y nuestra propia fortaleza.

Les diré ahora algo que la mayoría de ustedes conoce por su experiencia diaria. En las grandes ciudades tienen grandes rotondas en las que convergen cuatro avenidas de tránsito. Hay señalizaciones que les indican qué dirección seguir. Si llegan hasta allí desde el Este, tendrán que mirar si vienen otros vehículos desde el Norte, el Sur o el Oeste, porque si no lo hicieran, podrían provocar un accidente. Como en esta analogía, este gran círculo del mundo objetivo o la naturaleza tiene cuatro caminos que convergen en él. Ellos son: Vedas (Escrituras sagradas), Código Moral, Epica histórica y otras de la Mitología hindú. Si van por uno de ellos, digamos la Mitología, ¿cómo podrían conducir una discusión, sin reconocer antes lo que viene por los demás? Mucha gente conoce la Mitología, pero no sabe nada respecto de los Vedas. Otros conocen los Vedas, pero saben muy poco de la Mitología. Así también, puede que algunos conozcan la Epica, pero no saben nada de los demás. Y es a través del reconocimiento de los cuatro que obtendremos la Gracia de Dios. Si tomamos a Dios solamente como ideal y como auriga de nuestras vidas, no sufriremos ningún daño. Al igual que el policía destacado en la rotonda y que les indica la forma de sortear a salvo el tránsito, Dios les dice cómo andar a salvo por este ancho mundo. El policía puede a veces ser el causante de algún accidente por no mirar en todas direcciones, mas el Divino policía que hay en Dios no permite nunca que ocurra accidente alguno. Con que nos entreguemos a Dios solamente, no cabrá duda de que nuestra vida será feliz y que El cuidará de nosotros.

¡Estudiantes!: Puede que no entiendan ahora el pleno significado de la Acción Correcta, pero deseo ampliarlo en los días venideros con ejemplos que les resulten fácilmente comprensibles. Hay gente muy confundida respecto de la naturaleza de la Rectitud. Pero esto no debe resultar necesariamente confuso. La Rectitud tiene relación con vuestra felicidad, vuestra seguridad y vuestra paz.

LA VERDADERA NATURALEZA DE LA RECTITUD

No pueden esperar obtener buenos resultados después de haber incurrido en un acto negativo. Después de haber hecho algo bueno, no tienen por qué temer algún resultado adverso. Si plantan semillas de limoneros, ¡cómo podrían obtener otros frutos que no sean limones! Todas las formas y todas las religiones se relacionan con El. El está presente en todos los ídolos que adoramos. ¡Estudiantes!: En este mundo infinito hay incalculables seres individuales. Entre todos ellos el hombre reina supremo. En tanto que cosas como el comer y el dormir son comunes a todos los seres vivientes, el hombre se distingue de los demás por dos aspectos. Uno es la Conducta Correcta y la otra, la Sabiduría. Si no se encontraran en el hombre, también habría de ser clasificado entre las otras cosas vivientes.

Ante todo debiéramos inquirir respecto de qué significa Dharma. El Dharma o la Rectitud le ordena al hombre acatar ciertas normas de conducta para el progreso social y espiritual. Puede considerarse que es la observancia de tales restricciones y disciplinas. La Acción Correcta puede resultarle lesiva a las personas que busquen menoscabarla y, por el contrario, protegerá a todos quienes la protejan. Otra sagrada virtud del Dharma o Rectitud es que atrae la victoria hacia cualquiera sea el punto en que se encuentre. Son muchos los ancestros de este país que han comentado esta sacra palabra. Esta tierra ha sido tan bien atada con la soga de la Rectitud que muestra rasgos distintivos y le sirve de ejemplo a otros países. En realidad, esta palabra Dharma o Rectitud está ligada a una infinita variedad de sentidos y, en la época actual, se la describe muy inadecuadamente por medio de un solo término: deber. El deber es algo conectado a un individuo, un predicamento, época o país en particular. Aunque, por otra parte, la Rectitud es eterna e igual para todos en todas partes. Simboliza el valor del Alma interna. El lugar de nacimiento de la Rectitud es el corazón. Lo que emana del corazón como una idea pura será llamada Acción Correcta cuando se traduce en la acción. Si hubiera de decirlo en una forma que puedan entender, podría resumirlo diciendo "actúen respecto de los demás tal como quisieran que se actuase con ustedes". Esto es el Dharma o la Rectitud. El Dharma consiste en evitar acciones que puedan herir a otros. Sabiendo lo que les hace felices a ustedes, deberán hacer aquello que sea causa de felicidad para otros. Si nos damos cuenta de que lo que hacen otros va a crear dificultades y lo hacemos también, ello sería contrario a la Rectitud.

Hay oportunidades en que, bajo ciertas circunstancias, hay que increpar con dureza a un individuo que haya cometido una injusticia, con el objeto de que se enmiende. El que uno haga uso de un cuchillo a veces, no puede llevarnos a concluir sin más que se trata de un acto malvado o que sea una persona cruel. Un médico, por ejemplo, puede hacer uso de un cuchillo y abrirle el corazón a alguien mientras realiza una operación. ¿Lo llamaremos un acto de crueldad o una ayuda? Si lo que hacen tiene conexión con lo falso, podría llamarse contrario a la Rectitud. Pero no se puede etiquetar así ninguna acción que lleven a cabo con amor. La ley equivale al amor y todo el sistema legal se basa en el amor. Si por ejemplo, un niño comete una equivocación y la madre lo golpea, ¿lo llamarían crueldad o falta de Rectitud? Según los casos, la Rectitud ha adquirido muchos significados distintos. Puede referirse a la época, al mundo, al corazón, a una secta, etc. Hay variedades de Acciones Correctas que se han generalizado en los tiempos actuales. La forma combinada y la esencia de todas ellas es la Justicia Eterna, y es en este contexto que podemos decir que todas las religiones son Suyas y todas las formas son Suyas. Cualquiera sea el Dharma de que se trate, jamás les enseñará a mostrarse irrespetuosos para con sus padres o sus maestros. Nunca les dirá que pronuncien falsedades. Todas las religiones han tenido mucho en común y ello es lo bueno que tienen todas. No obstante, lo que hemos estado haciendo nosotros es descuidar lo que ha sido común a todas las religiones. Por otra parte, nuestra atención ha sido atraída por todo aquello que ninguna de las religiones ha dicho nunca. Esta es la razón por la cual hemos tomado por la senda de "la falta de Rectitud". Si cada uno desarrollara fe en su propia religión y pusiera en práctica todo lo que ella haya dicho, no habría lugar para todas las diferencias de opinión que han surgido ahora, ni para esa forma inculta y carente de educación de la que a menudo hablamos. Dicen profesar una religión, mas si en la vida diaria actúan de manera que la contradice, muestran a las claras la poca fe que sienten por cualquier religión. Si tuvieran real fe en la religión que dicen profesar, no se daría ninguna oportunidad para que se comportaran de un modo que contraría su contenido. Cuando las declaraciones se manifiestan divorciadas de la práctica, aparecen sólo como un atavío externo. Esto en sí mismo "es contrario a la Rectitud". Toda nuestra devoción y nuestra fe no son sino apariencias hoy en día. No están realmente en ustedes. Si vamos a cualquier lugar de culto o de peregrinación, damos grandes muestras de devoción, pero cuando nos vamos de estos lugares, toda esta devoción y esa fe se quedan atrás. Es en este contexto que el Bhagavad Gita dice: "Han de ser siempre y en todo lugar un yogui y un devoto". Nuestras virtudes salen a relucir únicamente cuando hacemos culto devocional u oración. Tan pronto salimos del culto devocional, nos despojamos de ellas. Las virtudes no deberían estar atadas a un momento o lugar en particular; han de ser observadas durante toda la vida de uno.

Había un individuo que debía cubrir una distancia de diez millas en la noche. Llevaba una linterna, pero su luz alumbraba sólo a unos cuatro o cinco metros del camino. Al internarse en el bosque, se comenzó a preguntar cómo podría terminar su recorrido con esa linterna que alumbraba tan poco. En esos momentos le alcanzó un renunciante que iba en la misma dirección y le preguntó por el motivo de su inquietud. El hombre le expuso que tenía que cubrir una larga distancia con esa linterna que no alumbraba sino a unos cuantos pasos. El renunciante le aseguró que llevando esa luz consigo, ella le mostraría el camino a lo largo de todo el recorrido. De manera similar, la conducta virtuosa que observemos, nos ayudará a atravesar toda nuestra vida. Puede que duden de la Omnipresencia de Dios, pero si toman conciencia de que sus propios cuerpos son el templo de Dios, que sus corazones son el asiento de Dios y que el Alma Individual dentro de ustedes no es más que un reflejo de Dios, entonces vuestro cuerpo será vuestro lugar de meditación y, de ese modo, el Señor estará presente adondequiera que vayan. Es así que habrán de ver lo Divino en todas las obras que lleven a cabo, en todos los individuos que encuentren y en todos los pensamientos que alberguen, y deberán actuar de acuerdo con esto. Para que puedan adquirir estas buenas cualidades, han de desarrollar la fe y seguir los caminos indicados por los textos sagrados como el Bhagavad Gita, el Mahabharatha, el Ramayana, la Biblia o el Corán.

Cuando pensamos en Iswara, de inmediato nos imaginamos a alguien que lleva el cabello atado en un rodete sobre la cabeza, que blande un tridente en la mano, que tiene tres ojos y que se cubre con una piel de leopardo. Iswara, en realidad, significa alguien que es un elevadísimo ser, como Maheswara y que encierra en sí todas las formas de prosperidad. Se debe a la volición o voluntad divina de Maheswara el que creamos que se está produciendo la creación, la mantención y la disolución del mundo creado. Es usual que se describa a Maheswara como conformado por tres partes: Shiva, Vishnu y Rudra. El nombre de Shiva significa que él nos da felicidad y prosperidad. Por otra parte, también es Shiva quien nos muestra la senda correcta relativa a la Sabiduría, al éxito y el que nos otorga varios tipos de riquezas, debido a lo cual también se le llama Sankara. La palabra "Sankara" ha de entenderse como formada por dos partes: "San" y "Kara". "Kara" significa hacer entrega de algo, y "San" todo tipo de riqueza. De modo que el que nos hace entrega de todo tipo de riqueza y de éxito, es Sankara. Fue respecto de estos sagrados significados que les hablara anteriormente sobre las tres clases de conocimiento: externo, sutil y del espíritu interno. Mencioné también que el conocimiento externo le obliga a uno, el conocimiento sutil obliga a los demás y el conocimiento del Ser interior los libera a todos. Hay gente que alberga dudas respecto a cómo el conocimiento sutil puede amarrar a otros. Haciendo uso de las riquezas, uno puede tratar de dominar a otros obligándoles. La palabra riqueza encierra aquí un significado muy amplio. Podemos obligar a otros con la riqueza cuando ésta se da en forma de dinero. Podemos obligar a otros con la riqueza cuando ésta toma la forma del amor. Estas son diferentes formas de riqueza. También pueden obligar a otros con la Sabiduría. Se dice que "el devoto puede obligar a Dios por medio de su devoción". Por ende, este concepto de que la riqueza que otorga Iswara en tantas formas diferentes puede ser empleada para obligarlo a uno, viene a ser algo que responde a la doble naturaleza de no ser ni verdad ni falsedad. Es una concepción que se ubica entre la una y la otra. Aquel que ha adquirido la riqueza de la Sabiduría y se hace idéntico con ella, se torna en un ser muy feliz y se habla de él como del "Tat eva twam". Esto significa que esta persona está sumida en la dicha y es una con el objeto de su Sabiduría. A este estado se le denomina "Twam eva tat". En ambos enunciados podrán observar que un sitio le corresponde al Gurú y el otro, al discípulo. Aquel que ocupa el lugar del Tat, de lo Divino, y que explica el significado del Twam, del "Yo", será el Maestro. El que ocupa el lugar del "Yo" y está indagando sobre la "naturaleza de lo Divino", será el pupilo. Un Maestro también está en el lugar de la Esencia Divina, y el estudiante reside muy próximo a él. Tiene la oportunidad de recibir así buenas ideas. Cuando se encuentran en la proximidad de algo bueno, habrán de tratar de conseguir la naturaleza de aquella cosa buena. En estas circunstancias, el estudiante recibe la oportunidad de llegar a ser uno con el Maestro y pasar al estado de renunciación espiritual.

Si he de hacer que este concepto resulte fácil y claramente comprensible, debo llamar vuestra atención sobre la práctica que existe en nuestro país del "upavasa" es decir, de "vivir en la constante presencia de Dios". Para llegar a su significado, hemos de entender la diferencia entre "upasana" y "upavasa". "Upavasa" es vivir muy cerca. "Upasana" es estar sentado muy cerca. No sentimos calor cuando estamos sentados cerca de un equipo de aire acondicionado. Similarmente, en invierno nos sentamos cerca del calefactor y recibimos los beneficios del calor. Realizamos el "upavasa" porque deseamos aproximarnos a Dios y permanecer cerca de El. ¿Cuál es la ventaja de aproximarse a Dios? El beneficio que implica es que el Eterno Absoluto Universal de Dios pasará a nosotros, y las malas cualidades que haya en nosotros desaparecerán. Esta es la forma en que hemos de entender el significado de "vivir en la constante presencia del Señor".

Tenemos la intención de acercarnos a Dios, mas en la práctica lo hemos reducido a comer media docena de panes, una docena de bananas y tomar medio litro de leche, después de refrenarnos de comer arroz. ¿Tendrá algún sentido este tipo de "upavasa"? Es obvio que de esta manera no comprendamos el correcto significado de nuestra sagrada cultura. Hasta cierto punto, nos sentimos, así, desilusionados por los resultados que nos rinden nuestra disciplina espiritual y nuestras prácticas.

¡Estudiantes!: Han venido aquí para este curso de verano y se quedan con el específico propósito de entender la Verdad. Deben grabar en sus corazones la verdad sobre estas cosas y difundirla entre sus amigos, cuando vuelvan a sus casas. Deberán trabajar por que el futuro de nuestro país se reconstruya sobre estos firmes cimientos. Les bendigo y doy fin a este discurso.

LA MEDITACION ES DIFERENTE DE LA CONCENTRACION

He estado buscando. He estado buscando todo el tiempo.
Buscaba entonces y busco ahora el poder encontrar a uno,
entre los hombres, que posea el verdadero espíritu del hombre.
No hay escasez de seres humanos. Mirando la forma del hombre,
no soy capaz de vislumbrar la verdadera naturaleza de lo Divino.
Viendo algunos frutos de algodón silvestre, imaginamos
a veces y nos hacemos la ilusión de que son mangos.
Viendo la caña silvestre, hundimos los dientes en ella bajo la
ilusión de que es caña azucarera. Mirando trocitos de mármol,
los echamos a la boca llevados por la ilusión de que son caramelos.
No deberíamos dejarnos engañar viendo la forma exterior del hombre.
Lo que es importante no es la forma exterior, sino sus gunas o atributos.

¡Estudiantes!: Resulta esencial para nosotros tomar conciencia de la cualidad distintiva que caracteriza a un ser humano. Con el objeto de adquirir estas cualidades, hemos de desarrollar concentración, espíritu de sacrificio y fe en Dios. La Sabiduría que así se obtenga, brillará como el Sol. En nuestro estado de ignorancia, no obstante, la luminosidad de la Sabiduría se encuentra opacada por las nubes del egoísmo. En tanto el hombre no se muestre capaz de disipar estas nubes, no podrá ver el Sol de la Sabiduría.

El árbol que esparce su sombra no piensa en el beneficio que le proporciona a los caminantes. El hombre, en cambio, cuando piensa en su cuerpo, en sus bienes, en su familia, en sus posesiones, su mujer y sus hijos, siente apego por todos ellos.

Debemos emprender una indagación y descubrir quién es el "yo", cuando el individuo dice: "ésta es mi casa", "éste es mi dinero", "éste es mi padre" o "éste es mi cuerpo". Habríamos de descubrir quién es el individuo que reclama como suyas estas cosas. Aclarar si es el cuerpo el que las declara como suyas o si es el "yo", el "sí mismo" que reside en el cuerpo quien lo hace. Si fuera el cuerpo quien las reclama, entonces qué sentido tendría decir "éste es mi cuerpo". De modo que el cuerpo no puede ser él y estar separado de él. El cuerpo, por sí mismo, es inerte. Es la vida en él la que reclama para sí todas estas cosas. El intento de encontrar quién es este "yo" dentro del cuerpo es lo que se denomina "Sankhya". "Sankhya" significa una indagación en la naturaleza de los objetos materiales, mas cuando inquirimos en el origen del "yo", la indagación se denomina "Taraka". En el estado de "Taraka" uno se olvida de todo lo demás y goza de la dicha del Espíritu Divino, y esto se conoce como "Amanaska", el estado meditativo de Bienaventuranza. La Disciplina Espiritual (Sadhana) es lo que les permite llegar a reconocer lo que significan estos estados.

Por ejemplo, si tenemos leche de la que no se ha extraído la crema, no podemos ver por separado la mantequilla fundida (ghee). Por otra parte, cuando convertimos la leche en requesón, extraemos de él el suero de manteca y, de aquí, la manteca, la que luego fundimos, y entonces podemos ver la mantequilla clarificada. Este "ghee" que hemos separado de la leche, ya nunca más se podrá volver a mezclar con ella. No importa lo que hagan, ni las diferentes pruebas que lleven a cabo, el "ghee" no se mezclará más con la leche, sino que permanecerá separado. Así también es la vida. En un comienzo, Taraka, Sankhya y Amanaska se muestran como una sola cosa inseparable, entremezclada con el cuerpo, pero cuando llevamos a cabo alguna disciplina espiritual y los separamos, quedarán separados y no tendrán deseo alguno de mezclarse con el cuerpo. En la palabra "Soham", la partícula "So" denota lo Divino. "Aham", denota al hombre. Cuando las combinamos y las enunciamos juntas, obtenemos la palabra "Soham" y, entonces, llegamos a reconocer el hecho de que el hombre y Dios van juntos. En nuestro país es una práctica común el meditar sobre la palabra "Soham" con el objeto de reconocer la identidad y la unidad del hombre con

Dios. Libre de forma y nombre, siendo el Uno sin segundo, manteniéndose pura y únicamente como testigo, la Divinidad permanece en el ámbito del Alma y se hace referencia a ella con las dos letras que conforman "Tat". Cuando el hombre se concentra y medita en "Tat" (lo Divino), el "Twam" (el Yo individual) surgirá de esta meditación. A mano se encuentra siempre la palabra "Asi" para reunir al "Tat" y al "Twam". La combinación de las tres resulta en el sagrado enunciado "Tatwamasi": "no hay sino Uno". Habría que entender bien la importancia de este axioma Divino: "Tat twam asi". Mencioné ayer que "Tat eva twam" expresa la posición del maestro y "Twam eva tat" expresa la posición del pupilo. El maestro le explica el significado del "tat" a los estudiantes y éstos lo entienden por encontrarse en el lugar del "twam". La unidad del maestro y los educandos representa el destino final del proceso de aprendizaje. Por eso es que debemos dejar de lado nuestras sensaciones y concepciones relativas a las apariencias externas. Hemos de desarrollar la noción de lo Divino y llegar a ser uno con lo Divino. ¿Cuáles son estas manifestaciones externas? Ellas se refieren a nuestros cuerpos denso, sutil y causal.

Cuando emiten el sonido "aham", éste implica los tres gunas* de satva, rajas y tamas (pureza, inquietud e inercia). Este sonido, que es idéntico en el ego cuando está asociado con los tres gunas, se mueve por los aspectos del cuerpo y se manifiesta como Brahma, Vishnu y Maheswara, que simbolizan los diferentes aspectos del mundo. Todo lo que vemos y experimentamos en este mundo material, debe ser considerado como algún tipo de trabajo. Incluso el prestarle oídos a alguien, también representa un proceso y debe considerarse como un trabajo. Sin embargo, el escuchar el Nombre de Dios o pronunciar el Nombre de Dios, no pueden considerarse como ocupaciones mundanas, ya que se trata de la producción de sonidos sagrados. Se trata de algo entre la actividad mundana y la renunciación espiritual y le permite a uno reunirlos a ambos. Si quieren cam-

---

* Gunas: Características humanas, cualidades, atributos, tipos de conducta; la naturaleza está siempre afectada por gunas. Se dividen en tres: satva (bondad, nobleza, equilibrio y sabiduría), tamas (oscuridad, ignorancia, torpeza e inercia) y rajas (actividad, dinamismo e inquietud).

biar los aspectos mundanos en Karma sin apegos, se hacen necesarias algunas prácticas espirituales. Se puede hacer referencia a ellas como meditación. ¿Cómo llevamos a cabo esta meditación y cuál es su sentido interno? Hemos de desarrollar nuestra fe en las variadas sendas que llevan a la meditación. Sólo entonces resulta posible alcanzar el objetivo de la meditación o comprender su propósito. El término "meditación" está siendo interpretado por muchos de manera muy variada. También son muchos los que se han dedicado a prescribir diferentes tipos de meditación, con lo que han contribuido a provocar cierta confusión en la mente de los aspirantes. La meditación representa la práctica a través de la cual el aspirante medita en Dios y, de esta manera, unifica los tres constituyentes: el objeto de la meditación (Dios), la persona que medita (el "yo" o individuo) y el proceso (la meditación misma). La combinación y unificación de los tres es la meditación. En estos días se interpreta mal su proceso y su significado y se los hace equivaler a la concentración o la focalización de la mente en un solo propósito.

No necesitamos meditar para lograr concentración. De hecho, estamos concentrándonos todo el tiempo. El beber, el comer, el escribir, el leer y el caminar exigen concentración. La concentración se refiere a algo que está subordinado a los diferentes sentidos de la percepción: oído, tacto, vista, gusto y olfato. Si van a leer un diario, los ojos tendrán que verlo, las manos tendrán que sostenerlo y, por último, la mente sintetizará todas las percepciones. Sólo cuando se conjugan todos estos actos por medio de la concentración, podemos leer el diario. Si salimos a caminar por la carretera, tendremos que estar atentos al tránsito y tendremos que mantenernos alertas frente a la existencia de obstáculos, hoyos, serpientes o escorpiones. Así también se requiere de gran concentración para conducir un automóvil. Pero este tipo de concentración que nos es familiar en lo cotidiano, no puede llamarse meditación. Lo que se denominará "meditación", se dará cuando tengan como objetivo lo Divino, el elevarse por sobre los sentidos y mantener a la mente muy por encima de los órganos sensoriales. De este modo, la meditación es superior a vuestros órganos sensoriales, en tanto que la concentración está supeditada a ellos. Aquí va un pequeño ejemplo. Hay un rosal y en él tienen las hojas, las ramas, las espinas y las flores mismas. En este contexto se podrá llamar concentración a la habilidad de distinguir entre flores, espinas, ramas y hojas. Después de mirar todas estas cosas, podemos identificar a las flores. Una vez que han sido capaces de localizar a la flor y de concentrarse en ella, pueden cortarla sin tocar las espinas. Una vez cortada, no habrá relación alguna entre la flor por un lado y las hojas, las ramas y las espinas, por otro. La separación de la flor de las otras partes del rosal, se llama contemplación. Toman la flor y se la ofrendan a Dios. Después de haberle ofrecido la rosa a Dios, tanto el rosal como las ramas, vuestra mano e incluso la flor, ya no existen en absoluto. Esta ofrenda, en la que todo lo demás desaparece y únicamente Dios existe, se llama meditación. Vuestra vida es un rosal. Todas vuestras relaciones son las ramas en él. Vuestras cualidades serán las hojas y vuestros apegos y deseos, las espinas. Vuestro amor es la flor de la planta. El ejercicio de mantener apartada la flor de vuestro Amor, de mantenerla alejada de las espinas de los apegos y las ramas de las relaciones, es la contemplación. En el momento en que le ofrendan este Amor a Dios, habrán alcanzado la unidad de las tres cosas. Este Amor es un Amor Puro. La razón para esto, es que ustedes habrán apartado ya las espinas y las hojas de la flor, de modo que tienen en la mano la pura flor del Amor. Mientras acechen los deseos materiales dentro de ustedes, vuestro afecto será considerado como deseo. El Amor Puro y verdadero se manifestará cuando se haya retirado el deseo de vuestro afecto. Este amor tiende a expandirse, porque es desinteresado. El tipo de amor que se contrae se basa en el egoísmo. Podrán cultivar el Amor Puro, manteniéndose en buena compañía y poniendo en práctica las directivas que entregan nuestros Vedas y Upanishads. Deben considerar vuestra inteligencia como un espejo y tratar de mantenerlo limpio. La verdadera naturaleza de sí mismos, en cuanto hombres, sólo podrá ser vista en el espejo de vuestra inteligencia. Solamente cuando puedan ver a todo este mundo como vuestra casa, podrán darle una forma a vuestro amor, como para hacer que se vaya expandiendo.

Hay tres tipos de Sadhanas o prácticas espirituales. El primero es uno que practican los monos y se denomina "Markala sadhana". El segundo se llama "Vihanga sadhana" y es típico de los pájaros. El tercero se denomina "Pipeelika sadhana" o el que practican las hormigas. En lo que respecta al mono, éste salta hasta un árbol, arranca una fruta, pero no se la come allí y en ese momento. Salta de una en otra rama, mas en el proceso pierde la fruta y no le queda nada para comer. Este es una clase de sadhana con el que anhelamos un éxito rápido. Queremos ver cuanto antes a Dios y, con este objetivo, nos dedicamos a cambiar a diario nuestra Disciplina Espiritual y nos mudamos de uno a otro lugar, al igual que el mono. El segundo tipo de sadhana se compara al comportamiento de un pájaro. Este trata de coger al vuelo la fruta, pero la golpea tan fuerte que ésta cae al suelo. En el proceso, el pájaro pierde su objetivo. El tercer tipo de práctica espiritual se parece al comportamiento de una hormiga. Como se sabe, la hormiga corta en pedacitos todo lo que quiere comer, para luego acarrearlos lenta, pero seguramente, hacia el lugar en que los almacenará. Siempre tiene éxito en conseguir su alimento. Así también hemos de ser lentos y decididos en nuestra Disciplina Espiritual y eso nos ayudará a alcanzar el objetivo. De la misma manera en que la hormiga corta su alimento en pequeños pedazos, los lleva hasta su morada y los come con calma y sin temor alguno, así también nosotros no debemos desviarnos de nuestro camino, debemos mantener nuestro objetivo en la mente y no debemos dejar que se distraiga nuestra visión. De modo que habremos de imponernos disciplina y mantener la mente bajo control para nuestro progreso espiritual. Hemos de hacerlo todo en el nombre de Dios.

¡Estudiantes!: A esta edad vuestra, deben desarrollar ideas sagradas. La razón para ello les quedará clara cuando oigan respecto del siguiente incidente. Después de discutir entre sí, afirmando que las concepciones sustentadas por cada uno eran superiores a las del otro, llegaron hasta mí un vedantín (seguidor de los Vedas, filosofía no-dualista) y un exponente de la filosofía dualista. Me pidieron que decidiera quién era el superior entre ellos. En su necedad e ignorancia, me pidieron que les indicara qué era mejor, si seguir la filosofía dualista o los preceptos vedánticos. Les dije que la validez del dualismo no depende del individuo que lo apoya, como tampoco dependen de quien los apoye la validez del Vedanta ni las prácticas espirituales que prescribe. ¿Se debilitaría el dualismo si quien lo sigue cambia de idea? Así tampoco se debilitarán los Vedas si la persona que los apoya cambia de idea. La fuerza de ambos, tanto del dualismo como del Vedanta, depende de sus respectivos contenidos y no descansa sobre los argumentos de los individuos. Les dije que este tipo de disquisiciones se insertaba en la naturaleza del exhibicionismo y que ellos no estaban haciendo, con sus discusiones, otra cosa que asegurarse el sustento.

En la actualidad, el bien y el mal están teñidos por nuestras propias actitudes o prejuicios. Comenzaremos a ver lo bueno en todas partes, si promovemos las buenas ideas en nosotros mismos. No dejen que los libros lleguen a enseñorearse de ustedes, sino que busquen, en cambio, llenar sus corazones de Amor. Les bendigo, esperando que sean capaces de hacerlo.

EL EMPEÑO DEL HOMBRE DEBERIA TENDER HACIA SU FUSION EN DIOS

¡Encarnaciones del Espíritu Divino!: La santidad de la vida humana se encuentra implícita en nuestra cultura y, sin embargo, el hombre sigue buscando liberarse de reencarnar. Nacemos como seres humanos como resultado del deseo Divino. Debemos cumplir con ciertas obligaciones y deberes. El propósito primordial de la vida es el realizarse. De hecho, al querer liberarnos del renacer, estamos contrariando el deseo de Dios, puesto que tratamos de mantenernos alejados de Su Creación.

Por otra parte, uno debiera tratar de llegar a ser idéntico con Dios. Este ciclo de nacimientos les hace ver la multiplicidad o la dualidad, en tanto que el conocimiento les hace ver la unidad o no-dualidad. Esto marca la diferencia entre el hombre y el Ser Supremo, el Señor. Nos resulta posible alcanzar el Advaita Darsana o Sentimiento de la Unidad Universal, practicando las Disciplinas Espirituales prescriptas y aceptando la autoridad de los Vedas. Hay tres caminos para hacerlo. La senda sátvica o equilibrada, sería la de reconocer la unidad en la diversidad y considerar a lo Divino como el Uno sin segundo, libre de toda diferencia, el identificarse con el Alma Universal y alcanzar el estado de Bienaventuranza. La senda rajásica o dinámica implica los sentimientos de "mío" y "tuyo", enlazando al ego con varios sentimientos diferenciadores, distinguiendo entre felicidad y pesar. Uno se mantiene bajo el embrujo de nombre y forma, y se muestra incapaz de reconocer la unicidad del Alma. La senda tamásica o inerte es totalmente contraria a la verdad. Al seguirla, uno no percibe sino la diversidad y no cree en la unidad. Una persona común pasa toda su vida cuidando su cuerpo, al que considera como primordialmente real. Cuando uno está sumido en esta creencia, se enreda innecesariamente en varias servidumbres, al dejarse llevar hacia variadas relaciones físicas. Por ejemplo, un joven de veinte años vivía con su madre de sesenta. Había gozado del afecto de su madre por todos esos años y consideraba como su madre al cuerpo de ésta. Con el paso de los años, la madre murió. Al fallecer ésta, el muchacho, lleno de dolor, lo expresaba gimiendo: "¡Madre mía! ¡Me has abandonado, te has ido!" El cuerpo estaba frente a él y, si este cuerpo era su madre, no tenía ningún sentido que se lamentara diciendo que se había ido y le había dejado... Lo que le había abandonado, en verdad, y se había ido, era la vida en el cuerpo de su madre. Mientras esa vida permanecía en ese cuerpo, había tratado al cuerpo como a su madre. Por ende, la verdad es que la madre era la vida en ese cuerpo y, mientras permanecía en él, se había preocupado con afecto por él y lo había llamado "madre". De hecho, sin que se diera cuenta, había estado cuidando de la vida dentro del cuerpo y no de éste.

Al establecer relaciones con las apariencias externas, nos vamos atando con los apegos corporales y no somos capaces de entender el verdadero significado de la vida. Cuando una persona dice: "ésta es mi casa", "ésta es mi madre", "ésta es mi mujer", lo que está diciendo es que se trata de algo que proviene de su inferioridad. No se trata de una conexión externa de un cuerpo al otro. Este "yo" en ella es algo muy diferente del cuerpo y no hace sino mirar, simplemente, como testigo, los eventos. Lo primero que han de hacer, es reconocer al Alma que es únicamente un testigo y no está sujeta al dolor o placer que experimente el cuerpo. Todas las ocupaciones y todo el trabajo que realizamos con el cuerpo se conectan tan sólo con el cuerpo denso. A esto se puede hacer referencia como el Jiva pragna o conocimiento corporal que representa el tipo de trabajo común y externo. Luego viene el trabajo conectado con el aspecto sutil del cuerpo. Este se llama Iswara pragna. Las cualidades sutiles tienden a atarles sutilmente. Podemos lograr la liberación de los apegos únicamente si cultivamos las virtudes o cualidades positivas. Las cualidades negativas pueden aparecer por momentos y producen un placer temporal, aunque a la larga nos dañarán. El Satsang o la buena compañía es algo importante. Nos ayuda a cultivar las cualidades positivas. Supongamos que le prenden fuego a un pequeño trozo de madera en un bosque. Ese trocito de madera no descansará hasta no incendiar todo el bosque. La gente malvada se arruina a sí misma y trata de echar a perder a todos los que la rodeen. Inyectan sus cualidades negativas en su entorno y contaminan a sus amistades y parientes.

Las personas buenas sacrifican sus intereses personales y purifican la atmósfera de sus ambientes. Son similares a una barrita de incienso que arde y esparce su fragancia hacia todos los que se le acercan, incluso mientras se consume. Aquel que siempre está pensando en ayudarle a otros, albergando sentimientos sagrados en la mente, se perfeccionará día a día. Una persona dotada de cualidades sagradas puede ser comparada con un hombre que construye un muro. El que esté levantando un muro tendrá que ir subiendo cada día más, nunca tendrá que bajar. Por otra parte, los individuos que en todo momento están causando problemas a los demás, que los hieren y perjudican, que se sienten envidiosos de la prosperidad de otros, pueden ser comparados a quien cava un pozo. Aquellos que cavan un pozo están descendiendo cada vez más, en tanto que los que levantan un muro no hacen sino ascender. Debemos conformar nuestras vidas según los que levantan muros y no de acuerdo a los que cavan pozos. Una persona será comparada a un sabio si puede reconocer al Alma Universal que impregna al Universo todo. Un sabio así, estará pensando de continuo en Dios. Aunque viva en el mundo, no permitirá que el mundo viva en él, ya que no puede pensar sino en Dios.

Resulta muy apropiada la descripción de la devoción de Radha para explicar esta situación. Pese a que no habría lugar para interpretar mal este tipo de devoción, se han creado una serie de impresiones erróneas al respecto. El considerar a Radha como el nombre de una persona en particular o el considerar que su devoción representa el amor humano de una mujer, no resulta ni apropiado ni correcto. Desde el punto de vista de Dios, no hay diferencia alguna entre hombre y mujer. Es por ello que Narada describió únicamente al Alma Individual que mora en ambos, sin distingos entre hombre o mujer.

Estas diferencias no se refieren más que al cuerpo y no al Alma. Tanto hombres como mujeres experimentan la alegría, el pesar, el hambre, la sed, el placer y el dolor, con prescindencia del sexo. En esencia, la experiencia es la misma. Las diferencias no son sino adjetivas. Las mujeres muestran exteriormente su sufrimiento y derraman lágrimas, en tanto que los hombres son menos demostrativos y experimentan el pesar en su fuero interno. Por ende, puede haber algunas diferencias en cuanto a la demostración exterior, pero cuando se considera el significado interno, viene a ser lo mismo para ambos sexos. Por lo tanto, habríamos de considerar la devoción de Radha como algo sagrado y distintivo. El proyectar en ella nuestras propias interpretaciones, constituye un error y un pecado. Su devoción constituye un asunto de entrega completa y por eso ella se graba totalmente en el corazón de Krishna. De este modo santificó su vida. El aspecto de Radha representa esta entrega de la mente, ya sea de un hombre o una mujer. La forma de esta devoción es la forma de Radha. Aquí va un pequeño ejemplo. Sea cual fuere el lenguaje que utilicen, inglés o telugu, hay que reunir algunos sonidos para formar una palabra. Consideraremos que esta palabra Radha consiste de cuatro letras: R A D A. Si se pronuncian en esta secuencia, tendremos la palabra Radha, pero si se pronuncian comenzando por la segunda letra, obtendremos la palabra Adhar (base). Si comenzamos por la D, obtendremos Dhara (la Tierra) y, si comenzamos por la A, obtendremos Aradh (adoración). Es así que esta manera de mirar las cosas nos entrega una bella definición para Radha. Es decir, "La Adoración es la base para Radha y para la Tierra". La adoración de Dios en la Tierra es Radha. El significado de esto es que en todo tiempo, en todo lugar y bajo cualquier circunstancia, Radha simplemente piensa en la adoración de Dios. Cualquier persona que lo intente podrá ser llamada Radha. Esto significa que si quieren internarse por esta senda, con vuestro cuerpo denso y también con vuestros cuerpos sutil y causal, deberán mantenerse en buena compañía y mantener siempre buenos pensamientos en vuestras mentes.

Hay un pequeño ejemplo para esto. En un reloj hay tres agujas que se mueven a distintas velocidades. Una es el segundero, otra el minutero y la tercera, el horario. Mientras el segundero recorre una gran distancia, el minutero no avanza sino un espacio divisorio. Mientras el segundero ha recorrido sesenta divisiones, el minutero no ha cubierto sino una. Cuando el minutero haya cubierto sesenta divisiones, el horario no se habrá movido sino una. Nos es posible ver el movimiento del segundero y del minutero, mas el movimiento del horario es tal que no alcanzamos a verlo. En este caso, lo que no alcanzan a percibir visualmente es de la mayor importancia. Sólo en el contexto del horario resultan importantes el segundero y el minutero. Si no estuviera allí, poca utilidad tendrían los otros dos. Nuestro cuerpo hace muchas cosas y viene a ser como el segundero del ejemplo. Después de que este cuerpo denso haga una considerable cantidad de bien, será capaz de moverse un poquito la mente sutil. Después de que la mente sutil haga una gran cantidad de cosas positivas, podrá ser capaz de moverse un poco el cuerpo causal o el Alma Sagrada. El cuerpo causal viene a ser como el horario. Al respecto hemos de reconocer que el cuerpo denso y la mente sutil existen tan sólo por el cuerpo causal o Alma. Por sí mismos no tienen sino poco o nada de importancia. Hemos de tener presente que el cuerpo causal es la cosa más importante. En este contexto, hemos de permitirle a nuestro cuerpo denso y al sutil tomar parte lo más posible en tareas sagradas, ya que sólo así le estaremos prestando un servicio útil a nuestro cuerpo causal.

El océano es como la Gracia de Dios. Cuando nos es posible hacer converger la inteligencia —una inteligencia como los rayos del Sol— sobre este océano de Gracia, obtendremos el vapor de los pensamientos y las ideas. Estos vapores son convertidos en las nubes de la Verdad. Estas nubes de Verdad se transformarán en lluvia de Amor. Las gotas de la lluvia de Amor se unirán para comenzar a fluir como el río de la Bienaventuranza. El origen de este río de Bienaventuranza se encontrará en las gotas de la lluvia del Amor, y el origen de estas gotas de lluvia estará en las nubes de la Verdad. Las nubes de la Verdad se forman con los vapores de los pensamientos y éstos se elevan desde el océano de la Gracia. Tal Bienaventuranza que surja del océano de la Gracia y pase por todas estas transformaciones, finalmente, confluye hacia el océano de la Gracia. El agua del océano es salada si se la extrae directamente y puede ser comparada con el libro del Conocimiento. El agua que fluye en el río ha cambiado de sabor y es dulce. Esta agua se puede comparar con la sabiduría obtenida a través de la experiencia. Habrán de valorar más que el conocimiento que obtengan de la lectura de los Sastras, los Códigos Morales, la sabiduría que alcancen a través de la experiencia. Este conocimiento que obtengan de los libros lo podrán convertir en la sabiduría de la experiencia, si ponen en práctica el conocimiento en sus vidas diarias. El conocimiento obtenido de los libros es como una alergia. No tienen energía en ustedes porque carecen de experiencia. En verdad, la gente joven como ustedes debería tener tanta energía como para salir a golpear una piedra, que ésta se rompa, pero que ustedes no se lesionen. Es sorprendente ver lo débiles que son.

Hay un pequeño ejemplo para ilustrar la debilidad en el hombre. El hombre se ve muy fuerte sólo exteriormente. Si un mosquito se le para en la punta de la nariz, no hará sino ahuyentarlo al comienzo con un suave gesto. Si vuelve a posarse en el mismo punto, trata de golpearle fuerte. Si vuelve por tercera vez, comienza a luchar con él. Esta es la fuerza que posee la juventud de hoy. Es incapaz de tolerar a un mosquito. Una tal fuerza, ya sea física o de otro tipo, no es nuestra fuerza real. Nuestra real fuerza reside en la resolución que mostremos en practicar nuestros ideales. Para ello, requerimos de la Gracia de Dios y de la fuerza que nos pueda dar la Divinidad. Cuando uno no puede controlar sus sentidos, la fuerza del cuerpo humano es como la de un animal. Nuestro empeño debería dirigirse hacia el fortalecimiento de nuestra mente y no sólo al de los miembros de nuestro cuerpo a expensas de nuestra inteligencia. No deberíamos hacer cosas que nos mantengan en un estado de excitación. El hacerlo no hará sino conducirnos a un comportamiento anárquico, lo cual sólo va en nuestro detrimento. Vuestro aprendizaje debe ser absorbido de manera que vaya al corazón y no a la cabeza. Deberán convertir al corazón en un negativo fotográfico, del que puedan sacar después tantas fotografías originales como quieran. Resulta de la mayor importancia que la educación que reciban durante esta estadía de un mes en este curso de verano, se grabe de esta manera en vuestros corazones. De este modo crecerán para convertirse en ciudadanos responsables de nuestra gran Nación y podrán defender sus tradiciones a lo largo de sus vidas.

NO EXPLOTEN LA NATURALEZA
SIN PROCURARSE LA GRACIA DE DIOS

El deseo y la ira, la codicia y el apego, la arrogancia y la envidia acechan desde el nacimiento hasta la muerte. En el momento de la muerte todo se disuelve en un completo silencio. El nacer y el vivir, así como el pasar a través de los varios estadios de la vida, es un asunto incómodo. Incluso el Karma que acarrean consigo representa una molestia. Habrían de volver la mirada hacia el Señor Todopoderoso, el único que puede darles una solución para todos estos problemas. Nuestro país ha adquirido una gran fama y renombre en todo el mundo. Nuestra patria ha dado a luz a muchos grandes seres. También fuimos capaces de lograr nuestra independencia de una manera no violenta. El arte, la música y la literatura, las Escrituras Sagradas y el conocimiento han florecido en este país desde tiempos inmemoriales. Ahora, sin perder de vista estas antiguas y gloriosas tradiciones, les toca a ustedes mantener el respeto que se le debe a vuestra patria.

La Naturaleza no tiene principio. Ella es intemporal. No le es posible sobrevivir sin la compañía del Señor. Se la puede comparar a una esposa virtuosa y piadosa. Su belleza desafía toda descripción. Su fuerza es enorme. Ella puede arrastrar a cualquiera hacia las confusiones de una familia, si uno llega a olvidarse de Dios. Ella puede causarle problemas incluso a los más grandes y capaces. La Naturaleza nos ha estado transmitiendo una lección en cuanto a que no hay pocillo sin greda, no hay joya sin oro, no puede haber tela sin hilo, ni puede haber un mundo sin Brahman. Es un error el separar a la Naturaleza del Creador y considerarles como diferentes, adorando únicamente a la Naturaleza. No hemos de estar sometidos a la Naturaleza, sino hacer que ella sea subordinada nuestra. La Naturaleza no representa la propiedad de nadie. No es ni siquiera la propiedad de toda la gente del mundo reunida. La Naturaleza le pertenece a Dios. Por ende, si quieren mantener a la Naturaleza bajo control, habrán de hacerlo sólo después de haberse ganado la Gracia de Dios. Si después de haberse ganado la Gracia de Dios, emprenden la conquista de la Naturaleza, ella se les entregará por sí misma. Hoy día, en cambio, descuidando a Dios, olvidándonos de El, y creyendo que la Naturaleza es lo único que importa, tratamos de hacer uso de ella con fines egoístas y fracasamos. Para entender esta situación, el Ramayana nos entrega la mejor de las ilustraciones. Ravana (rey demonio de Lanka) poseía todos los poderes y llevaba a cabo muchos sacrificios, ofrendas y peregrinaciones. Era docto en todas las ramas del Conocimiento y una persona muy capaz. Pese a todas estas facultades, no le importaba en absoluto Rama, el Señor, sino que deseaba a Sita, su esposa. Arrastrado por este deseo, terminó por perder su reino, a sus súbditos y por perderse él mismo. Sita nació de la tierra y es la criatura de la Tierra. Rama es el Señor, nacido en la Tierra como Avatar, y había tomado a Sita por esposa. Para nadie tiene sentido el imaginar que pueda apropiarse de Sita sin el conocimiento y el permiso de Rama. Esto equivale a querer explotar a la Naturaleza sin la Gracia del Señor. Cuando Rama se dirigió a la selva, le ordenó a Sita quedarse atrás y servirle a sus padres. Dijo que volvería dentro de catorce años. Mas Sita decidió dejar de lado todas las comodidades y seguir a Rama a la selva. Debido a que lo había sacrificado todo, pudo conservar la compañía de Rama. ¿Cuál es la razón para ello? Sita pensaba, creía y llevó a la práctica el ideal que, para una mujer, el marido es lo más importante. Esto representa la esencia de la cultura de nuestro país. No obstante, a veces la seducción de Lo Ilusorio resulta irresistible. Y sucedió que en la selva, Sita se sintió atraída por el ciervo de oro, pese a que había desechado cosas mucho más valiosas en su vida con anterioridad. Rama fue tras el ciervo para cazarlo para ella. El resultado final fue que Sita tuvo que abandonar a Rama e irse. Tuvo que perder la sagrada compañía de su esposo y fue llevada a Lanka. Esto implica que cuando desechara al deseo o a la lujuria, Rama estuvo junto a ella, pero en el instante en que se sintió atraída por un deseo, Rama se distanció de ella. Si quieren que Rama esté junto a ustedes, habrán de desechar los deseos. Si albergan deseos mundanos, Rama no estará junto a ustedes. Han de elegir entre Rama y Kama (el deseo), vale decir, pueden mantenerse aferrados ya sea a Dios o a esta Maya, esta Ilusión engañosa.

Para cultivar el desapego, el Vedanta indica cuatro caminos diferentes. Estos se conocen como las cuatro etapas de la Beatitud, a saber: 1) aceptar la existencia de Dios; 2) procurar la cercanía con la deidad; 3) embeberse en la Forma de lo Divino y 4) lograr la unión íntima con Dios. En los antiguos textos se ha enseñado que estos caminos trabajan sobre el cuerpo denso, el cuerpo sutil y el cuerpo causal. Y sólo cultivando el desapego del mundo y adquiriendo Sabiduría, pueden alcanzar un entendimiento correcto de los variados aspectos del cuerpo, como para llegar, finalmente, al sagrado estado del Principio Universal Supracausal, en el cual el Alma brillará como un testigo. El Principio Universal brillará radiante, sin ningún encapsulamiento externo. Se hace necesario seguir estos cuatro caminos para llegar a identificar al Alma, el aspecto corporal, con el Principio Universal que está libre de un cuerpo. Con el objeto de llegar a realizar el Principio Universal o la Realidad Sin Forma, uno ha de elegir una forma como punto de apoyo para poder alcanzar Lo Sin Forma. Cuando llegan a mirar con sabiduría una forma, la sabiduría y la forma se fundirán gradualmente una en la otra. Se requiere de algún tipo de apoyo o de dirección para cruzar desde la oscuridad hacia la luz, desde la mortalidad hacia la inmortalidad. Algún tipo de forma definida, de consistencia densa, en cuanto objeto temporal, representa una ayuda para pasar a través del cuerpo sutil y el causal. Entonces se nos hace posible alcanzar el objetivo de la Meditación. Una vez que llegan al destino, puede ser disfrutado todo el tiempo. Puede que estén viendo todo esto de manera diferente. En este momento son tantos los que están sentados aquí y escuchando a Swami. Cada uno de ustedes está pasando por una experiencia directa que perdurará en cada uno por un período específico. Sin embargo, después de algún tiempo, serán capaces de recordar esta experiencia en particular. Esto significa que vuestra experiencia previa de duración limitada se habrá convertido en una imagen permanente en vuestra mente y que podrá ser actualizada en cualquier momento. Una experiencia dejará siempre su impronta permanente en vuestra mente. Esto también se ha expresado en cuanto a tres aspectos diferentes, a saber: están en la luz, la luz está en ustedes y ustedes son la luz. Esto significa también que primero han de llegar a ser una parte del mundo, luego habrán de llevar al mundo dentro de ustedes como segundo paso y finalmente, se hacen idénticos con el mundo. Por lo tanto, debieran entender que si no estuviéramos aquí, no habría Mundo Objetivo o Naturaleza.

Algunos dicen que el hombre quiere alimento. Esto no es correcto. El hombre no ha venido por el alimento. Después que el hombre nace, el alimento se convierte en una necesidad. De modo que el alimento ha aparecido para el hombre. Debemos comer para vivir y no vivir para comer. Hemos venido para proclamar la Verdad y para cumplir con la Rectitud. Esto es lo que hemos de mantener en la mente y éste es nuestro propósito en el mundo. Del mismo modo en que requieren de gasolina si tienen un automóvil, similarmente requieren de alimento para vuestro cuerpo. El automóvil se emplea para el transporte y ha de mantenerse limpio y en buen funcionamiento. De manera similar, un cuerpo ha de mantenerse saludable, porque es por medio de él que uno adquiere las cuatro metas de la vida humana que son: Rectitud, Prosperidad, Deseo y Liberación. Es el cuerpo el que nos permite llegar a conocer la base real del mundo fenoménico, la realidad detrás de la fantasía.

Al realizar la unicidad de la Divinidad, uno debería servir a los congéneres de manera desinteresada. La naturaleza del mundo puede ser entendida correctamente sirviendo a los demás, en lo que está implícito a título de ensayo el concepto de la dualidad, el que eventualmente, le llevará a uno a comprender el aspecto de la no-dualidad. Resulta difícil entrar desde un comienzo a la órbita de la Filosofía No-Dual. Cuando quieren aprender a nadar, aprenden dependiendo primero de un artículo como un flotador o un neumático inflado que les sostiene a flote. Una vez que saben nadar, desecharán la ayuda; sin embargo, hasta tanto la necesitan para aprender.

De manera similar, en un comienzo habrán de tener algún objeto ante vuestra mente. Puede ser una fotografía o una luz, y luego, gradualmente, deberán avanzar hacia Lo Sin Forma: el Espíritu Supremo. Finalmente, podrán prescindir del objeto. Pueden ver el propio reflejo únicamente si cuentan con un espejo. Si no lo hubiera, ¿cómo podrían ver su imagen reflejada? En tanto se mantenga la sensación de que hay dos cosas, ustedes y la imagen, estará el espejo de por medio. Si eliminan el espejo, no habrá ya ni imagen ni espejo. Ustedes mismos serán lo que quede, y ello es el objeto. Esto constituye la esencia de la No-Dualidad. Es así que cuentan con algún objeto y con ayuda de él se ven a sí mismos y a la imagen. Mas, ustedes mismos, el individuo, el mundo en torno vuestro y el Creador, son uno y lo mismo.

Nadie puede quedar aislado de la corriente de la vida. Cada uno forma parte integrante de la sociedad. Uno debería empeñarse en fundirse con lo Omnipresente. Al estar en este mundo se tiene una oportunidad de progresar espiritualmente. Es por ello que el hombre siente que de su conciencia social, surge alguna obligación hacia la sociedad. Es bien sabido, sin embargo, que cuando uno abandona este mundo ha de abandonarlo todo. Cuando se muere, uno no puede llevar consigo ni una brizna de hierba. Incluso Sri Rama y Sri Krishna no pudieron llevar nada con ellos cuando desecharon sus cuerpos mortales. Mas seres tan grandes como ellos, dejan atrás algunos ideales sagrados para la posteridad. Las buenas acciones y la madurez espiritual de tales seres son recordadas para siempre.

SEPAN QUIENES SON.
NO LE PREGUNTEN A OTRO QUIEN ES

Aquello que se mantiene infinitesimal dentro de lo que es infinitesimalmente pequeño; aquello que se mantiene infinitamente inmenso y envuelve lo que es infinitamente inmenso; aquello que está presente en todas partes y se manifiesta en toda circunstancia, es el Alma. El Alma es Dios y Dios es el Alma. Es aquello que si lo sabemos, nos hará saberlo todo, y que si no lo sabemos, hará que no sepamos nada. Aquel que enseña estas cosas, diferenciando entre el Conocimiento Superior y el conocimiento mundano, es el real Maestro. Toda nuestra cultura y nuestro estilo de vida está contenido en nuestros Vedas. Los Vedas no surgieron de ningún individuo humano. De hecho, son palabras y sonidos que fueran pronunciados por Dios. Los antiguos sabios que escucharan los Vedas a través de su sentido del oído, los transmitieron a sus discípulos oralmente. Lo que fuera escuchado de este modo en cuanto sonido Divino, se ha denominado "La voz de Dios". Nadie puede cambiar las palabras que encierran. Es posible que se comenten y se anoten la Epica y la Mitología, pero nadie, ni en este país ni en el extranjero, puede sugerir siquiera algún cambio en el contenido de los Vedas. Se puede hacer también referencia a los Vedas como "La Resonancia Divina". Estos sagrados textos descifran la naturaleza de la Rectitud. Lo que contienen es autoridad. Lo que seguimos es la religión de los Vedas. Deberíamos sentirnos realmente orgullosos de la religión que ha llegado hasta nosotros a través del contenido de los Códigos Védicos. Hoy en día, lamentablemente, hay personas que han perdido la fe en la religión de los Vedas, que miran con cierto desprecio los templos y que se expresan con ligereza sobre los sagrados lugares de peregrinación. Resulta increíble que existan este tipo de personas en este país. Mas es plausible que los Vedas se sitúen más allá de la comprensión de las personas comunes, ya que hasta los eruditos que los saben de memoria no llegan a percibir su plena importancia. Es bastante común ver tanto la alabanza como el menosprecio de lo que contienen los Vedas. Cuando cae una gota de lluvia sobre la tierra, se evapora de inmediato por acción de la brisa, desapareciendo; así también tanto la alabanza como el desprecio que nos caen encima son aventados por la brisa de la inteligencia.

Hace algunos días vinieron a verme algunos líderes políticos. Me plantearon diferentes cuestiones entre las que había muchas preguntas insensatas. Durante la conversación, alguien me preguntó sobre quién era Yo. Le di una respuesta que resulta bastante apropiada para este tipo de pregunta. Le dije que cuando me encuentro en medio de diez hombres, soy un hombre. Cuando me encuentro en medio de diez mujeres, soy una mujer, y cuando me encuentro en medio de diez niños, soy un niño. Mas cuando estoy solo, soy Brahman. Yo no soy solamente Yo, también les pasa a ustedes que cuando están en medio de diez hombres adultos, se comportan como adultos. Si están en medio de diez mujeres, exhiben una naturaleza femenina. Y cuando están entre niños, aunque sean un Juez de la Corte Suprema, se comportarán como niños. Esto resulta particularmente cierto cuando uno juega con sus nietos. Cuando estén solos, se sentirán únicos y divinos. Es habitual que uno averigüe sobre los precios en el mercado aunque no tenga la posibilidad de comprar ningún artículo. Ya sea que quieran entenderme o no, como los necios que no se preocupan de la naturaleza real de las cosas, sino que no miran más que la forma y el nombre, salen con este tipo de preguntas. Aquel que no sabe quién es él mismo, a menudo le pregunta a otros sobre quiénes son. Aquel que haga un intento por saber quién es él, no planteará estas preguntas. Si quieren mirar este fenómeno desde un ángulo mundano y darle una interpretación caritativa, habremos de decir que es seguro que la persona que planteara la pregunta mencionada sabía que Yo soy Sathya Sai Baba y fue por ello que vino a verme. En vista de que pese a ello, me hizo esta pregunta, tenemos que concluir que no es una persona segura y que no sabe lo que pregunta. Actualmente, todo el mundo camina en esta dirección.

Puesto que empleamos tanto tiempo y esfuerzo para entender el contenido de nuestras Escrituras, Epica y Mitología, deberíamos ser capaces de emplear todo ese conocimiento para entender la Divinidad en nosotros. Cuando lleguemos a ponerlo en práctica, nuestro esfuerzo adquirirá un propósito. De lo contrario, tanto nuestro tiempo como nuestra vida serán desperdiciados. El leer libros y el comunicarle a otros como enseñanza lo que hemos aprendido, pero sin llevar a la práctica ninguna de estas cosas, representa una ocupación inútil. Es posible que a vuestra edad y hasta ahora ya hayan leído muchos libros y aprendido muchas cosas, pero tal vez en vuestra conducta no hay evidencia alguna del saber que hayan acumulado.

¡Estudiantes! ¡Encarnaciones del Alma Divina!: No es necesario que lean tantos libros. Lo que realmente desean es la Gracia de Dios. Esta edad de ustedes tiene la característica de tener mucho espacio para la confusión. Para erradicarla, deberían manejar con firmeza sus mentes, para que lentamente las puedan llegar a controlar. Nunca habrán de apurarse ni hacer uso de la fuerza para controlar la mente. Si tenemos una vaca en la casa y ella quiere salir para comer lo que está sembrado en el campo, ¿qué hacemos para traerla de regreso? Tratamos de descubrir cuál es el tipo de alimento que está buscando, para darle un mejor alimento en casa. Gradualmente, irá abandonando la tendencia de salir del recinto. De igual manera, nuestra mente tiende a salir a vagar y mirar muchas cosas. Quiere salir y enfrascarse en muchos pensamientos. Para lograr dominar la mente, la que tiende a ir tras de deseos mundanos y sensoriales, los sustituimos por la idea más noble de Dios. Hacemos que la mente piense en Dios y que gradualmente se aparte de los deseos mundanos. Ahora, empero, el hombre intenta sin éxito apartar la mente de estos deseos mundanos. Se ve vencido y humillado. Son en verdad característicos de los días de hoy estos deseos y apegos que la mente desarrolla. Incluso nuestra inteligencia es incapaz de ejercer un control suficiente sobre la mente. En estas circunstancias hemos de tratar, ya sea de cultivar el hábito de la soledad o de buscar algún tipo de compañía sagrada, de pensar en cosas positivas y apartar de a poco nuestra mente de lo mundano. Algunas de estas cosas son las que deberán emprender si quieren lograr el control sobre sus mentes. En esta época moderna, se menosprecia la idea de unirse a la compañía de las personas piadosas como si fuera algo malo o desviado. Aunque, por el contrario, no vemos nada de malo en pasar una buena cantidad de tiempo peinándonos y acomodándonos el cabello o haciendo otras cosas por el estilo. Empleamos una buena cantidad de tiempo en maquillar nuestro rostro, en vestirnos y en elegir las ropas que llevaremos. Aunque gastan tantas horas al día en cosas triviales para hacer más atractiva vuestra apariencia externa, cuando se les pide disponer de cinco minutos diarios para meditar o para volver sus pensamientos hacia Dios, responden que no tienen tiempo para estas cosas.

Hay otro asunto que requiere algo de atención. Hoy en día, cada joven lleva en el bolsillo un pequeño peine y un pequeño espejo. Cada muchacha carga con un inmenso canasto y lleva todo un mercado en él. ¿Por qué andamos cargando con todos estos artículos y chucherías? Lo hacemos porque queremos reordenar nuestro cabello cuando se desordena un poco. Si pensamos que nuestro rostro necesita un retoque, de inmediato nos preocupamos de ello. Le prestamos una desmesurada atención a nuestro cuerpo, pero no nos ocupamos de refrenar nuestra mente para que no se vaya por caminos torcidos. Son nuestros instrumentos internos los que tenemos que poner en orden para que tengamos la capacidad de seguir por la senda sagrada. Con el objeto de remover la maraña que distorsiona la visión correcta, debieran cultivar la Devoción, el Amor y la Sabiduría. ¡Encarnaciones del Espíritu Divino!: Debemos entender por qué las gopis y los gopalas (las vaqueras y los guardianes de ganado) carentes de toda sofisticación y que no habían leído los Vedas, se sintieron atraídos hacia el Señor y la forma en que le amaban. Mientras permanecían inmersos en el pensamiento de Dios, consideraban a Mahavishnu como la fuerza vital que prevalecía en todas partes. Esta realización le fue posible a ellos únicamente gracias a su intensa devoción. La erudición derivada de las Escrituras y de todos los Vedas será totalmente inútil si no les ayuda a llegar hasta los Pies del Señor.

LA CONFIANZA EN UNO MISMO LLEVA A LA AUTORREALIZACION

La senda del Karma o del trabajo puede compararse a un camino que recorren a pie. La senda de la Devoción puede compararse a un camino que recorren en un carro. La senda de la Sabiduría puede compararse al trayecto que recorren en un avión. La senda de la concentración puede compararse a un trayecto que recorren en barco. ¡Estudiantes! En el Bhagavad Gita se nos indican tres palabras: Inquirir, Visualizar, Aunarse con Ello. Hemos de inquirir respecto al aspecto del "yo". No obstante, ¿podrá satisfacerles la mera indagación en este sentido? No podrán satisfacer el hambre con sólo saber que hay comestibles en la cocina. Así también, no se verán satisfechas las necesidades que tengan sólo sabiendo cuáles son los artículos que se encuentran disponibles en el mercado. ¿Será posible disipar la oscuridad que envuelve al mundo por el simple hecho de difundir las noticias de la luz? A un hombre que sufra de alguna enfermedad, no lo podrán sanar describiéndole, simplemente, las cualidades de variados medicamentos. Sólo sanará la enfermedad una vez que le administren los medicamentos que requiera; para satisfacer el hambre habrán de ingerir alimentos; habrán de difundir la luz para disipar la oscuridad, etc. Por ende, así como debemos entender ante todo la naturaleza del "yo", del "mundo" y de Dios, ha de seguir un segundo paso que es el de visualizarlos. Tampoco esto representa el final, porque debe seguir un tercer paso en el que se adentren en el aspecto total y se identifiquen con él. No les será posible alcanzar la experiencia de la felicidad y la Bienaventuranza a través del estudio y la práctica únicamente. Sólo cuando llegan a identificarse por completo con esto, serán capaces también de experimentar su pleno significado. Esto significa que han de inquirir, visualizar y luego, aunarse con ello. Comienzan por la búsqueda en la naturaleza y el origen del "yo", entonces logran la experiencia de su visión y luego se liberan, experimentando la no diferencia entre el testigo y lo presenciado.

Con este propósito hemos de seguir por ciertos caminos. En nuestro Vedanta se hace referencia a ellos como los cinco diferentes Akasas, es decir, las distintas Cinco Formas de la Materia. Ellos son: El Ghatakasa, el Jalakasa, el Daharakasa, el Chidakasa y el Mahadakasa.

El Ghatakasa se refiere al estado en el cual el hombre se encuentra absorto en la conciencia corporal. Piensa en su prestancia física, su edad, su apariencia y su forma. Cuando le preguntan a un individuo, por ejemplo respecto a cuándo llegó, él va a especificar normalmente el día y la hora de su arribo físico. Esta respuesta denotará su falsa identificación de sí mismo con el cuerpo. Aquí, el sí mismo se mantiene encadenado al cuerpo.

En el estado de Jalakasa, en cambio, establece una diferencia entre el cuerpo y el sí mismo. Si un individuo sufre de un dolor de estómago, dirá: "Tengo un terrible dolor en mi estómago". Al decir "mi estómago", parece obvio que considera a este órgano y por ende a su cuerpo, como diferentes de su mente. En el Jalakasa el sí mismo se mantiene encadenado al cuerpo sutil.

Por otra parte, cuando llegan al estado del Daharakasa, comienzan a inquirir respecto a la naturaleza y al origen del "yo", distinguiéndolos del cuerpo y aprehendiendo por último que este "yo" surge desde vuestro ser más íntimo. Este tipo de indagación puede compararse a aquella que se lleva a cabo sobre los asuntos mundanos en el estado de vigilia. Durante el estado de vigilia perceptiva, se encuentran activos todos los órganos de vuestro cuerpo, como los ojos, los diferentes miembros e incluso la mente. Se mueven con el cuerpo, ven con los ojos y experimentan con la mente. De modo que el estado del Daharakasa corresponde a las vivencias durante la vigilia.

El Chidakasa corresponde a las experiencias sutiles, en donde el sí mismo se mantiene como la conciencia testigo. En este estado estará por encima de vuestro cuerpo y vuestra vida y separados de ellos. Se le puede comparar al estado del soñar. En un sueño pueden sentir que alguien ha venido y les ha cortado la cabeza. Ustedes mismos ven la cabeza separada del cuerpo y, en esa situación, están por completo separados de éste. Vuestra vida no se ha extinguido pese a que vuestra cabeza ha sido cercenada. No están sino siendo testigos del drama sutil. Lo mismo puede ilustrarse de la manera siguiente: si lesionan a otra persona con un cuchillo, puede ser considerado como una ofensa. Mas si sueñan que le han cortado la cabeza a un juez y después de despertar le confiesan a éste lo que han hecho, él no tiene poder alguno para proceder. De modo que en el ámbito de los sueños, no son sino observadores.

Por último, el Mahadakasa implica la habilidad de la ecuanimidad mental en uno. En este estado mental desarrollan una actitud siempre igual ya sea frente al frío o al calor, a la luz o a la oscuridad, al sufrimiento o al placer. Este estado no se encuentra por encima de la mente, la que se retira por sí misma en el estado de meditación profunda, por ejemplo, en tanto que en el del Mahadakasa alcanzan el equilibrio mental. El Mahadakasa se conoce también como el Encuentro con la Bienaventuranza. Esto se puede ilustrar por medio de un ejemplo. Están cantando ustedes mismos una canción y están escuchando el sonido, y si meditaran sobre el origen de este sonido a ello se podría hacer referencia como "lo que brinda Bienaventuranza".

Fue en este contexto que Arjuna le preguntó a Krishna sobre la importancia relativa del cuerpo, y del morador interno; sobre el devoto de Lo Sin Forma y el devoto de Aquel Con Forma. Las argumentaciones respecto de la relativa grandeza de estos dos aspectos no tienen fin. También tenemos una mezcla de ambos entre la adoración constante a un objeto específico y la adoración constante al Infinito Sin Atributos. Estos tres niveles son los conocidos como "el Dios con Forma y Atributos, el Dios Sin Forma ni Atributos y la transición entre ambos". Estos tres, no obstante, no representan sino diferentes métodos, aunque la meta final sea la misma. Si desean entender fácilmente la diferencia entre estos métodos, pueden comparar la adoración a un objeto específico con una tela; el método intermedio mixto, con los hilos o fibras que se conjugan para formar la tela, y la adoración al Infinito Invisible o Sin Atributos, al algodón que conforma la base tanto para los hilos como para la tela. En base al algodón obtenemos los hilos y de los hilos obtenemos la tela, mas si le vamos sacando todos los hilos a la tela, ella misma desaparece. En esencia, en los tres no hay más que algodón. Aquí va un ejemplo. Si les muestro un cojín y les pregunto acerca de su cobertura exterior, dirán que es una tela. Si les pregunto sobre lo que hay dentro, me contestarán que hay algodón. Para el Vedanta, ambos son lo mismo y ambos son algodón. De modo que en el total de estas tres sendas se encuentra un solo rasgo común, y éste es el Amor. Una vez que llenen sus corazones con Amor, no importará realmente cuál de los caminos sigan. Cualquiera sea la elección, alcanzarán el destino final. También se hace referencia a este Amor con respecto a las preferencias. Esto corresponde a un sentimiento que surge en ustedes cuando ven a un individuo que les agrada. Después de sentir esa atracción desean que se vincule más a ustedes. Es entonces que acercan el objeto más a ustedes, lo vivencian, y ejercitan una acción combinada mediante la cual ven a un objetos; lo aproximan a ustedes y disfrutan del mismo.

A Dios le complacen estos caminos, porque la idea básica en todos ellos es la misma. A Dios no le preocupa sino la devoción verdadera. Dios no tiene atributos, somos únicamente nosotros los que ideamos a Dios de diferente manera de acuerdo con nuestras variaciones personales. Imaginen el ejemplo de una madre que tiene tres hijos. En un estado de emergencia, el gobierno ha decretado que un individuo de cada familia habrá de ser reclutado en pro de la seguridad del país. La madre siente el mismo afecto por cada uno de sus tres hijos, pero debido a esta ley obligatoria, tiene que desprenderse de uno de ellos. Le permitirá al mayor unirse a las fuerzas de seguridad, debido a que es el más maduro. De manera similar, todos somos hijos de Dios y El tiene tres tipos de hijos: los que lo aman Con Forma y Atributos; los que se unen al Sin Forma y Atributos; y los que se encuentran en la transición. Entre ellos, Dios tratará al primero como al menor de Sus hijos debido a su inocencia. El segundo será tratado como aquel que ha llegado a la madurez espiritual.

Para Dios, el primero será un niño pequeño, el segundo será un niño desarrollado, en tanto que el otro será el del medio. El primero se entregará por completo a Dios y se sentirá feliz pronunciando el Nombre del Señor, contemplando Su Forma y pensando en Sus Atributos. Al igual que una madre que se preocupa por todas las necesidades del menor de sus hijos, puesto que él no puede indicarlas por sí mismo, así también, respecto a él, Dios se preocupará de todas sus necesidades en el momento apropiado, y le otorgará todo lo que merezca. Sólo respecto de un bebé no hay diferencia entre el bien y el mal. Este bebé no tendrá agrados ni desagrados, no pensará respecto a cuándo ha de recibir alimento o vestimenta, etc. Su mente es bastante pura y no siente apego por nada.

La total dependencia de Dios se considera como "entrega total al Señor". Lo que se busca es que entreguen la mente, mas, ¿cómo podrían rendirla si es un torbellino y está fuera de vuestro control? La mente sólo puede ser entregada cuando es serena. En esa quietud de la mente uno llega a aprehender el Aspecto Divino que todo lo impregna. ¿En dónde quedaría la cuestión de la entrega, si se sabe que Dios está presente en todo? ¿Quién habría de rendirse y a quién habría de rendirse? Esta palabra tiene algún sentido únicamente cuando alberga la idea de la dualidad. Si llegan al nivel de la no-dualidad en sus mentes, entonces no queda nada por rendir o entregar.

El amor representa un factor indispensable para alcanzar el estado de la no-dualidad. Las gopikas y gopalas (las vaqueras y pastores seguidores de Krishna) realizaron esta unicidad y nunca fueron molestados por los problemas que podían crear sus cuerpos, sus mentes y sus familias. No tenían sino a Dios en sus mentes. En una ocasión, Radha le rezó a Krishna, diciendo: "¡Oh Krishna! Según las circunstancias, es posible que ahora hayas asumido el nacimiento como ser humano, pero es imposible que alguien pueda decir qué forma asumirás y en qué momento. Sólo deseo llegar a ser una contigo e identificarme contigo para siempre". Podemos preguntarnos cómo esto puede ser posible. Aquí va la respuesta. "Si llegas a ser una flor, yo me convertiré en una abeja y volaré en torno de Ti. Si llegas a ser un árbol, yo me convertiré en una enredadera y te rodearé con mis ramas. Si llegas a ser el cielo infinito, yo me convertiré en una estrella refulgente para estar contigo. Si llegas a ser una montaña, yo me convertiré en un riachuelo que corra junto a Ti. Si llegas a ser un gran océano, yo me convertiré en un río que confluya hacia Ti." Fue en este sentido que oraba Radha para llegar a ser una con el Señor. Resulta difícil expresar con la limitación de las palabras esta sagrada devoción de las gopikas (vaqueras devotas). Incluso en nuestro país hay algunos que le adscriben una errada interpretación a este sagrado aspecto. Y, lamentablemente, va en aumento este tipo de personas. Su visión de las cosas se encuentra siempre medio cerrada. No obstante, hay también personas sabias que abren la flor de sus corazones y se muestran receptivas a la idea de Dios y a la naturaleza de la Divinidad. Cuando llevan a cabo el trabajo cotidiano de manera sincera, llenando sus corazones con Amor y sintiendo la presencia de la Divinidad, ello se conjuga para representar la verdadera entrega.

Existen tres categorías de seres humanos. Están los que tienen fe en Dios, los que no tienen fe en Dios y los que son indiferentes. Por ejemplo, en un arbusto hay una flor, su fragancia incita a los que tienen fe en Dios a buscar la fuente de donde emana. A ellos se les puede llamar creyentes. Luego están los que disfrutan de la fragancia, pero no se preocupan de inquirir respecto de la fuente de ella. A ellos les podemos considerar como los creyentes incrédulos. Hay también otros que no buscan la flor ni perciben su fragancia. A ellos se les puede considerar como no creyentes. Presumimos que éstos son los que carecen de fe en Dios, pero esto no es así. No puede existir nadie que no tenga al menos fe en sí mismo. Toda la gente que tiene confianza en sí misma es creyente. No pueden ser incrédulos si creen en algo. La gente que carece de fe en Dios dice: "No hay Dios alguno". Esta frase tiene un aserto y una negación. La gente que muestra una incredulidad más marcada, dice: "Dios no está en ninguna parte". Aquí hay que ver también el aserto en la referencia a Dios, que representa el sentir propio y el de otros. Además, este tipo de reflexiones nada tiene que ver con la existencia o la no existencia de Dios. Para un individuo que sufra de ictericia, todo se verá amarillento. Esto no es más que un mal pasajero, pero que alterará su verdadera visión. Para quien sufra de malaria, hasta un pastelillo le sabrá amargo. También aquí no se trata más que de un mal pasajero. Del mismo modo, la falta de fe en Dios constituye una enfermedad. Analicemos un ejemplo. En una fiesta de matrimonio, todos están sentados en línea y se comienzan a servir algunos dulces. Habrá algunos que indiquen que no los quieren, porque el dulce les cae mal ya que son diabéticos, y no porque no se quieran servir porque les disguste. Los ateos son como ellos. Sufren del mal de la incredulidad y es por eso que dicen que no quieren saber nada de Dios. De hecho, no quieren saber de El. Habrá otras personas que, aunque no tengan enfermedad alguna, dicen que no desean dulces sólo porque quieren imitar a los que los están rehusando. Al igual que en esta analogía, al ver que algunas personas dicen que Dios no existe, hay muchas otras que son tan necias como para repetir lo mismo. Esto constituye una situación absurda. Uno debería entregarse a Dios o ser capaz de seguir los propios dictados, pero no habría de revelar su vacuidad al imitar simplemente a otros. Habrán de desarrollar la confianza en sí mismos y con ello lograrán una íntima satisfacción. Una vez que se sientan satisfechos, serán capaces de sacrificarse y ello les llevará a la autorrealización. De este modo, la autorrealización dependerá, en último término, de la base de confianza en sí mismos que establezcan.

A DIOS SE LO CONOCE
POR MIL NOMBRES DIFERENTES

Canten el Gita. Pronuncien los mil Nombres del Señor.
Mediten continuamente en el Espíritu Divino.
Pasen su tiempo en compañía de los buenos.
Entreguen su fortuna a los seres débiles y necesitados.

¡Encarnaciones del Espíritu Divino!: Uno de los discípulos de Sankara compuso este peculiar poema describiendo lo específico del Gita: la meditación, el sacrificio y los rasgos únicos en su género que están contenidos en los numerosos Nombres del Señor. Se nos pide cantar el Gita. Al hacerlo, estaremos alejando nuestra mente de los deseos materiales y calmando nuestra inquietud. El Gita, al constituir la esencia del Vedanta, representa la vía regia hacia la salvación. También representa la palabra de Sai. En este verso se dice que hay mil Nombres para el Señor. Es usual en nuestro país el considerar que el Señor tenga diferentes formas y nombres, como Hari, Shiva y otros. Se ha descripto a Dios como poseedor de mil cabezas. Hay gente que considera al Espíritu Divino (Sripati) como referido a Vishnu y hay otra que dice que se refiere a Shiva. El discutir al respecto constituye una pérdida de tiempo. Todos estos numerosos nombres y formas diferentes para el Señor, les impulsarán a visualizar Su Omnipresencia, la que se ha descripto como una luz resplandeciente. Dios representa todo lo que se ha descripto en nuestras Escrituras: es la personificación de la Prosperidad, es el Logos y mucho más. De modo que el Espíritu Divino no implica ningún nombre en particular, sino denota solamente al Alma Universal. Hacemos uso del apelativo de "Sri" (Señor) para denotar la santidad de todas las cosas que necesitan ser santificadas. El apelativo de Sri anexado a cuerpos humanos que son temporales y están conformados por los cinco elementos, lo usamos para denotar nuestro respeto. También usamos este apelativo en el caso del Señor, debido a que el cuerpo en el que aparece es temporal. Así lo usamos en los casos de Rama y de Krishna, porque eran transitorios los cuerpos en los que aparecieron. Así, hacemos uso de este apelativo Sri para darle santidad a un cuerpo destructible. En los casos de Shiva, Sankara e Iswara —nombres que denotan permanencia— no decimos Sri Shiva o Sri Sankara. Este apelativo carece aquí de sentido, puesto que el Principio de Shiva no tiene un cuerpo ni una forma. Es eterno y no asume cuerpo alguno. La palabra "Sri" significa "prosperidad". Debido a que la prosperidad es permanente, Aquel que es su marido se denomina Sripati. Aquí el Sri significa que la Divinidad es permanente, invariable e indivisible, y que puede ser adorada en cualquier Forma del Señor.

Se dice que Vishnu monta a Garuda (águila celestial de cresta blanca, vehículo de Vishnu). También nos referimos a Shiva como Nandi Vahana (toro, vehículo de Shiva). Nos referimos a Brahma en cuanto marido de Saraswati. Y decimos muchas otras cosas similares. De este modo le estamos atribuyendo otros tantos atributos a estos nombres y formas. Ello no responde sino a nuestras propias nociones de verlo. Después de una deliberación madura, llegaremos a la conclusión de que Dios mora en todos los seres y en la Creación toda. Entre todos los animales, el nacer como hombre es lo más difícil. En el lenguaje familiar, al decir "Jantu" pensamos en un animal. La palabra deriva de la raíz "Jan". Se hace referencia a todo lo que nace de un útero materno como "Jantu". En este sentido, también el hombre es un animal. Hasta una rata se denomina Jantu por el hecho de dar a luz a sus crías desde el útero. Otra denominación para los animales es "Pasu" y aquel que cuida de ellos, se llama "Pasupati". El apelativo de Pasupati para el Señor nace del hecho de que El cuida de todos los animales. Pasupati denota a Iswara. Por otra parte, sabemos que Gopala es otro nombre para Krishna. Estos nombres significan que Aquel que cuida de todos los animales, es Dios llevando diferentes nombres.

Hemos de sintetizar todas estas nociones aparentemente diferentes, sin atribuirle demasiada importancia a los nombres y sin enfatizar en demasía los conceptos de Vishnu como esposo de Lakshmi, de Brahma como esposo de Saraswati; es bueno darle un Nombre al Señor, el de "Pasalanatha". Esto le pondrá un punto final a toda la confusión de las diferencias. La palabra "Pasalanatha" también significa que "El es la cabeza de todos los seres". Esta es una forma de reconocer la unicidad de la Divinidad. Por otro lado, de acuerdo a nuestros Puranas, también podemos llegar a la misma conclusión considerando a "Pa" como significando Parvati, "sa" significando a Saraswati, "la" significando a Lakshmi e interpretar que el "Natha" (Señor o Guardián) de las tres es Pasalanatha.

Trataremos ahora de reconciliar a los Vahanas o vehículos de estos Señores. Hemos aceptado que uno de los vahanas es Garuda, el segundo es Nandi y el tercero es Hamsa (cisne usado por Brahma). Si hacemos uso del término "Vihanga Vahana" vemos que los cubre a los tres. "Vi" representará a Vrishaba o Nandi y "ha", a Hamsa, en tanto que "ga" representará a Garuda. Y el término "Vihanga" constituye así la síntesis buscada. Hemos de mirar a todas las Formas de Dios como una sola y la misma. Fue en este contexto que los discípulos de Sankara usaron estas palabras. En este verso se hace uso de otras palabras que significan que únicamente la buena compañía puede arrancar de raíz las malas ideas. En este contexto, la simple adoración ritual o la visita a lugares sagrados no es de mucha ayuda. Entre la gente piadosa y buena, se sentirán espontáneamente a gusto y cultivarán las cualidades positivas. Tanto vuestras buenas como malas cualidades dependerán, en general, de la compañía en que se muevan. Por ende, si desean cultivar y promover sus cualidades positivas, deberán buscar la buena compañía. Al mantenerla, tendrán la oportunidad de promover labores e ideas positivas. El discípulo de Sankara establece en el tercer verso de esta estrofa que la buena compañía es esencial.

En el cuarto verso indica que han de compartir su fortuna con aquellos que merecen ser ayudados. La gente pobre que tiene una familia merece esta caridad. En tanto que no la requieren los ascetas que no tienen responsabilidades. Sin embargo, una porción de todo lo que ganen deberá ser apartada para el futuro y el bienestar de vuestros hijos. Otra porción deberá ser aplicada para algún buen propósito, para la caridad y para ayudarle a otros. De esta forma estarán usando las riquezas que tengan de una manera sagrada.

Sin embargo, la mayoría de nosotros se inclina a creer en Dios cuando son cumplidos sus deseos, y tiende a declinar esta fe cuando el curso de la vida toma un rumbo contrario a esos deseos. En todo caso, estas consideraciones no tienen nada que ver con la verdad acerca de Dios. Las propensiones negativas tienden a convertirse en hábitos arraigados. La enfermedad de estos hábitos no puede ser curada a través de un camino espiritual mecánico. Veamos una pequeña historia al respecto. Había un individuo que sufría de indigestión. En vano tomó algunos medicamentos, puesto que su mal se había hecho crónico. Para su buena suerte, llegó un santón que le sugirió una cura para su dolencia. El santón le indicó que mascara o chupara tres trozos de sal cristalizada todo el día. Al hacerlo así por algún tiempo, se sintió considerablemente aliviado de su problema. Esta persona solía distribuirle dulces a los niños durante los festivales. El día de Deepavali, visitó varias tiendas y en cada una encontró que las golosinas le sabían amargas. Ello se debía a que estaba con la sal en la boca todo el tiempo. Uno de los comerciantes que sabía de la cura que estaba llevando a cabo, le sugirió lavarse la boca antes de probar los dulces. Siguiendo esta sugerencia, paladeó la dulzura de las golosinas. De manera similar, mientras estén sometidos a sus malos hábitos, no podrán gozar de la dulce y santificante fragancia de la sagrada compañía de las personalidades divinas con que se encuentren. Pueden lograr el beneficio de la buena compañía sólo después de haber limpiado sus mentes. Así podrán disfrutar de la dicha del Alma.

Es en este contexto que llegara a usarse la declaración: "Un objeto se aprecia de diferente manera desde diferentes puntos de vista". La apariencia del mundo se conformará al color de los cristales con que lo miren. El cambio de color de las apariencias se deberá al cambio de color de los cristales. Por eso mucha gente no absorbe buenas ideas de la buena compañía, porque se aferra a sus prejuicios, sus ideas preconcebidas y sus preocupaciones. En su caso, Kumbhakarna manda mensajes de sueño y se van a dormir, en tanto que otros que están despiertos, son inquietados por pensamientos externos respecto de sus trabajos u otras cosas por el estilo, y aun otros, andan dispersos, mirando para todas partes, y es por ello que sólo una pequeña minoría de participantes absorbe lo positivo del Satsang (reunión de gente buena y piadosa).

Aquí va una pequeña historia. Hace tiempo, había un erudito que se propuso explicar el Ramayana durante un período de siete días. Para lograr algo de solaz, asistía a las reuniones una mujer que había perdido recientemente a su marido. Como visitante regular, se sentaba siempre en la primera fila. El sabio continuaba con sus explicaciones día tras día y la mujer no hacía sino mirar el libro y llorar. El sabio presumía que ella sentía una gran devoción y fue así que, al final de los siete días, anunció que en consideración a su devoción y asistencia regular, le daría en primer término "la comida consagrada" a ella. Al hacerlo, le preguntó si le habían gustado los discursos sobre el Ramayana. Centrada en su pena, la mujer respondió que no sabía si el sabio había recitado el Mahabharatha o el Ramayana y agregó, que su dolor se había agudizado porque la cinta negra en el libro le recordaba la que su fallecido marido usaba alrededor de la cintura. De este modo mostró que sus lágrimas nada tenían que ver con las exposiciones del sabio sobre el Ramayana.

El egoísmo obnubila el pensamiento. Había, por ejemplo, un artista que había viajado mucho y se había hecho de una vasta reputación. Pero, hasta el momento no había podido llegar hasta Krishna. Estaba ansioso por lograr la aprobación del Señor Krishna para su arte. Teniendo esto en vista, logró una entrevista con El, y cuando estuvo en su presencia, le pidió que se quedara inmóvil unos momentos para poder dibujar su retrato. Preparó el esbozo y le indicó a Krishna que en una semana tendría terminado el cuadro. Como Conocedor de Todo, Krishna sabía del ego del pintor. Pasada la semana, el artista trajo el retrato cubierto por una tela blanca. Una vez en presencia de Krishna, lo descubrió y quedó aturdido ante la carencia de parecido entre Krishna y el retrato. Se sintió tan sorprendido que pidió otra semana de plazo para terminar su trabajo. Mas en la siguiente oportunidad volvió a suceder lo mismo. Fue así que el pintor siguió intentando pintar el retrato, mas cada vez el resultado era igualmente desilusionante. Frustrado y deprimido, quiso abandonar la ciudad e irse lejos. Cuando estaba por marcharse, el sabio Narada le fue a ver. Narada le dijo que resultaba ridículo tratar de pintar un retrato del Señor Krishna. El Señor no tiene una Forma definida y puede cambiar Su rostro en cada segundo. Luego susurró algo al oído del artista, después de haberle dicho que le iba a dar el método que le permitiría salir adelante con su obra. Siguiendo el consejo de Narada, el artista volvió, cubrió algo con un paño blanco y se acercó nuevamente a Krishna diciéndole que esta vez podía cambiar cuanto quisiera, pero que el retrato se le parecería con exactitud. Cuando el paño fue retirado, Krishna vio un espejo y éste reproducía su réplica exacta. De modo que si imaginan que Dios es como esto o aquello, no será correcto. Les resultará imposible describir a Dios y todos vuestros intentos fracasarán. Mucho mejor es que hagan que sus mentes se vuelvan claras y limpias, llénenlas de Amor y devoción, y ello les permitirá tener la verdadera visión de Dios.

LA VERDADERA NATURALEZA
DE LA AMISTAD

*¡Oh Señor! Toca tu Murali (flauta divina) y permite que la Naturaleza
dance arrobada en torno de Ti y goce de la sonora música
que fluye de tu flauta; la que esparce las vibraciones del Amor
en la atmósfera, llena de Amor cada corazón
y promueve el Amor en todas las circunstancias.*

El concepto de la relación humana ideal, evoluciona cuando está inspirado por el Amor y basado en la Verdad. La Verdad y el Amor, configuran las bases de este tipo de amistad. Este tipo de conexión se ve divinizado a través de la mezcla sincera de los corazones. La amistad basada en el altruismo adopta el lema: amor por todos y malicia hacia nadie, manteniendo en vista el bienestar de los demás, dejando de lado los intereses personales. Una actitud así hace que la vida sea digna de disfrutarse y también ayuda a corregir al mundo. Estas actitudes hacen que una persona entregue voluntariamente más y reciba menos, en tanto que si se apodera de ustedes el egoísmo, ansían recibir más y más y entregar menos. La diferencia en las actitudes de los egoístas y los altruistas demuestra la contradicción entre el concepto de la amistad ideal y la manera en que se la interpreta en la realidad de la vida diaria.

La amistad no debería basarse en consideraciones de temor y de favor. Por una parte tratan de ser amigables con una persona que tiene alguna autoridad y poder, debido al temor y, por otra, tratan de mostrarse amistosos con las personas pudientes y adineradas, con la esperanza de sacar algunos beneficios personales. Como la riqueza y la posición no son sino temporales, también nuestra amistad resultará ser de naturaleza transitoria.

Si una persona estuviera adoptando maneras equivocadas, un amigo verdadero no debería trepidar en señalarle sus errores con miras a hacerla mejorar. No basta simplemente el compartir las alegrías con otros, sino que es más importante compartir mutuamente los pesares. La amistad sagrada es aquella que le permite a uno ayudar a otros, en todo momento y en toda circunstancia.

Ustedes saben que Krishna y Kuchela eran amigos en el ashram de Sandeepa, en sus años infantiles. Cuando crecieron, Krishna se convirtió en rey y Kuchela era tan pobre que no alcanzaba ni a alimentar a sus hijos. A instancias de su mujer, Kuchela recurrió a Krishna en busca de ayuda. Los guardias lo detuvieron en la entrada. Vacilando, Kuchela le reveló su identidad a los guardias y les pidió informar a Krishna de que su amigo de la infancia había venido a visitarle. Tan pronto como el mensaje llegó hasta Krishna, Kuchela fue escoltado hasta el palacio. Kuchela se encontró con Krishna y, por algunos momentos, hablaron alegremente y luego se despidió de El. Al volver a su hogar, descubrió que Krishna ya había derramado Su Gracia en forma de toda clase de riquezas. Kuchela le comentó a su mujer: "Krishna me recibió con gran amor y esto muestra Su bondad y generosidad hacia los pobres. Me miró de pies a cabeza. Y por Su Amor, me dio todas estas riquezas a cambio del puñado de arroz seco que comiera de mi mano".

La amistad que prevalece en nuestros días puede ser ilustrada con esta historia. Una persona tenía tres amigos. Había tomado por varios caminos erróneos, de manera que llegó el momento en que tuvo que enfrentarse a un juicio. Se dirigió a uno de sus amigos en busca de ayuda. Este le dijo francamente que no le gustaría asociarse a un crimen como el que había cometido. Rehusó prestarse para rescatarlo con su evidencia. El segundo amigo le indicó que asistiría al tribunal, pero que no subiría al estrado como testigo. Entonces fue donde el tercer amigo en busca de ayuda. Este le respondió de inmediato: "Por supuesto, tus problemas son los míos, así como mis problemas son los tuyos, y te ayudaré en cualquier forma que me pidas que lo haga". Resulta muy claro que el tercer amigo representa la mejor clase de amistad. Durante nuestra vida también tenemos tres amigos. En el momento de la muerte uno ha de abandonar todo lo que posea. La riqueza y la posición no les acompañarán. Puede que vuestros amigos y parientes asistan al funeral, después de lo cual todos volverán a sus casas. Sólo los buenos y los malos actos que hayan llevado a cabo serán los que les acompañen. Vuestro próximo nacimiento será proyectado de acuerdo con vuestras obras en esta vida. Para que puedan mantenerse buenos, habrán de cultivar el respeto por la Verdad que es permanente, en tanto que todo lo demás, incluyendo vuestro cuerpo, está sujeto al cambio, a la decadencia y a la muerte. De modo que resulta deseable que emprendan varias prácticas para que se ganen la Gracia del Señor a esta temprana edad, cuando cuentan aún con la energía y la capacidad para aprender y para concentrarse. Es muy probable que algunos de sus amigos les señalen que ésta es la edad apropiada para que logren el éxito en los asuntos mundanos. Les aconsejarán que se dediquen a ganar dinero y a gozar de la vida. De acuerdo con este modo de pensar, la búsqueda de Dios puede postergarse hasta que llegue la edad de retirarse de la vida activa. Mas el hecho real es que, siendo más impresionable la juventud, representa la edad justa para desarrollar ideas sagradas y prácticas espirituales. Es de conocimiento común que a lo largo de toda la vida uno anda persiguiendo a Maya (lo Ilusorio) y entonces, en el momento de la muerte ya no le será posible desviar los pensamientos hacia Dios. Por eso, es ahora el tiempo propicio para que establezcan los cimientos para un buen futuro.

¡Encarnaciones del Alma Divina! Podemos entender o no hoy en día la importancia del Amor. De ahora en adelante, deberían tomar la determinación de cultivar amistades basadas en el Amor. No permitan que el significado en boga de la amistad les corrompa la mente.

En relación con esto, uno se acuerda del amor que le tenían vaqueras y pastores a Krishna y, debido a este amor, aceptaban felices todos los sufrimientos. Ello sirve para ilustrar la amistad sagrada basada en el Amor por lo Divino. En el tiempo de la partida de Krishna, muchos pastores trataron de sujetar las patas de los poderosos caballos, para evitar que avanzaran. Otros sujetaban las ruedas de los carros, para que no se movieran, pero no pudieron evitarlo. Finalmente, impotentes y sin poder hacer nada, se dirigieron a Akrura: "Llevas el nombre de Akrura, pero eres la persona más cruel que jamás encontráramos". Después de haber partido Krishna, las vaqueras expresaban su dolor de diferentes maneras. Una de ellas, dirigiéndose a Krishna, dijo: "Deberías quedarte y tocar tu flauta, sin consideración de lo que otros digan. Dependemos de Ti y esperábamos poder estar a Tus Pies. ¿Nos abandonarás para ir a Mathura (pueblo donde nació Krishna)?" También una madre muestra gran afecto por su hijo. Este aspecto también se parece a la amistad. Yasoda, la divina madre, no encontraba a Krishna y todos sus pensamientos eran para El. Cantó en las siguientes palabras: "Siempre nos has bendecido tocando tu flauta. ¿Por qué no muestras Tu rostro ahora? ¿Has olvidado el amor de tu madre? He esperado por todos estos años en la esperanza de que regresaras. Ya no puedo seguir esperando. Por favor, ven prontamente". Por otro lado, Krishna se había dirigido a Mathura y Kamsa le creó una serie de problemas allá. Las noticias llegaron hasta Vasudeva y Devaki que estaban en prisión. Devaki se angustió mucho al saber que Kama estaba causándole problemas a Krishna. Miraba continuamente por la ventana, temiendo que le llegaran malas noticias de un momento al otro. Cuando más angustiada estaba, solía pensar: "Los demonios que tienen forma de hombres se han llevado a Krishna a la ciudad de Mathura. Deben de haberlo molestado mucho. Kamsa es una persona muy cruel. Seguro que ha traído elefantes salvajes para luchar contra Krishna. Carece de corazón. ¿No puede recapacitar por el hecho de que Krishna es muy joven aún? ¡Qué mala suerte la nuestra que tengamos que vivir para ver el mal que Kamsa le está causando a Krishna!" Estos sentimientos fortalecen los sentimientos de amistad. Sólo la relación sagrada, asociada al Amor, que brota del manantial de nuestro corazón, representa la verdadera amistad. Deben trascender las disensiones, vivir en armonía, elevando vuestros corazones hacia Dios.

UNICAMENTE DIOS PUEDE SER VUESTRO VERDADERO MAESTRO

La visión de Dios que reside en el corazón, puede lograrse a través de una devoción sin desviaciones por los Pies de Loto del Maestro, y mediante la desvinculación de los grilletes de la familia, como asimismo el control de la mente vagabunda y de los órganos sensoriales.

¡Encarnaciones del Alma Divina!: Este es el último de los versos de la serie del Bhaja Govinda. Después de componerlo, Sankara abandonó Benarés. En esta estrofa se ha enfatizado que deben mantener una fe invariable en el Maestro, mas debemos tratar de entender a qué tipo de Maestro se estaba refiriendo Sankara en este contexto. Alguien que encienda en ustedes la luz del Espíritu, al enseñarles lo que es justo y lo que es bueno, ayudándoles a practicar los sagrados principios encerrados en las Escrituras, tranquilizando vuestra mente, puede ser considerado como el Maestro o Gurú apropiado. La palabra "gu" significa oscuridad o ignorancia y "ru" representa su eliminación. Esto significa que la oscuridad de la ignorancia puede ser disipada por la luz de la Sabiduría. Tal es la función que ha de desempeñar un Gurú. "Gu" también representa "a quien está más allá de todo atributo", y "ru" es el "roopa varjita" o el "que no tiene forma". Y quien no tiene ni atributos ni forma no puede ser otro que Dios.

En el mundo actual, es posible que los gurús les enseñen la senda correcta y las ideas correctas, pero no les es posible guiarles desde la oscuridad hacia la luz o de la ignorancia hacia el conocimiento. Sólo Dios puede hacerlo. Los maestros actuales son de dos tipos. Están aquellos que declaran ser exponentes del Vedanta, mas siendo pragmática su intención principal, se pliegan a los caprichos de sus discípulos y al hacerlo, logran desposeerlos de sus posesiones. Tales gurús representan una carga insoportable sobre la faz de la Tierra y constituyen otro significado para la palabra gurú que significa peso o carga. El segundo tipo son aquellos que explican los textos sagrados y ayudan hasta un cierto punto a sus discípulos a disciplinarse. Les dan a entender a sus pupilos que el Gurú mismo es Brahma, Vishnu, Iswara y también él Absoluto Universal. En esta forma elevan su propia estatura a los ojos de sus discípulos. Hay mucha diferencia entre un Maestro y un Gurú. Un Maestro transmite lo que ha aprendido, a cambio de una recompensa, en tanto que un Gurú entra en vuestro corazón por su gracia, lo ensancha y les permite comprender los aspectos de la Divinidad. Un ser así en la forma de un Gurú, aparecerá en un momento apropiado. Por ejemplo, cuando se puso a orar el rey Parikshit, de inmediato apareció Suka.

Todo el mundo de manifestaciones constituye el juego de Brahma, Vishnu e Iswara. Brahma crea, Vishnu sustenta e Iswara disuelve o funde todo. Brahma es quien determina vuestro próximo nacimiento de acuerdo a vuestros Karmas previos. Vishnu sustenta la creación de Brahma. Una planta no puede crecer por decisión propia. Ha de ser cuidada, regada y protegida. Sólo así llegará a ser un gran árbol. De manera similar, no basta con que el Gurú simplemente les sugiera recitar el Nombre del Señor y dejarse un tiempo para meditar. También debe vigilar vuestra práctica y vuestro progreso, dándoles el apoyo y la fuerza necesarios. La labor de Iswara es hacer que las cosas se fundan con el Infinito. Laya o disolución significa fundir el Alma con el Espíritu Supremo. Iswara disuelve al individuo en lo universal. De modo que todo el proceso consiste en creación, mantención e inmersión. Esta trinidad de Brahma, Vishnu y Maheswara no representa a otros tantos gurús, sino se refiere al mismo Ser funcionando en tres direcciones distintas y en tres momentos distintos.

Ahora permítanme clarificar el sentido del Verdadero Absoluto Universal, diferenciándolo de la trinidad de Brahma,

Vishnu y Maheswara. Clasificamos a Brahma en cuatro tipos. El primero es el Brahma de cuatro rostros, luego tenemos el aspecto de la Creación; también tenemos al Logos Creador y al Señor de Bienaventuranza. El Brahma de cuatro rostros hace que el sonido resulte en la Creación y se convierta en el Logos Creador. No puede haber creación sin sonido y el sonido es causado por la vibración. Este sonido ha sido comparado con el espacio o el cielo, y puesto que el sonido está en todas partes, también el cielo está en todas partes.

Es en este contexto que describimos a Dios como situado por encima de todos los atributos. Los cinco sentidos humanos: oído, tacto, visión, gusto y olfato, son los atributos materiales. Alguien que esté por encima de ellos y que no se vea afectado por ninguno de ellos, es Dios. Esto puede ser ilustrado de la manera siguiente. El total de estos cinco atributos está presente en la tierra. La tierra es la primera de las cinco sustancias elementales: tierra, agua, fuego, aire y espacio. Esta es la razón por la cual la tierra es muy pesada y no puede ser fácilmente movida de un sitio a otro. En tanto que todos los atributos se encuentran presentes en la tierra, hay sólo cuatro presentes en el agua. Ha desaparecido el olor y por ello el agua es más liviana y más fácilmente transportable. En el caso del fuego, no quedan sino tres atributos. No tiene ni sabor ni olor, y es aún más libre en sus movimientos. Si tomamos al cuarto elemento, el aire, encontramos que no tiene forma, sabor ni olor. Es más liviano todavía y se puede mover libremente. El quinto elemento es el espacio o el cielo. Este no tiene sino un atributo: el sonido. Le faltan todos los demás atributos y, por ello, el espacio es el más liviano de los elementos y se difunde por todas partes. Si el cielo, caracterizado únicamente por el atributo del sonido, está presente por doquier, naturalmente Dios, que carece totalmente de atributos, estará presente en todas partes. Es Omnipresente. Es por ello que se le describe como "Aquel que está por encima de todos los atributos". Estos cinco elementos que componen el mundo material tienen atributos, mas cuando se extinguen todos ellos, podemos concebir algo que lo impregna todo. Cuando decimos que Dios es Omnipresente, queremos significar que ninguna de estas cosas que nos oprimen se encuentran presentes en El. Por otra parte, al estar más allá de todos los atributos, Dios no es afectado ni siquiera al penetrarlos. Por ejemplo: hay greda en el pocillo, pero no hay pocillo alguno en la greda original.

Sankara expresó la misma idea en otra parte y en otro contexto, al decir: "Brahman es real y el mundo es una ilusión". En otra parte dijo: "Al mundo entero lo llena Vishnu". Es habitual que los estudiantes jóvenes se refieran a estas declaraciones aparentemente contradictorias con cierta sorna. Se han hecho estas observaciones por parte de personas de peso, que han reflexionado profundamente sobre estos asuntos. Nos corresponde a nosotros el interpretarlos correctamente. Les daré un ejemplo para comunicarles el significado adecuado.

Entre los que están sentados aquí, hay un noventa y nueve por ciento que acostumbra ir al cine. Es común que estén sentados frente a la pantalla y comiencen a impacientarse porque no comienza la película. Cuando la empiezan a proyectar, se sienten felices. La película proyectada cambia continuamente, no se mantiene en forma fija y permanente. Las imágenes que aparecen en la pantalla no son ni verdaderas ni falsas. No son permanentes, aunque la pantalla sí lo es. En este contexto, hemos de entender que la pantalla es real y no así las imágenes que son una ilusión. La pantalla puede compararse con Brahman. La permanencia y la penetración en todo de Vishnu, frente a la impermanencia del mundo, explican el verdadero significado de "Al mundo entero lo llena Vishnu".

No pueden descartar como inexistente todo aquello que no puedan ver, oír o entender. Incluso poniendo una luz muy fuerte frente a un ciego, éste no seguirá viendo sino oscuridad, porque no tiene la visión para percibir la luz. De manera parecida, las personas carentes de fe no percibirán a Dios, incluso aunque se lo muestren. Carecen de ojos para ver la Divinidad y declaran que la Divinidad no existe. Aquí va un ejemplo para esto. Un ciego no puede ver su cuerpo ni describir su apariencia, sin embargo esto no quiere decir que no tenga un cuerpo. Del mismo modo, el Alma lo penetra todo en el Universo, pero no somos capaces de percibirlo porque no tenemos los ojos de la Sabiduría.

Una vez, un aspirante espiritual que tenía una gran ambición por saber algo acerca de lo Divino, ansiaba que se abriera su ojo de la Sabiduría. Entró en una caverna en la que residía un Gurú. Entrando, divisó una pequeña luz. Al avanzar, la luz se extinguió. En la oscuridad, uno tiende a sentir miedo y con el miedo, pensamos intensamente en Dios. Fue así que comenzó a decir en voz alta la palabra "Namasivaya" ("Me entrego como discípulo de Shiva"). Al escucharle, el Maestro le preguntó quién era. El visitante le contestó que venía en busca de su gracia. Este gran santo que se sustentaba en la caverna únicamente en base al aire que respiraba, tenía la facultad de conocer la mente de su visitante. Le indicó que contestaría más adelante sus preguntas, pero que fuera primero a encender la lámpara que se había apagado. El visitante tomó una caja de cerillas y trató de encender la lámpara, mas sin éxito. Le informó al Gurú que había agotado todas las cerillas pero que no había podido encender la luz. El Maestro le indicó que viera si había combustible en la lámpara. Después de abrirla, comprobó que no había combustible en ella y le informó al Maestro que sólo había agua en ella. El Gurú le ordenó, entonces, que abriera la lámpara, botara el agua, la llenara de combustible y procediera luego a encenderla. La persona lo hizo así, pero la lámpara seguía sin poderse encender. El Gurú indicó entonces que era posible que la mecha estuviera mojada con agua, pidiéndole que la secara cuidadosamente e intentara encenderla de nuevo. El visitante lo hizo y logró, finalmente, encenderla. A continuación se atrevió a plantear sus dudas y le pidió una respuesta al Maestro. Este pareció sorprendido y señaló que la respuesta apropiada le había sido dada durante todo este tiempo. El visitante le dijo que siendo un ignorante que no había logrado entender el sentido de la enseñanza, le rogaba que se lo explicara en términos más claros. El Gurú le dijo: en el recipiente de tu corazón se encuentra la mecha de tu Alma Individual. Esa mecha ha estado sumergida todo este tiempo en el agua de tus deseos sensoriales y es por ello que no has podido encender la lámpara de la Sabiduría. Tienes que eliminar toda el agua de tus deseos sensoriales del recipiente de tu corazón y llenarlo con la repetición incesante del Nombre de Dios. Toma la mecha del Yo y sécala al sol del desapego. Luego vuelve acá y, ciertamente, podrás encender la lámpara de la Sabiduría. El proceso que se requiere es el que tomes la mecha del Yo y extraigas de ella toda el agua de tus deseos y que pongas luego en tu corazón el combustible de la

Devoción. Con ello te será posible encender la lámpara de la Sabiduría. Al hacerlo así, podrás ver la luz de la Sabiduría.

Cuando vuelvan a sus hogares, van a ser capaces de ver esta luz, la que les facultará para que se ayuden a sí mismos y también a otros, mas sólo si practican lo que han aprendido aquí. Si no hacen sino memorizar lo que han oído y repetir las palabras, los demás pensarán que durante vuestra estadía no han adquirido más que cosas huecas. Un perezoso asceta que era un vago, llegó un día a una aldea. Se sentía muy hambriento. Divisó una casa y, presumiendo que era de gente devota, pensó que podía conseguir alimento allí. Entró a la casa y pidió limosna. La señora de la casa al verle, le dijo que en vez de limosna, le daría una comida completa, pidiéndole que fuera hasta el río a bañarse y luego volviera. Ella, entretanto, le prepararía de comer. El asceta musitó: "La mención del nombre de Govinda equivale a tomar un baño", e indicó que estaba listo para comer. La señora era igualmente astuta, de modo que le contestó: "La mención del nombre de Rama equivale a ingerir una comida".

DISCURSO FINAL A LOS ESTUDIANTES

En un momento estamos contentos y en otro, apesadumbrados. El mismo objeto que fuera fuente de felicidad, se torna en fuente de agonía luego de un intervalo de tiempo. Por ende, la alegría y el pesar no constituyen sino estados mentales y los objetos, que en sí mismos están sujetos a cambios, no pueden proporcionarnos una felicidad duradera. El cambio no es real. Todo lo que pueda cambiar no puede ser, básicamente, real. Sabiendo que la vida de gozo plácido es naturalmente contraria al esfuerzo espiritual serio, la gente buena considera a las dificultades como escalones conducentes a una vida superior.

Existen, por otro lado, aquellos que analizan racionalmente los merecimientos y desmerecimientos. Ellos ven las faltas como faltas y los méritos como méritos.

Además, están aquellos que son incapaces de percibir la verdad, la belleza y la bondad en ninguna parte, pero están siempre prestos a ver las imperfecciones en todas partes y a encontrar faltas en todos. Gente así tiene horizontes muy limitados, pero ambiciones ilimitadas.

¡Encarnaciones del Alma Divina! ¡Estudiantes!: Nosotros mismos somos los responsables por la situación en que estamos hoy en día. El ayer configuró el día de hoy y el hoy configurará el mañana. La medida del progreso humano no depende de las apariencias, es decir, no depende de la riqueza, la posición social o la autoridad. Estas apariencias pueden compararse con nubes pasajeras o vestimentas externas. El real valor del hombre se basa en su adhesión a la Conducta Correcta y a su atenerse a la Verdad. La juventud de hoy debe tratar de proteger la Acción Correcta y adherir a la Verdad, adquiriendo de este modo una naturaleza amable y buena. Sólo así podrán disfrutar de felicidad y servirle también de ejemplo a otros. Deben descorrer el telón de carne y hueso para intuir el Alma, y al hacerlo, permitir que la mente more en ella y se sume a su dicha. Representa una contradicción apegarse a lo finito y aspirar, al mismo tiempo, a lo infinito. No permitan que la postura de la devoción sea tan sólo una fachada para ocultar la colusión entre la mente y la materia. El ego viciado empaña la visión de la Sabiduría. La ignorancia, la enfermedad de la mente, debe ser descartada por medio del conocimiento. El recordar que no son el cuerpo, sino el Alma, les guiará hacia el conocimiento. De modo que la mente ha de ser armonizada con el espíritu interior.

Es bien sabido que Vishwamitra recurrió a su fuerza física y a su superioridad intelectual cuando desafió a Vasishta. Al final, sin embargo, su fuerza física se agotó y su intelecto no funcionó. Fue entonces que comprendió la mayor importancia del poder de la Divinidad. Al hacerlo, renunció a todo y se dedicó a la penitencia.

Todo el Universo no es nada fuera de la Divinidad. El mundo es una apariencia de Dios y Dios mismo es el Uno Sin Forma. Nuestros ancestros del remoto pasado basaron sus vidas en la filosofía eterna y universal del Vedanta. Esta forma tradicional de vida de nuestra Tierra ha resistido las tensiones y los embates de múltiples invasiones en los siglos pasados. Durante los últimos treinta días han recibido joyas valiosísimas de manos de varios maestros y eruditos, y ahora, harán mucho por ustedes mismos si las atesoran. No vayan a cambiar estas joyas por trozos de carbón a medida que vaya pasando el tiempo. Es habitual que la riqueza o las joyas se consideren como posesiones valiosas. Estas posesiones serán valiosas mientras la vida esté en ustedes, únicamente. Nuestro carácter debería ser considerado como nuestra real riqueza, y nuestra Conducta Correcta, como nuestra prosperidad. Y la más preciada de nuestras posesiones debería ser nuestro conocimiento de Dios.

Esta tierra es llamada Bharatha y esto significa que sus hijos gozan de la dicha de Dios. "Bha" representa a "Icha" o deseo, "Ra" representa a "Kriya" o trabajo y "Tha" representa a la Sabiduría. Los tres han de ser combinados. En otras palabras, nuestras acciones debieran surgir del deseo de alcanzar la visión de la Sabiduría. No debemos dejarnos someter por ningún entusiasmo pasajero, ni permitir que nuestros impulsos nos arrastren hacia acciones irreflexivas. El surtidor de los pensamientos surge y se aquieta en ustedes mismos. Cuando estén llenos de pensamientos, no permitan que éstos obstruyan la luminosidad del Alma.

El curso de verano fue organizado con el objeto de familiarizarles con la cultura y la espiritualidad de la India, lo que les ayudaría a perfeccionarse a sí mismos para ayudar a mejorar el futuro del país. Por lo tanto, no deberán permitir que ninguna flaqueza que les acose les vaya a disuadir de seguir por la senda correcta. Si hubiera un pequeño agujero en un tanque de agua, por muy grande que éste sea, el agua se escapará de él. De igual manera, aunque alberguen un muy pequeño deseo sensorial en ustedes, puede que todo lo que hayan aprendido no les sirva de nada. La atracción por el mundo les distraerá de la realidad. Del mismo modo en que se han vestido de blanco habrán de vestir de blanco también a sus mentes, vale decir, volverse puros. Han de entregarle a Dios vuestro corazón puro, lleno con las vibraciones del Amor.

Se cree en nuestro país que si cometen un pecado, a sabiendas o inconscientemente, y se sumergen en el "Triveni Sangam" o la confluencia de los tres ríos, se salvarán de las consecuencias de ese pecado. Esto significa que si se arrepienten sinceramente de sus pecados, desde lo más íntimo de vuestro ser, podrán liberarse de sus consecuencias. Todos ustedes se han dado un baño en el "Triveni" durante el curso de verano y, por lo tanto, todas vuestras faltas anteriores han sido reparadas. Deberán protegerse en el futuro, desistiendo de cometer errores y resistiendo al mal. El trabajo correcto y el Amor desinteresado les ayudará a ingresar a la senda de la Sabiduría.

INDICE

Charla de introducción para los estudiantes 7

La santidad de la relación maestro - discípulo 13

La escalera que le permite a una persona ignorante
llegar a ser un Alma liberada.. 21

Eviten el ciclo de nacimientos y muertes 33

Busquen la compañía de la gente buena 41

La vida humana es sagrada: no la desperdicien 51

Vuelvan su mente hacia el interior, hacia el Alma 59

El servicio prestado al hombre es servicio prestado
al Señor... 65

Conquisten sus sentidos y no habrá ya pesares 75

Adoren una imagen como Dios, mas no a Dios
como una imagen 83

El desapego puede ser logrado por cada uno y por todos ... 89

La Gracia de Dios puede transformar a un necio
en un erudito 97

El desapego confiere Paz incluso en medio
de dificultades 107

Los jóvenes deben tener pleno control sobre la lengua 115

La moralidad y la verdad constituyen la base
de nuestra cultura... 121

Todas las diferencias en este mundo se refieren sólo
a nombre y forma 127

Esfuércense por el trabajo, la adoración y la sabiduría;
rehúyan las riquezas, el vino y las mujeres.................... 133

El Alma individual y Dios son como las dos mitades
de una semilla 141

El presente es el más sagrado de todos los tiempos 149

La verdadera educación da por resultado la humildad
y la ecuanimidad 155

La Rectitud siempre protegerá a quienes adhieran a ella .. 163

Cada uno ha de trabajar sin pensar en los frutos
que obtendrá... 171

La verdadera naturaleza de la Rectitud............................. 179

La meditación es diferente de la concentración 185

El empeño del hombre debería tender hacia su fusión
en Dios 193

No exploten la Naturaleza sin procurarse la Gracia
de Dios 199

Sepan quiénes son. No le pregunten a otro quién es 205

La confianza en uno mismo lleva a la autorrealización 209

A Dios se lo conoce por mil nombres diferentes 217

La verdadera naturaleza de la amistad 223

Unicamente Dios puede ser vuestro verdadero Maestro.... 227

Discurso final a los estudiantes 233

Esta edición de 5000 ejemplares
se terminó de imprimir en los talleres de Errepar
en Buenos Aires, República Argentina
en el mes de diciembre de 1994